A Dynamic Capabilities-based Entrepreneurial Theory

Anthology of D. J. Teece's
Dynamic Capabilities Perspective

D. J. Teece

Kenshu Kikuzawa
Noriaki Hashimoto
Rie H. KANG

D. J. ティース
ダイナミック・ケイパビリティの
企業理論

D. J. ティース [著]

菊澤研宗・橋本倫明・姜 理恵 [訳]

中央経済社

A Tribute to Oliver Williamson: Williamson's Impact on the Theory and Practice of Management
David J. Teece, California Management Review, 2010, Vol. 52, No. 2 pp. 167-176, Copyright ©2010 Reprinted by Permission of SAGE Publications, Inc.

While every effort has been made to ensure that the contents of this publication are factually correct, neither the authors nor the publisher accepts, and they hereby expressly exclude to the fullest extent permissible under applicable law, any and all liability arising from the contents published in this Article, including, without limitation, from any errors, omissions, inaccuracies in original or following translation, or for any consequences arising therefrom. Nothing in this notice shall exclude liability which may not be excluded by law. Approved product information should be reviewed before prescribing any subject medications.

Reprinted from Journal of Retailing, Vol. 86, No.3, David J. Teece, Forward Integration and Innovation: Transaction Costs and Beyond, 277-283, 2010, with permission from Elsevier.

Dynamic Capabilities: Routines versus Entrepreneurial Action by David J. Teece, Journal of Management Studies, Vol. 49, No.8, 1396-1401, Copyright ©2012
Permission granted by John Wiley & Sons through Copyright Clearance Center, Inc.

Republished with permission of Academy of Management from The Foundations of Enterprise Performance: Dynamic and Ordinary Capabilities in an Economic Theory of Firms, The Academy of Management Perspectives, Vol. 28, No. 4, 2014; permission conveyed through Copyright Clearance Center, Inc.

Reprinted by permission from Springer Nature: Journal of International Business Studies, A dynamic capabilities-based entrepreneurial theory of the multinational enterprise, David J. Teece, 2014

Explicating Dynamic Capabilities: The Nature and Microfoundations of (Sustainable) Enterprise Performance by David J. Teece, Strategic Management of Journal, Vol. 28, No.13, 1319-1350, Copyright ©2007
Permission granted by John Wiley & Sons through Copyright Clearance Center, Inc.

Permissions arranged through Japan UNI Agency, Inc. Tokyo

はじめに

　今日，世界で最も注目されている経営学上のビッグ・アイデアの1つは，ダイナミック・ケイパビリティ論である。本書は，その創始者であるカリフォルニア大学バークレー校のデイビット・ティース教授の論文集である。

　まったく奇妙なことだが，日本ではいまだこのダイナミック・ケイパビリティ論は広く知られていない。確かに，日本でもすでにいくつかの本が出版されており，それゆえ日本のビジネスパーソンたちもその言葉だけは知っているように思える。しかし，その内容や意味が難解で，わかりにくいといった声をよく耳にする。2年間，その提唱者であるティース教授のもとで学んだ私としては，まことに残念である。

　ダイナミック・ケイパビリティとは，現代のような急速に変化する環境に対応して自己を変革する能力のことである。それは，ゼロから新しいものを生み出す能力ではなく，既存の資源，資産，知識，技術を再構成，再配置，そして再利用する能力のことである。それゆえ，最近，日本でも注目されている対象を「デザイン」するメタ能力のことである。

　私の考えでは，このダイナミック・ケイパビリティこそ，成功したあるいは成功している日本企業を特徴づける能力であると思っている。そして，それを保有することが持続的な競争優位を得るために必要な「成功の本質」だと考えている。それゆえ，日本のビジネスパーソンたちには，ぜひこの議論を理解し，実務に応用してほしいと思っている。

　昨年，菊澤研宗編著『ダイナミック・ケイパビリティの戦略経営論』（中央経済社，2018年）を出版した。そして，今年も菊澤研宗著『成功する日本企業には「共通の本質」がある──ダイナミック・ケイパビリティの経営学』（朝日新聞出版，2019年）を出版した。本書は，これらに続くダイナミック・ケイ

パビリティ論に関する第3弾である。

　本書によって，日本の経営学者や日本のビジネスパーソンがダイナミック・ケイパビリティ論にさらに関心を持ち，理解を深めてくれれば幸いである。そして，元気のない現代の日本企業が少しでも元気をとりもどしてくれることを願っている。

　本書は，できるだけ多くの人々にダイナミック・ケイパビリティ論を容易に理解してもらうために，日本語訳を工夫したつもりである。そして，必要な場合には，訳者による注釈を［訳者注：…］として本文中に加えた。この点は，ご容赦いただきたい。

　最後に，本書のような，論文集という形態の翻訳書を出版してくれた㈱中央経済社の山本継社長，そして同社学術書編集部副編集長の市田由紀子さんに，心から感謝したい。

　2019年9月

訳者代表　菊澤研宗

目　次

はじめに　i

序　論　最適解のない不確実な状況を生き抜くための
　　　　企業理論（訳者解説）⋯⋯⋯⋯⋯⋯⋯⋯⋯⋯⋯⋯⋯⋯⋯⋯⋯⋯⋯⋯ I

［第 I 部］　取引コスト理論からダイナミック・ケイパビリティ論へ

第1章　ウィリアムソンの経営学と
　　　　その実務へのインパクト⋯⋯⋯⋯⋯⋯⋯⋯⋯⋯⋯ 26
──ウィリアムソンに敬意を表して

［原著］A Tribute to Oliver Williamson:
　　　　Williamson's Impact on the Theory and Practice of Management
　　　　(*California Management Review*, 2010, Vol. 52, No. 2 : 167-176)

1. はじめに　26
2. 経営をめぐる重要な諸問題　26
3. 応用例　28
4. 経営学　30
　　4.1　一般理論・31
　　4.2　垂直統合・31
　　4.3　多角化と多国籍企業・32
　　4.4　提携と協力・33
5. 純粋な TCE（取引コスト経済学）を超えて　33
6. エピローグ：所感　35

第2章 前方統合とイノベーション················38
──取引コストを超えて

［原著］Forward Integration and Innovation: Transaction Costs and Beyond
（*Journal of Retailing*, 2010, 86, 3 : 277-283）

1. はじめに　38
2. 石油業界における前方統合　39
3. 無形資産の重要性　43
   3.1 ノウハウ，関係，組織資本・44
   3.2 ケイパビリティ・46
   3.3 ビジネスモデル・48
4. イノベーションによる利益獲得フレームワークを用いた
   TCE の拡張　49
5. 結　論　53

［第Ⅱ部］　ダイナミック・ケイパビリティ論

第3章 ダイナミック・ケイパビリティの解明···············56
──持続的企業のパフォーマンスの性質とミクロ的基礎

［原著］Explicating Dynamic Capabilities: The Nature and Microfoundations of
（Sustainable）Enterprise Performance
（*Strategic Management Journal*, 2007, Vol. 28, No. 13 : 1319-1350）

1. はじめに　56
2. 機会，脅威の感知および形成　61
   2.1 ケイパビリティの性質・61
   2.2 ミクロ的基礎・63
3. 機会の捕捉　69
   3.1 ケイパビリティの性質・69
4. ミクロ的基礎　75

目次　Ⅲ

4.1 製品アーキテクチャとビジネスモデルの選択・75
4.2 企業境界の選択・78
4.3 バイアス，思い込み，ごまかし，
自信過剰の回避・82
5. 脅威と再配置のマネジメント　85
5.1 性　質・85
6. ミクロ的基礎　88
6.1 分権化と準‐分解可能性の実現・88
6.2 共特化のマネジメント・90
6.3 学習，ナレッジ・マネジメント，コーポレート・ガ
バナンス・94
6.4 ダイナミック・ケイパビリティ，"オーケストレー
ション"スキル，競争優位・97
6.5 ダイナミック・ケイパビリティと区別される資源／
コンピタンス・102
7. 結　論　107

第4章　ダイナミック・ケイパビリティ 114
──ルーティン 対 企業家的活動

［原著］Dynamic Capabilities: Routines versus Entrepreneurial Action
（*Journal of Management Studies*, 2012, 49, 8 : 1395-1401）

1. はじめに　114
2. ダイナミック・ケイパビリティ　114
3. ルーティン，ケイパビリティ，特異な活動　116
4. 企業史の重要性　119
5. 結　論　122

| 第5章 | 企業パフォーマンスの基礎 | 124 |

——企業経済学におけるダイナミック・ケイパビリティと
オーディナリー・ケイパビリティ

［原著］The Foundations of Enterprise Performance: Dynamic and Ordinary
Capabilities in an（Economic）Theory of Firms
（*The Academy of Management Perspectives*, 2014, Vol. 28, No. 4 : 328-352）

1. はじめに　124
2. ダイナミック・ケイパビリティ・フレームワーク：更新
　と要約　126
　　2.1　オーディナリー・ケイパビリティ・128
　　2.2　ダイナミック・ケイパビリティ・133
　　2.3　ケイパビリティ・フレームワークの基本論理・136
　　2.4　慣性，変容，そして学習・139
3. 文献の二分化：異なる要素の統合と関連づけ　143
　　3.1　経営者の役割・145
　　3.2　資源と VRIN 基準・148
　　3.3　ダイナミック・ケイパビリティと戦略・151
　　3.4　オーディナリー・ケイパビリティとベスト・プラク
　　　ティス・153
4. オーディナリー・ケイパビリティ，ダイナミック・ケイ
　パビリティ，そして模倣不可能性　154
5. 経済学とケイパビリティ理論　156
6. 結　論　165

目次　∥　V

> [第Ⅲ部]　ダイナミック・ケイパビリティ論の応用

第6章　多国籍企業におけるダイナミック・ケイパビリティ・ベースの企業家理論 ……………… 172

［原著］A Dynamic Capabilities-Based Entrepreneurial Theory of the Multinational Enterprise
(*Journal of International Business Studies*, 2014, 45: 8 -37)

1. はじめに　172
2. 現代の多国籍企業論　174
3. 素朴な取引コスト・ベースの多国籍企業論の欠点　177
   3.1　ケイパビリティと学習の未探究・178
   3.2　国境横断的な市場の創造や共創の無視・179
   3.3　企業家精神の抑制，均衡の仮定，経営者の沈黙，リーダーシップの無視・181
   3.4　（海外）子会社の所有から生じる"コントロール"：難解な企業間関係・183
   3.5　競争優位の無視・185
4. 多国籍企業のケイパビリティ理論に向けて　186
   4.1　先行研究：資源パースペクティブと初期のケイパビリティ・パースペクティブ・186
   4.2　定義および中核となる基本要素・190
      4.2.1　プロセス［処理］・190
      4.2.2　ポジション（資源）・191
      4.2.3　パス（戦略）・193
   4.3　複製可能性と模倣可能性：オーディナリー・ケイパビリティとダイナミック・ケイパビリティ・195
      4.3.1　オーディナリー・ケイパビリティ：基礎・196
      4.3.2　オーディナリー・ケイパビリティ：複製と移転・197

5. ダイナミック・ケイパビリティ：評価　200

6. ケイパビリティと多国籍企業の業績　205

7. 伝統的な多国籍企業論とケイパビリティ・アプローチの比較　207

7.1 水平的拡大を通じたケイパビリティの活用・207

7.2 いつどのようにして多国籍企業は新たな地域の市場に参入するのか？・210

7.3 ダイナミック・ケイパビリティ論における本社と子会社の役割・212

7.4 R&D のグローバルな配置とイノベーティブなエコシステム・214

7.5 立地や"国"という要因と多国籍企業論・216

8. 国際ビジネスと国際（戦略）経営　217

9. 結　語　219

参考文献　231
索　引　255

序　論
最適解のない不確実な状況を生き抜くための企業理論
（訳者解説）

1.　ことのはじまり

1.1　UCバークレーへの留学

　本書の企画は，私，菊澤が，2012年3月末から14年3月末までの2年間，カリフォルニア大学バークレー校に留学し，そこでデイビット・J・ティース（D. J. Teece）教授のもとで，ダイナミック・ケイパビリティ論の研究を行ったことにはじまる。

　もともと，私は取引コスト理論を中心とする新制度派経済学に関心を持っており，それゆえ留学先としてその創始者の一人であるオリバー・E・ウィリアムソン（O. E. Williamson）教授がいるカリフォルニア大学（UC）バークレー校に関心を持っていた。そして，UCバークレーには，その弟子であるティース教授，さらにその弟子であり，日本では"オープン・イノベーション"でも有名なヘンリー・チェスブロー（H. Chesbrough）教授がいることも知っていた。

　幸運にも，UCバークレー出身者である一橋大学名誉教授の野中郁次郎先生と親しくさせていただく過程で，野中先生がティース教授と非常に親しいことを知り，その紹介でUCバークレー校のティース教授のもとで研究できることになった。これは，本当に幸運なことであった。

　ティース教授は，現在，世界で最も注目されている研究者の一人であり，それゆえ，直接，会うことも連絡をとることも非常に難しい人物であった。日本でも，彼に直接会って話をしたという研究者は，非常に少ないように思える。何度もアプローチしたが，まったく返答がなかったという日本人研究者も多い。

　渡米して，私がティース教授と初めて会ったのは，バークレーにあるコンサ

ルティング会社"バークレー・リサーチ・グループ"のオフィスであった。彼は，現在，その会社の会長も兼任している。私は，自己紹介をするために，簡単なパワーポイントの資料を持参していった。そこで，彼にダイナミック・ケイパビリティについて研究してみたいといったとき，彼が次のことをいったのをいまでもはっきりと覚えている。

"ダイナミック・ケイパビリティとは，ものごとを正しくすることではなく，正しいことをする能力である"

こうして，UC バークレーでの研究がはじまった。全米，そしてヨーロッパでも，予想以上にティース教授のダイナミック・ケイパビリティ論が注目されていることに気づき，驚いた。彼の論文の引用数は，彼の師でありノーベル経済学賞を受賞したウィリアムソン教授の引用数をはるかに超えていた。私も遅ればせながら，ダイナミック・ケイパビリティ論に関心を持ちはじめ，研究を進めることになった。

1.2 UC バークレーでの研究

しかし，本当のことをいえば，実は私も日本にいるときからダイナミック・ケイパビリティ論のことは少しだけ知っていた。しかし，それがしっかりとした理論的フレームワークであるとは思えず，なかなか好きになれなかったのである。

ところが，米国に来てみると，このダイナミック・ケイパビリティをめぐる議論が予想以上に興味深い内容を持っていることに気づいた。今日，このダイナミック・ケイパビリティ論をめぐって戦略経営論的な議論だけではなく，科学哲学的な議論も展開されていたり，新古典派経済学，ヨーゼフ・シュムペーター（J. Schumpeter），そしてオーストリー学派とも密接な関係があったり，非常に複雑な状況にある。

さらに，ティース教授がダイナミック・ケイパビリティ論を通して，師であるウィリアムソン教授の取引コスト理論を超えようと意図していることも明確に理解できた。それゆえ，その研究の面白さを理解するには，それほど時間はかからなかった。

2012年3月バークレーで

　ティース教授は，どれだけ忙しくても師と仰ぐウィリアムソン教授がセミナーで報告するときには，必ず出席していた。セミナーでは，いつもウィリアムソン教授は，出席している若い学生に向かって，"この中で，バーナードを知っている人はいますか"と質問すると，きまって手を挙げるのはティース教授なのだ。そして，ウィリアムソン教授が"私は自分の学生からたくさんのことを学んできた"といい，"今日もそのときの学生が来ている"といって，ティース教授を紹介するのだった。同様に，チェスブロー教授もどれだけ忙しくても，ティース教授がセミナーで報告するときには必ず出席していた。まさに，日本における師弟関係と同じなのだなあと思った。これもいまでは懐かしい思い出だ。

　私は，僭越にもティース教授に共同論文を書いてほしいとお願いし，その後，論文をめぐって議論するために，たびたび研究室や彼の会社に行くようになった。その論文は，日本に帰国後に完成した。しかし，ティース教授は，その論文は私がほとんど書いたため，単著で発表すべきだと主張し，実はいまでも私の手元にある。近いうちに，公開したい。

　ところで，UC バークレーでは，毎週，たくさんのセミナーがあちらこちらに開催されていて，だれでも自由に参加できる。私は，主にビジネススクールで開かれている 2 つのセミナーとロースクールで開かれている法と経済学のセミナーに参加していた。そして，暇なときには，バークレーの町の中にあるいろんなカフェで勉強した。どのカフェでも，たくさんの学生が長時間居座って

勉強しており，インターネットも自由に使えるので，バークレーは非常に勉強しやすい町であった。

1.3 UC バークレーからの帰国と翻訳

　大学院生のようなバークレーでの2年間の留学もあっという間に終わり，日本へ帰国する前にティース教授にあいさつをするため，彼のオフィスに行った。そのとき，ティース教授が自分のどの本でもいいから日本語に翻訳してくれないかとたずねてきた。

　ティース教授は，これまでたくさん本を出版してきたが，いずれも彼がこれまでアカデミック・ジャーナルで発表した論文をまとめた論文集であることを，私は知っていた。それゆえ，どの本の内容もいくぶん難解であり，日本の読者には理解が難しく，それゆえ売れない可能性が高いと思った。

　もちろん，ティース教授がこれまで内容の比較的やさしい論文もたくさん書いていることを，私は知っていた。そこで，ティース教授のたくさんの論文の中から，いくつかの論文を私が選び，それをまとめて本として日本で出版したいと提案した。ティース教授は，それでもいいといってくれた。

　こうして，日本に帰国し，私の教え子たちである橋本倫明君（東京都市大学講師）と姜理恵さん（光産業創成大学院大学准教授）に翻訳を手伝ってもらい，出来上がったのが本書なのである。したがって，この本は日本だけで出版されるティース教授のダイナミック・ケイパビリティ論の特別なアンソロジーなのである。

2017年7月東京のパレスホテルで

序論 5

帰国後，私が多忙であったために，出版が大幅に遅れてしまった。さらに，本書の個々の論文はそれぞれ異なるジャーナルに掲載された論文であるために，その翻訳権をとるのに相当の時間がかかってしまった。この翻訳本が日本で出版されることを楽しみにしているティース教授には，本当に迷惑をかけてしまった。

2. ティースのダイナミック・ケイパビリティ論の 3つのルーツ

さて，ティースのダイナミック・ケイパビリティ論は，今日，世界の経営学者が争って議論し，発展させようとしているビッグ・アイデアの1つである。しかし，それはいまだ完成された理論ではなく，多くの研究者が独自に解釈しているために，非常に錯綜した状況となっている。ここでは，できるだけわかりやすくダイナミック・ケイパビリティ論とそれをめぐる錯綜した状況を解説しておきたい。そのために，ダイナミック・ケイパビリティ論の3つのルーツ（起源）をたどってみたい。

2.1 ウィリアムソンの取引コスト理論から ダイナミック・ケイパビリティ論へ

ティースは，もともと多国籍企業論や国際ビジネス分野の研究者であった。特に，彼が師として仰ぐウィリアムソンの取引コスト理論に共鳴し，これを用いて，なぜ企業は多国籍化するのかを説明しようとする内部化理論を積極的に発展させてきた研究者の一人であった。ダイナミック・ケイパビリティ論のルーツの1つは，ここにある。

ウィリアムソンの取引コスト理論によると，人間は不完全な情報のもとでしか意思決定できない限定合理的な存在であり（限定合理性の仮定），しかも機会があれば相手の不備に付け込んで利己的利益を追求する機会主義的な存在（機会主義の仮定）でもあると仮定される。それゆえ，このような人間同士の取引では，相互にだまされないように，駆け引きが起こる。例えば，メーカーと部品供給会社との取引では，相互に自社が有利になるように無駄な駆け引きが起こる。このような人間関係上の無駄のことを，"取引コスト"という。

ところで，メーカーは部品を調達する場合，自由な市場取引を通して他社から部品を購入できるし，特定の企業と長期取引契約を結ぶこともできる。さらに，自ら部品を内製化することもできるし，部品製造会社を買収することもできる。ウィリアムソンは，企業は取引コスト節約原理のもとに，取引コストを節約するように行動すると考えた。つまり，正統派経済学が主張するように，自由な市場取引だけが唯一効率的な取引ではないということである。市場取引での取引コストがあまりにも高い場合，企業は自ら部品を製造したり，相手企業を買収したりして内部化しようとする。つまり，組織を拡大するのである。

このようなロジックは，企業の多国籍化行動にも応用できる。企業が自社製品を海外で販売する場合，自由な市場取引として製品を外国へと輸出できる。また，製造技術を外国の地場企業にレンタルすることもできる。さらに，自ら多国籍化して直接製造販売することもできるだろう。ティースによると，企業が自社製品を海外に輸出する場合，取引コストがあまりにも高く，また製品製造技術を外国の地場企業にレンタルするときの取引コストも非常に高い場合，企業は直接海外に進出し，多国籍化しようとする。このように，企業の多国籍化行動を企業の内部組織化行動つまり組織の巨大化行動とみなす説明が，取引コスト理論に基づく内部化理論と呼ばれている説明なのである。

ところが，ティースはこの研究過程でウィリアムソンの取引コスト理論では説明できない企業の巨大化行動があることに気づいた。つまり，取引コスト節約原理では説明できない企業行動に気づいたのである。

例えば，ある企業が非常に革新的な製品を開発して販売しようとするとき，それを直接顧客に販売できるし，それを特定の販売業者に委託することもできる。さらに，自由に多くの販売業者に販売することもできる。この場合，ウィリアムソンの取引コストも重要であるが，その新しい製品の特長を説明して効率的に販売できる能力つまりケイパビリティがあるかどうかも問題になるという。

もしそのようなケイパビリティを持つ企業がなければ，自社内にある既存の知識，資産，ケイパビリティを再構成し，再配置し，そして再利用する必要がある。そのような変化対応的な自己変革能力が"ダイナミック・ケイパビリティ"なのである。

2.2 ポーターの競争戦略論から
ダイナミック・ケイパビリティ論へ

　さて，このようなティースのダイナミック・ケイパビリティの概念は，やがて戦略経営論分野と結びつくことになる。ここにダイナミック・ケイパビリティ論の第2のルーツがある。

　もともと経営学では戦略経営論的な議論は展開されていたが，それが1つの研究分野として決定的なものになったのは，周知のようにマイケル・ポーター（M. E. Porter）の競争戦略論の展開であった。彼の競争戦略論は，ハーバード学派のS―C―P（構造―行為―成果）パラダイムにもとづくものであり，それゆえその本質は産業構造や業界状況が企業の戦略行動や成果を決定するという状況決定論であった。

　ポーターによると，経済学的には完全競争均衡状態にある産業や業界は最も効率的な資源配分が行われており，それゆえ最も効率的な産業であり業界となる。しかし，完全競争均衡状態ではすべての企業の最大利益はゼロとなり，実際にも利益は小さいので，個別企業の観点からすると，それゆえ経営学的にはまったく魅力のない業界となる。

　これに対して，独占的な業界は，経済学的な観点からすると，最も非効率的な資源配分が行われている業界であり，政府が介入すべき悪しき業界となる。しかし，個別企業の観点からすると，このような業界は最も魅力的な業界であり，参入すべき業界となる。

　そして，このような産業の特徴や構造が企業の戦略的行為を決定し，さらに企業の業績を決定することになるということ，これがハーバード学派に依存するポーターの戦略論的な考えであった。それゆえ，彼の競争戦略の本質は，状況決定論だといっていいだろう。つまり，状況が企業の戦略的行動を決定するという立場なのである。

　しかし，その後，多くの実証研究から同じ産業や同じ業界で成功している企業の戦略行動には差異があり，収益率も異なっていたりすることがわかってきた。このことは，産業構造や業界状況が企業の戦略行動を決定しているわけではないということを意味した。つまり，ポーターの競争戦略論では，現実の企業行動が説明できないということである。

こうした中，企業の戦略的行動を決めているのは構造や状況ではなく，実は企業内部にある固有の資源ではないかという見方が登場してきた。これが資源ベース論である。この戦略経営論によると，自社の強みである固有の資源を特定し，そこに経営資源を集中することが競争優位を生み出す戦略行動になるという。つまり，選択と集中が戦略的に有効だということである。この考えのもとに，同じ業界内でも異なる戦略行動を通して企業は成功できることになる。

そして，さらに研究が進められると，本当の企業の競争優位の源泉は，実は固有の資源それ自体にあるのではなく，そのような様々な固有の資源を利用したり，結合したり，そして調整したりする能力，つまりケイパビリティやコンピテンシーが競争優位の源泉であるという見方へと変化した。

しかし，そのような競争優位性は，必ずしも持続的なものではないことが明らかにされた。レオナルド・バートン（Leonard-Barton, 1992）によると，環境や状況が変化すれば，そのような固有の資源やケイパビリティは逆にコア・リジディティ（硬直性）となり，企業を硬直化させ，環境不適合となり，そして企業は淘汰されやすくなるのである。

では，どのようにして企業は持続的に競争優位を得ることができるのか。ヘルファットとペトラフ（Helfat and Peteraf, 2003）は，ダイナミックな資源ベース論が必要になると主張した。ウィンター（Nelson and Winter, 1982）は，既存のルーティンやケイパビリティを修正するより高次のメタ・ルーティンが組織には存在することを指摘した。

こうした状況で登場し注目を集めたのが，ティースによって展開されたダイナミック・ケイパビリティ論だったのである。つまり，状況の変化に対応して，既存の資源や資産を再構成，再利用，そして再配置するダイナミック・ケイパビリティが企業の持続的競争優位の源泉になるという議論である。

2.3 シュムペーターの経済発展理論から ダイナミック・ケイパビリティ論へ

さらに，ティースのダイナミック・ケイパビリティ論は，シュムペーターのいう企業家精神やオーストリー学派経済学と密接に関係していることも明らかになった。これが，ダイナミック・ケイパビリティ論の第3のルーツである。

新古典派経済学に基づく産業組織論では，ある産業内の企業がプラスの利益

を得ているかぎり，その利益を目指して他社は成功企業のやり方を模倣し，その業界に新規参入してくることになる。やがて産業は飽和状態となり，すべての企業が利益最大化しているが，その利益はゼロとなる。このとき，産業は完全競争均衡状態となり，経済学的にはその産業は最も効率的な資源配分状態を達成することになる。

　しかし，シュムペーターによると，実際の資本主義経済では，このような完全競争均衡状態が実現されたことはほとんどないという。実際の資本主義経済は常に発展しており，いくつかの企業が必ずプラスの利益を生み出し続けているという。というのも，企業は常に均衡状態つまりゼロ利益状態を回避し，プラスの利益を得るために，自らの資産，知識，そして技術を再構成して新たに差異を生み出し，イノベーションを起こし，そして均衡への道を破壊する能力を持っているからである。このようなシュムペーターのいう企業能力あるいは企業家精神が，ティースのいうダイナミック・ケイパビリティなのである。

　より正確にいえば，ダイナミック・ケイパビリティとは，通常能力であるオーディナリー・ケイパビリティが生み出すルーティンに従いゼロ利益状態となるような競争均衡への道を歩むような企業家能力ではない。そのようなオーディナリー・ケイパビリティ自体を再構成し，均衡への道を破壊するようなイノベーティブな能力なのである。

　あるいは，他社によって均衡への道が破壊され，ビジネス環境が急速に変化し，不確実性が高まる状況で，企業固有の歴史を通して形成されてきた固有の資産，知識，そして技術を再構成し，指揮者のように企業内外の資産をオーケストレーションして対応する経営者や企業が持つ自己変革能力のことでもある。それは，まさに最適解のない不確実な状況に耐え抜く能力なのである。

　このようなダイナミック・ケイパビリティは，一夜にして形成されたり，獲得されたりするものではなく，企業固有の歴史を通して形成されるものである。それゆえ，そのような歴史を共有しない他社がそれを模倣することは困難な能力でもある。

3. ダイナミック・ケイパビリティ論

3.1 ダイナミック・ケイパビリティと企業の進化

　ティースによると，企業は基本的に2つのケイパビリティから構成される。（1）オーディナリー・ケイパビリティ，（2）ダイナミック・ケイパビリティである。

　このうち，与えられた経営資源をより効率的に使用し，利益最大化しようとする通常能力がオーディナリー・ケイパビリティである。これに対して，変化する環境に適応するために，既存の固有の資源自体を再構成，再配置，そして再利用し，付加価値を最大化しようとするより高次の変化対応的な自己変革能力がダイナミック・ケイパビリティである。

　安定した状況では，企業はオーディナリー・ケイパビリティにもとづいてより効率化を進め，技能適合力を高めて利益最大化を行う。しかし，このオーディナリー・ケイパビリティだけでは，利益最大化のためのルールやルーティンが明確化され精緻化されるものの，やがて他社に模倣され，利益を最大化しているものの，その絶対額は小さくなる。しかも，変化しようとしても，洗練化され精緻化されたルーティンやルールを変革するコストはあまりにも高いために，現状を維持した方が合理的という不条理に陥ることになる。

　何よりも，オーディナリー・ケイパビリティにもとづく現状の企業活動と変化する環境との間に深刻なギャップがあるのかどうかを絶えず批判的に感知し，もしそこにギャップがあれば，脅威を感じるとともに，別のビジネス機会を見出し，その機会を逃さないために，企業内外の既存の資源，資産，知識を再利用，再配置，そして再構成する，つまりオーケストレーションする進化適合力としてのダイナミック・ケイパビリティを発揮する必要がある。そして，もしそのギャップを埋めるように，企業が変容できれば，再びオーディナリー・ケイパビリティのもとに効率性を追求し，技能適合力を高めることになるだろう。

　このようなダイナミック・ケイパビリティは，より具体的には3つの能力に区別されうる。

(1) まず，脅威や危機を感知する能力（感知：センシング），

(2) 次に，機会を捉え，既存の資産や知識や技術を再構成して競争優位を獲得する能力（捕捉：シージング），

(3) 最後に，競争優位を持続的なものにするために，組織全体を常に刷新し，変容する能力（変容：トランスフォーミング）である。

このように，企業は環境の変化に対してオーディナリー・ケイパビリティとダイナミック・ケイパビリティの相互作用を通して成長し，進化するという考えがダイナミック・ケイパビリティ論なのである。

しかし，この変革プロセス，進化プロセスは容易に実行することはできない。オーディナリー・ケイパビリティにもとづく現状を変革するには，多大な取引コストが発生するからである。しかし，もし企業がこの取引コストを避けて現状を維持すれば，歴史的に形成され，獲得されてきた多様な資産や知識を利用しないことになる。それゆえ，膨大な逸失利益あるいは機会コストが発生することになる。

したがって，企業は，ゼロ利益状態を回避し，変化する環境に対応するために，一方で変革に伴う取引コストを節約するとともに，他方でダイナミック・ケイパビリティのもとに，逸失利益や機会コストを節約するように既存の資産，知識，そして技術を積極的に再構成する必要がある。その際に，考慮すべき原理が共特化の原理である。

3.2 共特化の原理とビジネス・エコシステム

逸失利益や機会コストを節約し，既存の資産や資源や技術を再構成するための原理として，ティースは共特化の原理を主張する。これは，補完性の原理といってもいいだろう。それぞれ個別に利用したり使用したりすると，それぞれが特殊なので，それほど大きな価値を生み出さないが，結合して利用すれば，より大きな価値を生み出すような相互に補完関係にある資産，資源，そして知識の結合原理を共特化の原理という。

この原理を進化論的に解釈すると，こうである。人間は，遠くのものや小さなものを見るために，自らの視力を鍛錬して能力を特殊化して伸ばすだけではなく，体外に眼鏡，顕微鏡，望遠鏡などの特殊な装置を発明し，これらに補完

されて進化してきたのである。

　ところで，このような共特化の関係は，ティースによると，知識と物理的なものとの関係にみられるという。例えば，ゲームソフトとゲーム機の関係，アマゾンのサイトとキンドルの関係，アマゾンのサイトと出品者の関係，アップルのサイトと出品者の関係などである。ティースによると，知識や技術などの無形資産の所有権は不明確になる傾向があるので，知識や技術は所有権が明確な物的補完物との結合が，そこから生まれる利益を占有し確保するためにも必要なのだという。

　さらに，この共特化の原理の応用として，ティースはダイナミック・ケイパビリティのもとに内外の資産をオーケストレーションし，"ビジネス・エコシステム（事業をめぐる生態系）"を形成する必要があるという。それは，1つの企業が独力でビジネスを展開し，一人だけで利益を獲得するのではなく，サードパーティやセカンドパーティなどの協力してくれる企業を巻き込んで，ビジネス上のエコシステム（生態系）を形成し，全体として利益を獲得することが重要であるという。

　例えば，かつて任天堂が独占していたゲーム業界に，ソニーがはじめて参入したとき，ソニーが展開した戦略がこの事例になるだろう。というのも，当時，ソニーは単独でゲームビジネスを展開し，単独で儲けたわけではなかったからである。ソフト会社などのサードパーティや販売店を味方としてうまく巻き込んで，ソニーを中心とするビジネス・エコシステムを形成して任天堂に対抗し，ソニーのプレイステーションは任天堂のファミコンに勝利したのである。

3.3　ダイナミック・ケイパビリティ論と両利きの経営との関係

　さて，日本では，近年，スタンフォード大学のオライリー教授とハーバード大学のタッシュマン教授によって展開された"両利きの経営"（O'Reilly and Tushman, 2013）が注目されている。この両利きの経営とダイナミック・ケイパビリティ論は密接に関係している。そして，実際にも，ティース教授とオライリー教授は仲が良く，私が留学していたとき，ティース教授の授業では，ゲストスピーカーとしてオライリー教授が講義をしていた。

　両利きの経営とは，もともとスタンフォード大学のマーチ（March, 1991）教授によって展開された議論であるが，企業がイノベーションを起こすには，

"知の深化（exploitation）"とともに"知の探索（exploration）"もバランスよく行うことが必要だということである。

オライリーは，自身・自社の持つ一定分野の知識を継続して掘り下げ，磨き込み，徹底的に利用する行為を"知の深化"と呼ぶ。これは，ティースのいう"オーディナリー・ケイパビリティ"にもとづいて既存の知識，資産，資源を洗練化して効率的に企業経営し利益最大化する技能適合力に対応する。

これに対して，自身・自社の既存の認知の範囲を超えて，新しい知識を求めて遠くに認知を広げていく行為を"知の探索"と呼ぶ。これは，ティースのダイナミック・ケイパビリティのもとに，現状を批判し，そこに問題を見出し，それを解決して変化する環境に適応しようとする進化適合力に対応する。

H. A. サイモンの弟子であるマーチは，人間は限定合理的なので，どうしても目先の知識に依存しやすく，しかも新しい知識への探索はリスクが高く，コストも高いので，知識の深化に偏りがちになるという。また，企業は既存の知識に従って効率化を追求し，ルーティンやルールを形成して，それに従って効率的にビジネスを展開すれば，他社から信頼や信用を得ることができ，利益を最大化できるのである。

しかし，これによって成功すれば，成功体験の罠に陥り，現状から抜け出せなくなる。特に，日本企業は成功すると，まじめに現状をより精緻化し，現状に多くの投資を行い深化させていくので，変革が難しくなる。つまり，変更しようとすると，現状にメリットを持つ人たちとの交渉・取引コストが高くなる。こうしてイノベーションが発生しにくくなる。そして，環境が変化してもそれに適応するように変革できない。

こうした状態を回避するには，"知の深化"だけではなく，新しい"知の探索"も必要になるというのが，両利きの経営である。そして，何よりもそのためには，現状を批判的に分析し，変化する環境と現状との間にギャップがあるかどうかを感知し，ギャップがあれば，それを埋めるようなビジネスチャンスを見出し，それを実現するように既存の資産や資源を再構成し再配置するダイナミック・ケイパビリティが必要となるのである。

このように，オライリーたちのいう両利きの経営を実行するには，ティースのいうオーディナリー・ケイパビリティとダイナミック・ケイパビリティの相互作用が必要なのであり，これを通して企業は進化し成長するのである。

4. ダイナミック・ケイパビリティをめぐる 錯綜した現状

　さて，今日，ダイナミック・ケイパビリティ論をめぐる状況は，錯綜している。その出発点であるティースたちの論文（Teece, Pisano and Shuen, 1997）以後，ダイナミック・ケイパビリティ論をめぐって，アイゼンハートとマーティン（Eisenhardt and Martin, 2000），ウィンター（Winter, 2003），そしてヘルファットとペトラフ（Helfat and Peteraf, 2015）などが，独自の議論を積極的に展開しているからである。

　残念ながら，彼らの議論によって，ダイナミック・ケイパビリティ論がより体系的で理論的な形に洗練されたわけではない。むしろ，議論は多様化し，錯綜した感があり，今日，ティースの意図とは異なる方向に研究や議論が進んでいるように思える。見方によっては，論争的な状況にあるといってもよい。

　以下では，簡単にティースのダイナミック・ケイパビリティ論をめぐって展開されている錯綜した現状について整理しておきたい。

4.1　ウィンターのダイナミック・ケイパビリティ論

　まず，ティースによって展開されたダイナミック・ケイパビリティに関して，いち早く反応したのは，ネルソンと共に進化経済学（Nelson and Winter, 1982）を展開し，すでに名声を得ていたペンシルバニア大学ウォートン・スクール教授のウィンターであった。彼は，進化経済学的な立場から，ダイナミック・ケイパビリティを以下のように解釈した。

　ウィンターによると，進化経済学的にいえば，企業はルーティンの束から構成されるものとみなされる。ルーティンには様々な種類があり，その1つとして既存のルーティンを修正するより高次のルーティンつまりルーティンのルーティンがあるという。

　ウィンターは，企業の日常業務に関係するより低次のルーティンをオペレーショナル・ケイパビリティあるいはオーディナリー・ケイパビリティと呼んだ。これは，企業内の様々な通常業務をより効率的に行う能力のことである。そして，このようなより低次のルーティンを修正するより高次のルーティン，つま

りルーティンのルーティンのことをダイナミック・ケイパビリティだと解釈した。これが，ウィンターによる進化経済学の立場からのダイナミック・ケイパビリティの解釈であった。

しかし，後に，ウィンターは，ヘルファット（Helfat and Winter, 2011）とともにそもそもオーディナリー・ケイパビリティとダイナミック・ケイパビリティを区別することは困難であるとした。というのも，現実は常に変化しており，それゆえ通常能力であるオーディナリー・ケイパビリティのもとでも企業は変化する現実に対応しているからであり，それゆえ大変化に対応するダイナミック・ケイパビリティとの間には本質的な違いがないと主張したのである。

また，ウィンターによると，大きな変化に対応するというダイナミック・ケイパビリティの機能は，組織が保有しているアド・ホックな問題解決能力によっても代替できるという。つまり，組織が保有するアド・ホックな問題解決能力とは，例えば火事が発生したとき，われわれ人間は緊急に対応するような火事場のバカ力のことであり，これによって企業は緊急な変化に対しても対応できるという。このような企業能力によって，ダイナミック・ケイパビリティの機能は代替できるので，企業にとってダイナミック・ケイパビリティは必要不可欠な能力ではないという。ウィンターによると，むしろアド・ホックな問題解決能力の方がダイナミック・ケイパビリティに比べて，企業にとって維持費も安いと主張したのである。

このように，ウィンターは，ダイナミック・ケイパビリティ論に対して，初期の頃は好意的な議論を展開していた。しかし，今日，批判的な立場に変化しているように思える。

4.2 アイゼンハートとマーティンのダイナミック・ケイパビリティ論

スタンフォード大学教授のアイゼンハートとマーティン（Eisenhardt and Martin, 2000）が解釈するダイナミック・ケイパビリティ論は，今日，多くの支持者を得ている。彼女たちによると，ダイナミック・ケイパビリティはウィンターが言うように戦略的な組織的ルーティンであり，それは市場の変化に対応して経営者は既存の資源ベースを変化させようとする，つまり資源を統合したり，再結合したり，そして再配置したりして市場に対応し，新しい価値創造

戦略を生み出す能力のことであるという。そして，このようなダイナミック・ケイパビリティの定義は，ティースたちの定義と変わらないという。

ダイナミック・ケイパビリティに関して，アイゼンハートたちによると，成功的な企業に横断的な共通点を持つという。例えば，それは多面体的であり，経営者は様々な出発点から経路依存的にダイナミック・ケイパビリティを発展させる。しかし，最終的には同じようなダイナミック・ケイパビリティで終わることになるという。そして，それはベスト・プラクティスなのだという。

また，ダイナミック・ケイパビリティは，想定されている以上に同質的なものであり，多様な状況とは無関係に状況横断的に代替で取替え可能なルーティンでもあるという。それゆえ，アイゼンハートたちによると，ダイナミック・ケイパビリティそれ自体は，持続可能な競争優位性を持たないということになる。

そして，アイゼンハートたちがいうダイナミック・ケイパビリティの最も重要な特徴の1つは，それが状況依存的であるという点である。適度にダイナミックな市場つまり比較的安定した産業構造，大まかな予測が可能な市場，それゆえ比較的安定した市場状況では，ダイナミック・ケイパビリティは従来から使用されているルーティンという伝統的概念と似たものとなるという。それは，既存の知識に依存し，集積的な既存の知識に組み込まれている。この場合，ルーティンの許容範囲は狭く，これに従って組織は厳密に正確に行動することになるという。

しかし，高速で変化する市場つまり産業構造が不安定で，流動的で予測しがたい市場状況では，既存の知識に頼ることはできない。つまり，市場状況が不安定なときには，ダイナミック・ケイパビリティはシンプルなルールとなり，組織はこれに従うことになる。この場合，ダイナミック・ケイパビリティは既存の知識に依存することなく，変化に対応するために新しい知識が生み出され，それに依存することになる。

したがって，ダイナミック・ケイパビリティは，高速で変化する市場ではシンプル・ルールとリアルタイムに生み出される新しい知識から構成されることになる。この場合，シンプル・ルールの許容範囲は非常に広いので，企業は複雑で変化適応的な動きが可能になるという。それはシンプル・ルールによってもたらされる動きでもあるという。

アイゼンハートたちによると，このような特徴を持つダイナミック・ケイパビリティは，高速で変化する市場では競争優位を維持することは難しいという。また，安定した市場でも，ダイナミック・ケイパビリティの競争優位は外部企業によってだけではなく，企業内部からダイナミック・ケイパビリティの崩壊によって消滅することもあるという。つまり，彼女たちによると，競争優位はダイナミック・ケイパビリティそれ自身にあるのではなく，それによって形成される独自の資源の配置にあるのであり，シナジーを生み出す資源結合のことなのである。経営者がダイナミック・ケイパビリティを用いて展開する資源の再構成それ自体に長期的な優位性があるのであって，ダイナミック・ケイパビリティそれ自体に競争優位があるのではないということ，これがアイゼンハートたちの考えなのである。

4.3 ヘルファットとペトラフのダイナミック・ケイパビリティ論

さらに，アーレンドとブロミリィー（Arend and Bromiley, 2009）は，ローダン（Laudan, 1977）によって展開された科学哲学にもとづく科学的基準にもとづいて，ダイナミック・ケイパビリティ論を非科学的な研究として批判した。

彼らによると，ダイナミック・ケイパビリティ論は，科学的基準を満たしていない。理論体系に必要なミクロ的基礎を欠いており，経験的妥当性も弱いという。それゆえ，研究者は企業の戦略的変化の問題に対して別のアプローチを採用した方がより良く研究できるのではないかと批判した。

この批判にいち早く反応したのが，ダートマス大学教授のヘルファットとペトラフ（Helfat and Peteraf, 2009）たちであった。彼女たちによると，ローダンが提示する科学的基準は理論を発展させるためのガイドラインとしては有効で重要であるが，現在，開発段階にあるダイナミック・ケイパビリティ・アプローチを否定するために，その基準を使うことには同意できないとし，それは非生産的だと反論した。

このようなアーレンドとブロミリィーの批判に触発されて，ヘルファットとペトラフはダイナミック・ケイパビリティのミクロ的基礎づけの研究をはじめることになる。そして，彼女たちが展開したミクロ的基礎づけとは，経営者の心理学的で認知論的側面を分析することであった。

ダイナミック・ケイパビリティ論の創始者であるティース自身は，ダイナミック・ケイパビリティを経営者の能力であるとみなすとともに，経営グループの能力，企業能力，そして組織能力でもあるとしている。これに対して，ヘルファットとペトラフ（Helfat and Peteraf, 2015）は，そのミクロ的基礎づけに関心を持っていたために，ダイナミック・ケイパビリティを経営者能力に限定し，これをダイナミック・マネジリアル・ケイパビリティ（DMC: Dynamic Managerial Capability）と名づけて，分析を進めた。

そして，どのようにしてこのダイナミック・マネジリアル・ケイパビリティが，ティースが主張する3つのダイナミック・ケイパビリティすなわち感知，捕捉，そして変容へと分離されうるのかを説明しようとした。

ヘルファットとペトラフは，ダイナミック・マネジリアル・ケイパビリティ（DMC）の認知的基礎を分析するために，さらに"マネジリアル・コグニティブ・ケイパビリティ（MCC: Managerial Cognitive Capability）"というよりミクロの概念を新たに導入した。そして，このマネジリアル・コグニティブ・ケイパビリティは，経営者個々人によって異なっているとする。そして，このマネジリアル・コグニティブ・ケイパビリティの違いが，経営者のダイナミック・ケイパビリティの違いをもたらし，さらにそれが変化の激しい状況で異なる企業パフォーマンスに導くことになると主張した。

このように，ヘルファットとペトラフは心理学的にダイナミック・ケイパビリティのミクロ的基礎づけを行った。このような心理学的な研究の方向は，やがてガベッティ（G. Gavetti），レヴィンサール（D. A. Levinthal），そしてオケーシオ（W. Ocasio）などのネオ・カーネギー学派と結びつくことになる。さらに，今日，ウィンターとも結びついている。こうして，今日，反ティース勢力が増大しているような状況にある。

4.4 ティースの反論

以上のような混戦の中に，今日，ティースが展開しているダイナミック・ケイパビリティ論がある。いくぶん奇妙なことだが，いずれの議論もティースの意図とは異なる方向に展開されているように思える。

ティースによると，ダイナミック・ケイパビリティは，ウィンターが説明するようなルーティンのルーティンではないとし，彼の議論はウィンターの議論

とは異なるものだと主張している。そして，もしダイナミック・ケイパビリティをルーティンのルーティンとしてとらえるならば，企業はより高次のケイパビリティを求めて，ルーティンのルーティンのルーティンを求めるという形で，無限後退することになると述べている。

　また，ダイナミック・ケイパビリティは，アイゼンハートたちがいうように模倣可能なベスト・プラクティスではないという。というのも，既存の知識や資産を再構成し，再配置するダイナミック・ケイパビリティは，再構成され再配置される知識や資産と同様に，企業固有の歴史を通して形成され，獲得されてきたものだからである。それゆえ，固有の歴史を共有していない他社によって，ある企業のダイナミック・ケイパビリティは模倣されるものではないという。それは，企業の固有の署名つき（signature）の能力なのである。したがって，ティースはアイゼンハートたちが説明しているダイナミック・ケイパビリティは，彼が説明するオーディナリー・ケイパビリティとみなされるべきであると述べている。

　さらに，ティースは，ヘルファットたちのように，ダイナミック・ケイパビリティのミクロ的基礎を心理学的で認知的な能力に求めない。むしろ，心理学的な説明を避けている傾向すらある。心理学的で認知論的な説明では，科学哲学者カール・ポパー（K. R. Popper）が述べているように，すべての現象が説明できる可能性があり，結局，何も説明していないことになるという危険性がある。むしろ，ティースは，ダイナミック・ケイパビリティ論を，経営者の認知論や心理学として扱うのではなく，今日，意識的にオーストリー学派的な企業経済学あるいは企業理論として展開しようとしているように思える。

　また，ヘルファットたちの心理学的な議論は，そもそもダイナミック・ケイパビリティ論のミクロ的基礎づけにはなっていないように思える。彼女たちが，ミクロ的に基礎づけるために新たに導入した認知論的能力がなぜ正しいのかと問われると，再びそれを基礎づけるよりミクロ的な心理学的な能力が必要となり，結局，無限後退するだけで，基礎づけになっていないのである。

　では，ティースの主張するダイナミック・ケイパビリティとは何か。ぜひ本書を読んで，考えてみていただきたい。

5．各章の説明

さて，本書は，3つの部分からなっている。

まず，第Ⅰ部では，ティースの研究が基本的にウィリアムソンの取引コスト理論を出発点としており，その限界を超える形でダイナミック・ケイパビリティ論が展開されていることを理解してもらうために，2本の論文を第1章と第2章として取り上げた。これらの論文を読めば，ウィリアムソンの取引コスト理論から，どのようにしてティースのダイナミック・ケイパビリティ論が出現してきたのかを理解することができるだろう。

次に第Ⅱ部では，ティースのダイナミック・ケイパビリティとはそもそも何かについて説明している論文3本を，第3章，第4章，そして第5章として取り上げた。これらを読んでもらえば，通常能力としてのオーディナリー・ケイパビリティと比較して，ダイナミック・ケイパビリティがどのようなものなのかが理解できるだろう。

最後に，第Ⅲ部では，ダイナミック・ケイパビリティ論を現実に応用しようする論文1本を第6章として選んだ。この章を読むと，多国籍企業論や国際マネジメント論分野にダイナミック・ケイパビリティ論がどのように応用されうるのかが理解できるだろう。

以上，6本の論文のほとんどが，2010年以降に書かれた最新の論文である。翻訳という作業は，原文に忠実であるべきだというのが原則である。しかし，あまりに忠実に訳すと，かえって内容がわかりにくくなる場合も多い。本書は，"ダイナミック・ケイパビリティ論"という世界最新の戦略経営論をできるだけ多くの日本の人々に理解してもらいたいので，日本語としてできるだけわかりやすく，理解しやすいように，翻訳を工夫したつもりである。ときには，いくぶん大胆に翻訳を行った点もある。この点は，ご容赦いただきたい。

最後に，以下，各章について簡単に説明しておきたい。

第1章：A Tribute to Oliver Williamson: Williamson's Impact on the Theory and Practice of Management
(*California Management Review*, 2010, Vol. 52, No. 2: 167-176)

　まず，第1章として取り上げた論文は，ティースが師と仰ぐウィリアムソンがノーベル経済学賞を受賞し，UCバークレーのハース経営大学院のジャーナル "*California Management Review*" にその記念号が企画され，掲載された論文である。主タイトルが "ウィリアムソンに敬意を表して" であったが，それよりも副タイトルの方が適切だと判断し，本書ではサブタイトルを第1章のタイトルとして採用した。この論文では，ティースがいかに取引コスト理論に精通しているか，そしてウィリアムソンとの密接な関係を知ることができる非常に興味深い論文である。

第2章：Forward Integration and Innovation: Transaction Costs and Beyond
(*Journal of Retailing*, 2010, Vol. 86, No. 3: 277-283)

　第2章は，垂直的な企業間関係に関する論文である。これまで企業の垂直統合関係は，主にウィリアムソンの取引コスト理論によって説明されてきた。しかし，この論文で，ティースは取引コスト理論では説明できないケースがあることを指摘し，そのようなケースを説明するために，企業のダイナミック・ケイパビリティに注目する必要があることを述べている。この論文で，ティースが師と仰ぐウィリアムソンの取引コスト理論を超えるために，ダイナミック・ケイパビリティ論を展開しようとしていることが理解できるだろう。

第3章：Explicating Dynamic Capabilities: The Nature and Microfoundations of (Sustainable) Enterprise Performance
(*Strategic Management Journal*, 2007, Vol. 28, No. 13: 1319-1350)

　第3章は，ダイナミック・ケイパビリティについてのより詳細な説明がなされている論文である。ここでは，ダイナミック・ケイパビリティが3つの能力から構成されていることが明らかにされている。すなわち，感知（センシング），捕捉（シージング），そして変容（トランスフォーミング）である。まず，感知ケイパビリティとは，変化によって発生している脅威を感じ取る能力のこと

である。次に，捕捉ケイパビリティとは，そこに新しいビジネスの機会を捕ら
え，既存の資源，資産，そして技術知識を再構成，再利用，再配置して競争優
位を得る能力のことである。そして，最後に，変容ケイパビリティとは，競争
優位を持続可能なものにするために，組織や企業全体を変革し，変容する能力
のことである。しかも，資源，資産，そして技術知識の再構成，再配置する場
合，共特化の原理が重要になることが説明されている。

第4章：Dynamic Capabilities: Routines versus Entrepreneurial Action
(*Journal of Management Studies*, 2012, Vol. 49, No. 8: 1395-1401)

　第4章では，通常能力としてのオーディナリー・ケイパビリティとの違いを
述べながら，ダイナミック・ケイパビリティの特徴について説明している。特
に，オーディナリー・ケイパビリティがルーティンと関係しているのに対して，
ダイナミック・ケイパビリティはルーティンではなく，経営者に固有の企業家
精神に関係していることをここでは強調している。

第5章：The Foundations of Enterprise Performance: Dynamic and
Ordinary Capabilities in an Economic Theory of Firms (*The Academy
of Management Perspectives*, 2014, Vol. 28, No. 4: 328-352)

　第5章では，ダイナミック・ケイパビリティをめぐって，今日，2つの学派
があり，その1つはアイゼンハートの論文にもとづくものであり，もう1つが
ティースの論文にもとづくものであるとし，あくまでも本家としての自らが提
唱するダイナミック・ケイパビリティ論についてより明確に説明しようとする
ものである。アイゼンハートたちは，ダイナミック・ケイパビリティとオーディ
ナリー・ケイパビリティを区別せず，彼女たちが説明しているダイナミック・
ケイパビリティは，結局，オーディナリー・ケイパビリティにすぎないとして
いる。ティースによると，通常能力としてのオーディナリー・ケイパビリティ
は企業の効率性や技能適合力を高めるものであるのに対して，ダイナミック・
ケイパビリティは企業の進化適合力を高めるものであり，基本的に両者は異な
る能力であるとする。また，ティースのダイナミック・ケイパビリティ論は，
オーストリー学派経済学と密接に関係していることも述べられている。

第6章：A Dynamic Capabilities-Based Entrepreneurial Theory of the Multinational Enterprise. (*Journal of International Business Studies*, 2014, Vol. 45: 8-37)

　第6章は，ダイナミック・ケイパビリティ論を国際経営学や多国籍企業論分野に応用している論文である。ティースは，もともとウィリアムソンの取引コスト理論を多国籍企業論に応用し，さらにトートロジーとして批判されていた取引コスト理論の実証研究を行い，取引コスト理論にもとづく内部化理論を発展させた人物である。そして，この論文では，さらにダイナミック・ケイパビリティにもとづく多国籍企業論および国際経営学を展開している。より具体的にいえば，これまで取引コスト理論によって企業がどのように多国籍化するのかについて説明されてきたが，多国籍化した後，企業がどのようにして成功的に経営を展開するか，これについて取引コスト理論では十分説明されていないとする。何よりも，企業がどのようにして多国籍化し，多国籍化した後，企業はどのようにして成功的に国際経営を展開するかについて説明するには，ダイナミック・ケイパビリティ論が必要になることを説明している。この論文の内容は非常に難解であるが，圧巻であり，学ぶべき点が多いので，ぜひ一読してもらいたい。

　2019年6月

訳者代表　菊澤　研宗

▌序論の参考文献

Arend, R. J. and Bromiley, P. (2009). Assessing the Dynamic Capabilities View: Spare Change, Everyone? *Strategic Organization*, 7 : 75-90.

Eisenhardt, K. M. and Martin, J. A. (2000). Dynamic Capabilities: What are They? *Strategic Management Journal*, 21: 1105-1121.

Helfat, C. E. and Peteraf, M. A. (2003). The Dynamic Resource-Based View: Capability Lifecycles. *Strategic Management Journal*, 24(10): 997-1010.

Helfat, C. E. and Peteraf, M. A. (2009). Understanding Dynamic Capabilities: Progress along a Developmental Path. *Strategic Organization*, 7(1): 91-10.

Helfat, C. E. and Peteraf, M. A. (2015). Managerial Cognitive Capabilities and the Microfoundations of Dynamic Capabilities. *Strategic Management Journal*, 36(6): 831-850.

Helfat, C. E. and Winter, S. G. (2011). Untangling Dynamic Capabilities and Ordinary

Capabilities: Strategy for the (n) Ever-Changing World. *Strategic Management Journal*, 32: 1243-1250.

菊澤研宗編著 (2018)『ダイナミック・ケイパビリティの戦略経営論』中央経済社。

菊澤研宗 (2019)『成功する日本企業には'共通の本質'がある──ダイナミック・ケイパビリティの経営学』朝日新聞出版。

Laudan, L. (1977). *Progress and its Problems: Towards a Theory of Scientific Growth*. Los Angeles: University of California Press.

Leonard-Barton, D. (1992). Core Capabilities and Core Rigidities: A Paradox in Managing New Product Development. *Strategic Management Journal*, Summer Special Issue, 13: 111-125.

March, J. G. (1991). Exploration and Exploitation in Organizational Learning, *Organization Science*, 71-87.

Nelson, R. R. and Winter, S. G. (1982). *An Evolutionary Theory of Economic Change*, Havard University Press. (後藤　晃・角南　篤・田中辰雄訳『経済変動の進化理論』慶應義塾大学出版会，2007年)

O'Reilly, C. and Tushman, M. (2013). Organizational Ambidexterity: Past, Present, and Future. *Academy of Management Perspectives*, 27: 324-338.

Teece, D. J. (2009) *Dynamic Capabilities and Strategic Management: Organizing for Innovation and Growth*, Oxford University Press. (谷口和弘・蜂巣　旭・川西章弘・ステラ・S・チェン訳『ダイナミック・ケイパビリティ戦略──イノベーションを創発し，成長を加速させる力』ダイヤモンド社，2013年)

Teece, D. J., Pisano, G. and Shuen, A. (1997). Dynamic Capabilities and Strategic Management. *Strategic Management Journal*, 18: 509-533.

Winter, S. G. (2003). Understanding Dynamic Capabilities. *Strategic Management Journal*, 24(10): 991-995.

第Ⅰ部

取引コスト理論から
ダイナミック・ケイパビリティ論へ

第1章 ウィリアムソンの経営学とその実務へのインパクト
—— ウィリアムソンに敬意を表して

A Tribute to Oliver Williamson:
Williamson's Impact on the Theory and Practice of Management
(*California Management Review*, 2010, Vol. 52, No. 2: 167-176)

1. はじめに

　少なくとも，ノーベル経済学賞委員会によって，近年，その功績が認められるまで，オリバー・E・ウィリアムソン（Oliver E. Williamson）は，最高経営責任者（CEO）にはほとんど知られていなかった。しかし，ウィリアムソンは経営学と実務に対して大きな影響を与えてきた。彼の研究は，組織や戦略をめぐる多くの問題にとって非常に重要である。ウィリアムソンは，効率性を高め，管理できる契約上のリスクを最小化し，高い収益性を達成するために，組織はいろんなことをどのようになすべきなのかを理解することに，自分のキャリアのほとんどを費やしてきた。そして，これに役立つフレームワークとして取引コスト経済学を発展させてきたのである。

　ウィリアムソンは，様々な組織構造が持つ私的なベネフィットについての研究だけでなく，社会的なベネフィットについての探究にも多くの努力を行ってきた。後者に関する研究では，公共政策について多くのことが理解され，その影響も大きかった。彼の見識は，世界中の反トラスト機関や規制機関に利用された。中には，彼の研究によって経済改革が勢いづいた国もある。1980年代のニュージーランドでの——特にエネルギーや通信における——経済改革の劇的な成功には，彼の功績の跡がある。ニュージーランドの財務省では，政府高官とともに，彼は大きな影響力を持っていた。この歴史的事実については，別のところで述べることにして，ここでは繰り返さない[1]。

2. 経営をめぐる重要な諸問題

　ウィリアムソンは，経営者向けの著作を書いたことがない。しかし，経営思

第1章　ウィリアムソンの経営学とその実務へのインパクト　　27

考には影響を与えてきた。彼の研究は，（数学的な議論が最小限に抑えられていて）実務家にも理解しやすい。しかし，経営者たちは，その議論が非常に一般的で直接応用できそうにないために，あまり読むことがなく，そのためほとんどの人が彼の研究を知らない。それにもかかわらず，学問的な文献に詳しくないこの経営幹部たちにとって，少しでも親しみやすくするために，一流の経営コンサルタントや経営学者は，ウィリアムソンのアイデアが普及するように手助けしたり，ときにはそれを簡略化して述べたり，あるいは"翻訳"したりしてきた。

　ここでは，少なくとも部分的にはオリバー・E・ウィリアムソンの研究の賜物であり，広く受け入れられている経営に関するいくつかの考え方だけを簡単に概説する。具体的にいえば，垂直統合の背後にある契約の論理，契約関係に内在している危険，そして組織構造を変容させることによる潜在的なベネフィットについてである。

　垂直統合という経済活動は，相互に支え合う活動を一つ屋根の下で行うことに関連する特殊な技術的ベネフィットについて言及するだけでは，十分に理解できない。むしろ，自分で作るかあるいは他者から買うか（make-or-buy）といった意思決定は，契約に関わる問題とみなした方がより適切にまとめられたり，理解されたりする。ウィリアムソンは，分析者あるいは経営幹部に対して，経済活動を拡張しようとするときには，いつでもその業務を社内で行うのか，それとも社外に委託するのかを問うように忠告している。彼のパラダイムでは，その答えは（彼は認識しているが分析していない）ケイパビリティとそれに関連する生産コストだけでなく，社外との契約に依存するのかあるいは企業内部で対処するのかに関連する戦略的なリスク・マネジメント要因に依存する。

　ウィリアムソンは，契約というものは本質的に不完備である——われわれは交渉や契約締結の際にすべてのことを考えることはできない——ことを認識するように求めている。そのため，特に（取引特殊な）物的あるいは人的資本への投資が関係する場合，契約には固有のリスクが存在する。予期せぬ状況が確実に起こるだろう。これが大きな問題となるのは，契約当事者たちにとってとりうる選択肢がなく，身動きできない状態に陥るとき（ウィリアムソンのいう"ホールドアップ［訳者：お手上げ］問題"）である。

　別の言い方をすれば，契約当事者の一方がもう一方の約束を信頼して関係特

殊な投資を行った場合，その投資は——物的資本であろうと，金融資本であろうと，人的資本であろうと——戦略的な依存状況に置かれ，それゆえリスクにさらされるということである。さらに，こうした依存関係は契約を締結する時点では存在しないのだが，契約相手の継続的なコミットメントを信頼し，いったん投資が行われてしまうと戦略的な弱みとなる。ウィリアムソンは，これを"根本的変容（fundamental transformation）"と呼んだ——それゆえ，経営者はそうした不意打ちを食らわないように注意しなければならないのである。

　ウィリアムソンが支持するもう1つの経営に関するアイデアとは，組織自体がイノベーションの主要な対象になりうるということである。彼は，なぜ事業部制という経営組織——（一定規模を超えた企業において）独立したプロフィット・センターとしての各事業部が置かれる組織——が内部的な資源配分にとって望ましい構造なのかを示した。こうした組織は，（業務的意思決定と戦略的意思決定を分離することによって）より優れた意思決定を可能にするとともに，経営者の裁量権を制限することにもなる。組織形態は，たとえ学者がそれを無視する傾向があろうと，経営幹部の誰もが知っているように，重要なものである[2]。

　より一般的に，ウィリアムソンは，（20世紀初頭に導入された事業部制構造のような）新しい経営組織形態や（デル社のパソコン直販モデルのような）新しいビジネスモデルを，組織に関するイノベーション（organizational innovation）とみなすべきだということに気づかせてくれる。その重要性を，多くの経済学者だけではなく，多くの経営者も無視している。ウィリアムソンが明らかにしてきたのは，こうした組織に関するイノベーションが，米国経済にとってもグローバル経済にとっても生産性を高めるものとみなすべきだということである。そして，経験的研究は彼の予測を支持しているのである[3]。

3．応用例

　ノーベル賞受賞者の貢献は，広く一般にその見識が理論的貢献をもたらすものでなければならないという特徴を持っている。ウィリアムソンの研究も例外ではない。彼が展開したフレームワークは，取引コスト経済学（以下，TCE）として知られるようになった。このフレームワークの生来のエレガン

スさは，学者たちから非常に高い評価を得ている。しかし，経営幹部たちからの評価はそれほどでもなく，その実務的価値を認めていない人もいる。それにもかかわらず，ウィリアムソンの理論は非常に実用的である。ここでは，その例として彼の研究から得られる2つの原則を挙げておく。

- 何かに投資するとき，常に"作る"べきかあるいは"買う"べきかを考えよ。そのトレードオフの評価では，契約した成果を上げるために，必要な取引（関係）特殊的な投資がなされないかぎり，"作る"よりも"買う"方が一般的に望ましい。特殊な投資はスイッチング・コスト（切り替えコスト）を発生させ，（他の問題が起こらないとすれば）このコスト負担を考慮すれば，買う方が有利になるだろう。

- "コモディティ（廉価大量販売品）"のアウトソーシング（外注）は望ましいだけではなく，必要でもあるだろう。ウィリアムソンは，（アウトソーシングの意思決定という目的から）"コモディティ"に意味を与えた。もし現在も将来もスイッチング・コストが発生しないならば，その経営者は競争的状況下では外部から調達すべきものとしてコモディティ製品を理解することになるだろう[4]。

ウィリアムソンの考えは他の研究者たちに取り入れられ，特定の産業の文脈に適用されてきた。例えば，私自身の"イノベーションからの利益獲得（Profiting from Innovation）"という研究では，イノベーターがあるイノベーションを事業化できるだけでなく，多くの収益も得るために保有すべき補完的資産に関する意思決定を助ける指針として，ウィリアムソンの契約フレームワークが非常に有用であることがわかった[5]。ウィリアムソンが展開した契約フレームワークによって，私はマネジメントの指針となり，かつ獲得可能な利益をどのように分け合うのかを予測するモデルを構築できた。例えば，イギリスのEMI社は，関連する補完的資産を揃えることに失敗したために，そのCTスキャナーの開発——放射線学におけるX線以来の偉大なイノベーション——から最低限の利益しか得られなかった。EMI社は，ゆくゆくは製造ケイパビリティが必要になることに気づき，それを社内で構築しようとしたが，わずかに一歩遅

かった。"イノベーションからの利益獲得"フレームワークが提示する洞察は，ウィリアムソンの契約フレームワークと，成功的なイノベーションから流れ込む利益を保護する手段としての特許，企業機密，そして商標の限界に関する理解を組み合わせることによって生まれているのである[6]。

　今では，このような現実世界の問題に対して，ウィリアムソンのフレームワークを用いて得られる優れた洞察が，非常に大勢の TCE 研究者によって示されている。ウィリアムソン自身は，TCE を事業会社の資本構成（特に負債と自己資本）に関する意思決定の分析にも用いたことがある[7]。

　産業レベルでのいくつかの例を挙げるならば，TCE は自動車業界，航空業界，石油業界，そして半導体業界での組織に関する理解を助けるために用いられてきた。例えば，ゲイリー・ピサノ（Gary Pisano）は，ウィリアムソンの契約フレームワークをバイオテクノロジー産業の研究に応用した。その産業では，コントロールをある程度放棄する若い R&D（研究開発）専門企業と，資本や規制へのアクセス，マーケティング，そして流通ノウハウを提供する既存の製薬会社との提携が最も一般的な組織形態である[8]。しかし，これらのパラメーターつまり提携の中身にはかなりの幅がある。創業期の経営者は，どの程度コントロールを委譲する気があるのか，そして製造や流通さえも統合すべきなのかどうかを決めなければならない——これらの意思決定には，TCE フレームワークが明らかに有用である。例えば，多くの初期のバイオテクノロジー企業は，産業の技術インフラが不完全だったため，広くライセンス供与できる一般的な技術（例えば，研究のための新たな知識）を開発していた。薬品の開発努力が最終製品を生み出すようになるにつれて，提携は非常に関係特殊的となり，ホールドアップ問題が起きるようになった[9]。こうした契約上のリスクをマネジメントすることは，必要不可欠なスキルなのである。

4．経営学

　ウィリアムソンの研究は，企業境界をどこに設定すべきかという経営者の意思決定に関わる理論に影響を与えてきた。経営学に対して果たしたウィリアムソンの貢献は，これだけではない。しかし，これが最も広く評価されているものだろう。

4.1 一般理論

経営学における基本的な問いの1つは，長期的に利益を最大化する場合，いつ企業が市場にとって代わられるか，反対にいつ市場が企業にとって代わられるのかということである。こうした組織あるいは"企業境界"の問題は，戦略経営分野にとって間違いなく重要なものである。垂直統合，アウトソーシング，多角化，ジョイント・ベンチャー，そして会社分割（divesture）は，本質的にはすべて境界問題である。こうした問題に関する分析やアドバイスは，多くの一流経営コンサルティング・ファームの活力源である。

ウィリアムソンによってTCEが展開される以前は，経営学にはこれらの問題を扱う一貫した分析フレームワークはほとんどなかった。この点で，TCEは企業実務に初めて影響を与えるようになった。ウィリアムソンは，統合に関する一貫した理論，そしてそれゆえアウトソーシングの理論を構築したのである。彼の理論は，企業組織の記述に関する説明力だけではなく，同様に規範的な力も持っていた[10]。今日の戦略経営分野には，TCEやその変種を用いた"境界"に関する研究が非常にたくさんある。

4.2 垂直統合

特定の産業の文脈で，TCEを用いて統合問題を説明するのに役に立つ研究は，産業組織論にも戦略経営論にもたくさんある。ある特定の文脈における垂直統合へとTCEを適用した，まさに最初の特殊な産業への応用は石油業界[11]に関するものであり，自動車製造業[12]，そして航空宇宙産業[13]へと続いていった。その他の初期の応用としては，販売活動への前方統合に関するものもあった[14]。これら初期の応用は，そのフレームワークが持つ力を例証し，1つの重要な研究プログラムや研究分野を活性化させた[15]。

これらの学術文献における応用には，ときには経営者やコンサルタントがすぐに消化できないものもあったが，経営者にとっても役立つやり方で成功的にそのフレームワークを提示した取り組みも多い。例えば，スタッキーとホワイト（Stuckey and White）の論文には，そのフレームワークの（経営に関する明瞭で整理された言葉を用いた）非常に忠実な解釈が見られる[16]。

近年では，TCEに触発された研究者が仮想企業を考察し，市場の限界より

もむしろ企業の限界を探究している[17]。取引コスト経済学では（他のいくつかのアプローチと同様に）アウトソーシングに対しても多くのことがいえる[18]。

4.3 多角化と多国籍企業

多角化問題をめぐっても，同じくらい広範な文献がTCEの伝統の下で登場してきた。初期の段階では，ウィリアムソンは明示的に取り組んでいなかったが，TCEフレームワークは，特に知識資産に明確な注意が向けられた場合，水平的多角化の説明に役立つ。TCEフレームワークをこの多角化の文脈に応用した最初の試みには，1980年代初頭以降の私自身のいくつかの研究が含まれる[19]。これらの論文は，一連の関連論文の火付け役となったもので，多角化の機会だけではなく，その限界も明らかにしている。また，範囲の経済についての認識は必要だが，確実に多角化が収益向上につながる十分な理由になるわけではないことも明らかにした。

TCEアプローチの美しさは，それが識別能力がある（discriminating）という点にある。統合と多角化はある状況では望ましいが，それ以外の状況では望ましくない。TCE以前，戦略経営分野には，これらの問題の考察に役立つような識別能力のあるフレームワークはなかった。TCEは，いつ，なぜという経営者の意思決定を助けることになる。さらに，TCEは，ノウハウあるいは知的資産や補完物の役割を包摂するように拡張されてきた[20]。

多国籍企業論も同様に，TCEからかなり借用してきた。また，内部化の概念も総合的で統一的な概念になっている。コース的なやり方[21]を純粋に応用すれば，その内部組織化の概念はトートロジカル（同語反復）になりうる。すなわち，企業は，内部化のコストがそのベネフィットを上回るまで不完全な市場を内部化するということである。バックレイとカソン（Buckley and Casson）は，多国籍企業の文脈でTCEを意識的に用いながら，内部化の主張を初めて展開した[22]。私自身の研究でも，効率性（TCE）フレームワークを独占（内部化）フレームワークと並列させ，統合的フレームワークを提示しようとした。そのフレームワークでは，海外直接投資は，取引困難な知識資産を活用するための垂直統合や水平拡大の特殊ケースにすぎないのである[23]。

4.4 提携と協力

ウィリアムソンは、"市場か、階層組織か"という二分法を超えて、その分析を拡張し、長期契約、フランチャイズ、そして提携などのハイブリッド組織の形態も分析に含めた[24]。近年、経済組織としてのハイブリッド企業、とりわけ戦略的提携が大きな関心を集めている。その理由の一部は、少なくとも1970年代後半から、その現象が至る所に見られるからである[25]。提携の形成を推し進めるものは、（少なくともイノベーションの文脈では）取引コスト、専有可能性、そしてアクセスあるいは立地問題だとみなされてきた。

TCE が、提携やハイブリッド形態の研究に有用な基礎であることは間違いない。しかし、資産特殊性は、提携の本質や構造を説明できるにすぎない。提携に関する文献の重要な部分は、イノベーションの中心的役割と、イノベーションの展開のみならず、その事業化のために企業同士をアシストするように協力する必要性にも目が向けられている点である。また、適切な補完的資産を所有することが、イノベーションから生じるレントの分配に重要な影響を及ぼすと考えられる。そのため、内部化は再契約の危険から特殊な資産を保護するメカニズムであるだけでなく、資産価値の上昇からベネフィットを得る方法でもある。

5. 純粋なTCE（取引コスト経済学）を超えて

すでに述べたように、資産特殊性による説明は、それだけではうまくいかない。とりわけ、イノベーションが問題となるときにはそうである。ウィリアムソンは、このことを認識し、"明らかに、イノベーションの導入によって、これまで述べたような資産特殊性の性質の考察に完全に依拠した市場あるいは階層組織への取引の割当てが複雑なものになる"ことを明確に指摘している[26]。ボーイング社は、これがコストにつながることを発見した。つまり、ボーイング787ドリームライナーの完成は2年以上も遅れた。というのも、ボーイング社は、外部のサプライヤーに大きく依存する野心的な構想のもとに、監視が不十分だったことに加え、一部のサプライヤーが新たに設計された航空機部品を開発するのに十分なケイパビリティつまり能力を持っていないことに悩まされ

ていたからである。

　ウィリアムソンは，ケイパビリティ論のような他のフレームワークが彼のフレームワークと補完的関係にあることを認めている。例えば，企業は，知識資産の保護よりもその構築が決定的に重要な場合，サプライヤーとの非対称的な依存関係を，そうと知りながら結ぶことがしばしばある[27]。また，別のケースとして，ある契約での非対称的な依存性が別の契約での非対称的な依存性によって埋め合わされ，バランスが保たれることもある[28]。

　手短にいえば，資産特殊性の落し穴を避けることは，大した話ではないかもしれない。しかし，それは非常に重要なことである。

　半導体業界のケースでは，工場を持たない（設計のみを行う）半導体メーカー（とそれに付随する半導体受託製造業者［foundries］として知られている半導体製造メーカー）の出現は，表面的には TCE の推論と矛盾するように思えるだろう。というのも，20年以上の間，半導体デバイスの設計と製造は，同じ企業内で行われていたからである。工場を持たないチップの設計業者は，いま利用している半導体受託製造業者に依存的となる。というのも，何らかの理由で（臨時的な作業や遅延を含めて）半導体受託製造業者を変更したい場合，"スイッチング・コスト"が大きくなるからである。しかし，設計業者は，そのスイッチング・コストと関連した潜在的なホールド・アップのリスクを受け入れているように思える。というのも，設計業者は"仮想"工場を利用し，その関連でコストを削減できるからである。先進的なチップメーカーの効率的な最小規模は大きいので，工場を所有することは，自社だけでその工場の高い利用度を維持するのに十分な事業を営むことができなければ，非常に高くつく。

　ウィリアムソンによって認識され，工場を持たない設計会社において高い確率で予測される調達時の危険は，多様な契約上の取決め[29]，（中期的には設計会社が選択するということを半導体受託製造業者に思い起こさせるために）"取引範囲を広げる"こと，そして単位当たりの調達コストの節約によって，緩和することができる。

　ブロードコム社が良い例である。ブロードコム社は，自らが設計するすべてのチップ製造を外部に委託する。しかも，その会社は複数の半導体受託製造業者に外注している。これは，調達における"序列"を壊し，ブロードコム社の購買時の影響力を弱めるような伝統的意味での2次供給ではない。むしろ，

第1章 ウィリアムソンの経営学とその実務へのインパクト　35

様々な部品に対する注文（製造要求）は，それぞれの市場のシェアに応じて近似的に主要な半導体受託製造業者たち（TSMC 社，UMC 社，Charterd 社，SMIC 社）に分散される。それによって競争的な緊張が生み出され，各サプライヤーは非常に優れた価格で信頼できる製造サービスをブロードコム社に提供しようとするインセンティブを持つことになる。

　言い換えれば，契約フレームワークは，潜在的な契約問題に必要な焦点を当て，またその解決へ向かうことを助長し，そして改善するための要因を際立たせることになるだろう。実際，ウィリアムソンのフレームワークでは，常に様々な取引コストや契約の諸問題はまさに統合化を決定づける 1 つの要因としてみなされる。しかも，それは最も重要な要因である。

6. エピローグ：所感

　2009年に，オリバー・ウィリアムソンのノーベル経済学賞の受賞が決まるまでには，長い時間がかかった。そして，その受賞は十分にふさわしいものだった。私自身が専門家として成長する過程で，これほど大きな影響を受けた経済学者はいなかったし，私のキャリアを通して彼以上に学ぶことが多くたくさんの刺激を与えてくれた同僚はいない。

　オーリー［訳者：ウィリアムソンの愛称］が，ペンシルバニア大学（以下，ペン）の経済学部にいたときに，大学院生だった私は非常に幸運だった。彼の授業を受けたことはなかった――さらに，私が論文の指導教官を探しているとき，彼はイギリスのワーウイック大学で休暇を取っていた――が，私の初期の学術的キャリアは，オーリーの研究に対する強い憧れや，彼の研究が経験的に検証されたり，ビジネスや公共政策における現実の問題に応用されたりするのを見たいという熱意に動かされていた。1975年から1985年の10年間，私は TCE パラダイムの応用やテストに夢中になった。それ以来，私は学問においても，教育においても，コンサルティングにおいても，TCE パラダイムを採用し，それを拡張し，そして応用し続けてきた。私が見てきたほとんどの困難や問題は，遅かれ早かれ，オーリーの学識から得られた理解を応用することで恩恵を受けている。

　私は，特に 2 つの個人的で小さな手柄を誇らしく思っている。1 つ目は，ペ

ンの大学院生のときに，オーリーの転換点となった著作『市場と階層組織（*Markets and Hierarchies*）』（1975年出版）を読む特権を得たことであり，その原稿はまだドラフト段階だった。オーリーは，気前よく私にコピーを渡してくれ，コメントを求めた。私は，3日後に彼のオフィスを再び訪ね，次のように伝えた。"この本は素晴らしい。私が事業会社やその組織に関する深遠な問題に対処するフレームワークを見つけるのに，どうしてペンで4年間も費やしてしまったのか"。また，私はこの本でオーリーがノーベル経済学賞を獲るだろうと断言し，誰かに聞かれるたびに，この予想を力強く語り続けてきた。2つ目に，私はハース（UCバークレーのビジネススクール）で採用活動を先導し，オーリーをイエール大学からUCバークレーに招くことができたことを，特に誇らしく思っている。われわれは，1988年に経営学部，経済学部，そして法学部から熱烈な支援を受け，それに成功した。UCバークレーの他の教員で，これらの学部が関係し，3つの学部から積極的な指名を受けた人物を私は知らない。これは，UCバークレーの知的折衷主義の証であり，オーリーの学際的な力量をよく示すものである。そして，彼は，経営に関する問題に真剣に取り組み，経済学以外の分野に敬意を払ってきた数少ない一流の経済学者の一人でもある。

　幸運にも，オーリーがUCバークレーに就任したことで，ハースでは25年間にわたり，特にビジネスや公共政策の分野における組織，戦略，そして技術の研究に関して優れた学問的業績を上げ，知性にあふれる時期がやってきた。私は，オーリーとともに，経済学，戦略経営論，そして組織論の学者として成功するだろう彼のPh.D.コースの多くの学生に助言できてうれしかった。その20年間（1985-2005）は，経済学や組織論での学際的な話題に関して，有能な人々が集まり，学問的業績が活発化したまさに最盛期だったと思われる。ハース・スクールの経営・イノベーション・組織研究所（the Institute for Management, Innovation, and Organization: IMIO）は，こうした活動の中心となった。実は，その名称はオーリーが考えたものである。われわれはみな，彼の積極的な関わりによって恩恵を受けた（そして，今もその恩恵を受け続けている）。オーリーに，感謝の意を表したい。

第1章 ウィリアムソンの経営学とその実務へのインパクト 37

注

1 Evans, Grimes and Wilkinson with Teece (1996)

2 Williamson (2009)

3 Armour and Teece (1978), Teece (1981c)

4 "競争的な状況"とは，必要な生産ケイパビリティがあらゆるサプライヤーに分布していることを意味している。

5 Teece (1986b, 2006b)

6 Winter (2006)

7 Williamson (1988)

8 Pisano (2006)

9 Pisano (1991)

10 Monteverde and Teece (1982b): 321-328を参照。

11 Teece (1976b), Armour and Teece (1978)

12 Monteverde and Teece (1982a, 1982b)

13 Masten (1984)

14 Anderson and Schmittlein (1984)

15 Shelanski and Klein (1995)

16 Stuckey and White (1993)

17 初期の焦点は組織的な要因ではなく，より市場的な要因に置かれていた。しかし，『市場と企業組織』(Williamson, 1975) における垂直統合の限界に関するウィリアムソンの議論には，組織的な要因についての優れた論述が見られる。

18 それを例証する試みとして，Chesbrough and Teece (1996)，Mowery, Oxley and Silverman (1996) がある。

19 取引コスト経済学のフレームワークを多角化の文脈に応用した最初の試みは，Teece (1980, 1982) である。

20 取引コスト経済学的に基づいて多角化活動を統計的に説明する経験的テストには，Helfat (1997) がある。

21 Coase (1937) を参照。

22 Buckley and Casson (1976)

23 Teece (1981c, 1982 and 1985)

24 Williamson (1991a)

25 TCEを用いて提携を説明した初期の試みとして，Teece (1986b)，Pisano, Russo, and Teece (1988)，Pisano, Shan and Teece (1988)，Pisano and Teece (1989) がある。

26 Williamson (1985): 143.

27 Shuen (1994)

28 de Figueiredo and Teece (1996)

29 de Figueiredo and Teece (1996)

第2章 前方統合とイノベーション
——取引コストを超えて

Forward Integration and Innovation: Transaction Costs and Beyond
(*Journal of Retailing*, 2010, 86, 3 : 277-283)

1. はじめに

　ノーベル賞を受賞したオリバー・ウィリアムソン（O. E. Williamson）の取引コスト経済学（TCE）と組織の経済学に関する研究は，垂直統合に関する理解とその正しい認識を深めただけでなく，マーケティングや小売の分野に関連する多くの問題に対して，より良い理解を提供するためにも役立ってきた。ウィリアムソンの研究は，結果的に垂直統合に関する支配的な（経済）理論となった。その理論は，規模や技術に基づく説明から，複雑な契約に関連する潜在的な困難さを重視する説明へと移行するものであった。というのも，ウィリアムソンは，市場の"失敗"という観点から問題を提起したからである。ウィリアムソンは，以下のような問題提起を行った。なぜ企業は，問題となっているサービスを得るために，他社と契約するよりも，そのサービスを自社で供給すべきなのか。なぜ，製造業者は，販売活動やマーケティング活動を，フランチャイズ契約せずに前方統合するのか。ウィリアムソンは，予測可能な状況下において，関わり合いのない川上や川下の企業との契約に頼らざるを得ない場合に生じる，多数の契約上の困難に，その答えの多くを見出した。技術的相互依存性に基づく統合の説明は適切でないことが明らかにされ，さらにその統合をめぐる説明は契約上の問題としてより適切に再構成されたのである。

　TCE パラダイムの最初の経験的テストは，モンテベルデとティース（Monteverde and Teece, 1982a）によってなされた。彼らは，TCE の重要な変数（資産特殊性）と，米国の自動車会社2社の特定の調達方法の選択との間に，統計的に有意な関係を見つけ出した。フォード社とGM社にとって，アウトソーシングの選択は，（大部分ではないけれども）部分的には，ウィリアムソンのいう"取引コスト要件"によって決定され，そして問題となっているコンポーネントの"システム効果"が要求する統合度によっても決定されることが示された。

純粋にマーケティングの文脈での TCE の予測力は，それ以降の多くの経験的研究によって明らかにされた。有名なものとしては，アンダーソンとシュミットライン（Anderson and Schmittlein, 1984），ドワイヤーとオー（Dwyer and Oh, 1988），クライン（Klein, 1989）の研究がある。

その他の研究は，TCE に装飾を施したものである。例えば，ハイドとジョン（Heide and John, 1992）は，買い手と売り手の関係における垂直的コントロールの度合に対して，資産特殊性が与えるプラス・マイナス効果が，関係特殊な社会規範（例えば，柔軟性や情報交換）の程度によって変わることを明らかにした。

本論文では，TCE 自体と，そのマーケティングや販売への前方統合への応用に焦点を当てる。第 2 節では，それが初めて応用された業界の 1 つである石油製品業界における TCE をレビューする。第 3 節では，企業業績に対する無形資産の重要性の高まりについて議論する。第 4 節では，取引コストという道具を，イノベーションによる利益獲得フレームワーク（the Profiting From Innovation framework）というより広範な文脈の中に位置づける。このフレームワークは，企業がイノベーションを起こしたり，新たな市場に参入したり（あるいは新たな市場を創造したり）しようとする場合，企業境界に関する意思決定の案内役となりうる。第 5 節は結論である。

2．石油業界における前方統合

この節では，特定の業界という文脈で前方統合の説明に役立てるために，TCE 要件について詳細に検討する。新技術が登場してきている産業という文脈に，TCE や関連する概念を応用するための基礎が示される。

TCE が小売への前方統合という問題に初めて応用されたのは，石油業界における垂直統合に関する研究であった（Teece, 1976b, 1978）。この業界での垂直統合は，1973年から1974年の石油危機以後に改めて吟味された。一部の人々の間には，主要な石油会社の垂直統合がその危機の一因だったという誤った見方があった。

石油産業に関する1950年代の主要な研究（McLean and Haigh, 1954）は，石油精製業者によるガソリン販売への前方統合の進展を記述するものであった。

しかし，これらの展開を説明するために，この研究に欠けていたのは，後に説明される TCE のような分析視角であった。ベーシックな経済学を理解し，業界の技術を理解することも適切ではあるが，その業界の初期の石油製品の精製業者がマーケティングや小売へと前方統合した理由をある程度解明したのは，取引コスト理論であった。

石油業界の精製分野では，専門的で転用できない資本に関する多額の固定費（そして，管理しなければならない大量の原油と製品）が存在しているので，精製業者の財務業績は操業度を高く維持できるかどうかに左右されることになる。こうした状況では，油田から精製業者へ，そして精製業者から顧客への安定した製品供給が求められる。石油業界では，当初から石油精製業者はその業界のパイプライン，運搬設備，保管庫，そして末端施設の（すべてではないものの）大部分を所有していた。しかし，小売に関していえば，その状況はまったく異なっていたのである。

石油業界の生成期には，小売は精製から分離されていた（Teece, 1976b）。しかし，TCE が指摘するように，契約メカニズムだけで流通と販売に対する必要なコントロール水準を確保することは難しい。それゆえ，精製業者は，その産出物のすべてを合理的な価格で販売できるかどうかわからないという不確実な状態に置かれていたのである。特に，供給量が増加したり，（川上の）原油の減耗控除［訳者注：天然資源の減価償却］によって，統合された石油会社が供給量を増やすように動機づけられるとき，その不確実性は高まった。

1920年代には，精製業者は，彼らが生産を見込む大量のガソリンの販売能力をめぐってより強力なコントロールを獲得するために，小売への前方統合が必要だと気づいた。この統合によって，精製業者は系列小売店でのサービスと製品の品質や誠実さの水準を引き上げることができ，信用に値しない独立事業者の機会主義を回避でき，そしてブランドを確立することができた。初期の頃，独立した販売業者としてふさわしい経験豊かな候補者はほとんどいなかった。そのため，統合を進めた企業は，自らの系列販売店（ガソリンスタンド）を管理し運営するために，従業員を雇用し訓練しなければならなかったのである。

石油業界では，このように精製業者が所有し運営するガソリンスタンドが登場したが，その後，消えていった。こうしたガソリンスタンドが次第に消えていった理由は，独立販売業者を保護するためにチェーンストア税が立案された

ことと（Dixion, 1964），精製業者のかつての従業員を含め，独立ブランドを冠したガソリン販売店を運営する熱意と資質を持った多くの独立実業家が登場してきたからである。

　この独立販売業者によって，当然，精製業者はガソリンの小売価格を設定する力を喪失した。しかし，大部分の独立ガソリン販売業者は十分な資本を持っていなかったため，実際問題としては販売価格が"ディーラー"価格のような卸売価格に合理的にうまく一致することを意味していた。単に，小売業者（大抵は独立事業者）には財源もなかったし，まったく異なる振る舞いをするインセンティブもなかったのである。

　多くのガソリンスタンドは，精製業者がその権利を所有し，それをフランチャイジー（販売業者）に貸し出すという前方統合の中間的形態によって運営されていた。クライン（Klein, 1980）は，フランチャイジーが契約解消時にリスクを負うような回収できない資産を持つ場合のフランチャイズ契約を分析している。彼は，取引コストのフレームワークを用いて資産特殊性（フランチャイジーの投資のうちの回収できない部分）の存在が，フランチャイザーの商標の質を低下させないように，フライチャイジーのインセンティブを高めることになることを指摘した。ウィリアムソン（Williamson, 1996）は，こうした"人質"の配置は，それぞれのフランチャイジーをホールドアップ（お手上げ）状態にするように見えるかもしれないが，体系的な観点から考察される必要があることを指摘した。多数のフランチャイジーが存在する状況では，そのような配置は少なくとも理論的にはすべての当事者の利益になるのである。というのも，フランチャイザーの商標価値は，それぞれのフランチャイジーが契約上の義務を果たすことなく，ただ乗りするインセンティブを持つような需要外部性（a demand externality）を生み出すからである（Williamson, 1996: 64-65）。実際に，ダールストロームとニガールト（Dahlstrom and Nygaard, 1999）は，フランチャイジーが（例えば，約束違反のような）機会主義的な行動をした場合，フランチャイジーが高い長期交渉コストやその他の高い取引コストに直面することになることを見出している。

　石油業界の前方統合に関するこうした簡単な記述は，前方統合をめぐるコストとベネフィットの一部を明らかにしている。精製業者は，初めのうちは製品の供給をコントロールすることに集中し，競争的な価格で市場に製品を提供し

ていた。しかし，競争が激しくなるにつれて，そして精製所から運搬業者のタンクまで製品を運ぶロジスティクスが効率化されるにつれて，精製業者はその集権的マネジメント・システムが現場に対応していないし，強力なインセンティブも与えていないことに気づいた。フランチャイズのガソリンスタンドの売上は，精製業者が所有していた頃の売上を上回るようになった。この歴史は，TCE の有用性を示す一方で，どの程度統合したらよいのかを選択する際に重要となる（ブランド価値，ノウハウ，ケイパビリティ，企業家精神といった）要因もあることを示している。現実世界のほとんどの産業を特徴づける豊かな歴史（や前方統合の度合の変化）についての完全な説明に至るには，これらの要因によって TCE を補完する必要がある。

　石油業界の前方統合の歴史には，19世紀後半のシンガー社（Singer Sewing Machine Company）による小売，サービス，教育への前方統合の進展についてのアルフレッド・チャンドラーの記述（Chandler, 1977: 第12章）と類似する点がある。石油精製業者と同様に，シンガー社は，大量生産とともに，ただその製品を実演するだけでなく，ミシンの使用方法を実際に顧客に教えたり修理やメンテナンスを提供したりできるマーケティング組織を準備する必要があった。時の経過とともに，シンガー社は独立した代理業者のネットワークを給料制の従業員に代えていった。

　こうした前方統合の論理の現代的な例は，直販店を開業したアップル社（Apple）の意思決定である。その店舗では，アップル社が販売スタッフによって提供される知識やサービスの水準をコントロールできるようにしている。取引コストの観点からすれば，ラップトップ，iPod，iPhone，iPad のような最先端の一般消費者向けの電子製品や電子システムを売る場合よりも，ハンバーガーやガソリンを売る場合の方が，独立販売業者との契約は容易である。製品が最先端のものであるほど，その便益を消費者に教え込み，販売努力の適切な水準を達成するために，前方統合はより魅力的な選択肢となる。こうした製品がいったん消費者に十分に認知され理解されると，必然的に前方統合の費用対効果はそれまでに比べて低下する。したがって，企業が複雑で革新的な製品を途切れることなく生み出している場合は，一定水準の前方統合は望ましいものであろう。

　おそらく，アップル・ストアは，近年の小売への前方統合の最も成功的な例

の1つである。しかし，その論理はまったく新しいものではない。すでに述べたように，シンガー社は1世紀以上も前に販売とサービスへの統合を行っていたのである。その違いは，アップル社におけるイノベーションの速度が当時のシンガー社よりもはるかに速いことである。さらに，アップル社の製品イノベーションは，特定の持ち場のない販売員が顧客のクレジットカード払いを促進するために使用する手のひらサイズのスキャナーのように，販売活動そのものにおけるイノベーションによっても補われている。世界の主要な都市部の最良の立地において魅力的なデザインを備えたアップル社の"クール"な店づくりも，アップル社のブランド価値を高めたり，顧客に価値ある体験をさせたりするために，大いに役立ってきた。店舗の従業員が入念に訓練されたアップル社の従業員であるということ，この事実がその成功的な販売戦略には不可欠な要素なのである。

　この例は，一般消費者向けの電子製品，そしてより一般的に技術分野において，TCEフレームワークの拡張を必要とするような問題が生じていることを示している。次の節では，このことに焦点を当てる。

3．無形資産の重要性

　前方統合の意思決定にTCEやその他の概念を応用するための改良されたフレームワークを展開する前に，無形資産の重要性を強調しておく価値がある。この種の資産の重要性は，グローバル経済における多くの長期的トレンドの結果として高まってきた。

　規模や範囲は依然として重要である。とはいえ，規模の経済原理や範囲の経済原理は，1世紀前ほど重要ではない。グローバル経済における重要な新たな展開とは，規模の経済や範囲の経済に基づく伝統的な競争優位の源泉を（消滅させてはいないが）徐々に喪失させていることである。こうした変化として，情報のやりとりにかかるコストの低下（および，やりとりの高速化），輸送コストの低下と輸送の高速化，労働の流動性の高まり，多くのコンポーネントや半組立品（subassemblies）を競争的な価格で入手しやすくなったこと，そして多くの補完的な資産やサービスへのアクセスが容易になったことなどが挙げられる（Teece, 2000）。

3.1 ノウハウ，関係，組織資本

　TCE の重要な洞察によると，多くの場合，それまで社内で独占的に供給されていた特定の業務（例えば，顧客サービス），これを行う独立したサプライヤーから，契約を通して規模の経済や範囲の経済を得ることができるということである。同様に，範囲の経済は（常にではないが），しばしば垂直統合や水平統合を行うことなく，契約関係によって獲得できる（Teece, 1980）。要するに，規模の経済や範囲の経済を獲得するためには，常に垂直統合や水平統合が必要だというわけではないのである。

　技術やケイパビリティがグローバルに普及した結果，コンポーネント（そしてサブコンポーネント）のコモディティ（廉価大量販売品）化はありふれたものになっている。これによって，技術的ノウハウやその他の無形資産が，企業の製品差別化を可能にし，優位性の構築を可能にする "ボトルネック資産" となっているのである。今日のような競争の激しいグローバル経済においては，企業は，こうした無形資産を抜け目なく創造したり，結合したり，移転したり，蓄積したり，そして保護したりすることから価値を獲得できるのである。規模の経済や範囲の経済という静態的な経済性は依然として重要であるが，ほとんどの業界の供給基盤は半世紀前と比べて製造業者からより独立しているため，そうした経済性は前ほど重要ではない。今日のようなより開かれたグローバル経済では，無形資産やケイパビリティが競争優位の新たなトレンドになっているのである。

　競争優位の観点からすると，知識資産は製品やプロセスの改良のための基礎を提供するものであり，特に興味深い種類の資産である（Teece, 2009）。こうした資産は，"構築" することが困難であり，管理することも難しい。また，取引されることも少ない（もし市場があるとしても，"薄い[thin]" 市場だろう）。というのも，それらの基本的な価値は補完的資産があることから生じるものであり，その補完的資産の存在が，その知識資産のすべての潜在的な戦略的価値に，快く支払う買い手の数を制限するからである。さらに，知識資産は一般に移転コストが高く，契約するときすべてを明示することが困難な場合さえある（Teece, 1981b）。それゆえ，こうした資産は，その他の多くの種類の資産に比べてアクセスすることが難しい。したがって，その所有とコントロールが重要

となる。

　天然資源の業界でさえも，（驚くべきことに，おそらく）利益は無形資産の所有と利用から生じるものであり，地球そのものからではほとんどない。利益は，安全で効率的で効果的な抽出技術を開発した人々や，あるいは国家やその他の関係者との特別な関係を構築した人々の下へと流れる。例えば，石油業界では，比喩的に言えば，石油は地中からではなく，知性の中から（すなわち，知識資産の利用によって）"発見される"。埋蔵された原油を新たに発見して市場に出すためには，（組織的に埋め込まれた）ノウハウが必要となり，多くの国や地域では国家との関係も必要となる。これらの種類の資産（すなわち，ノウハウと関係）の両方が，原油を発見し生産するためにも，そして探索する権利や生産する権利を確保するためにも必要となる。競争業者たちは，必要な投入物（例えば，借地，油田掘削装置，タンカー，パイプライン）のすべてを（市場を通じて競争価格で）入手できるため，天然資源の業界でさえも無形資産の重要性が高まっているのである。こうした状況では，石油事業から生じる利益は，優れた探索ノウハウや生産ノウハウを持つ人々に流れていくことになるだろう。地主（lease holder）はもちろん見返りを得るが，優れたノウハウを持つ人々は利益を得るために投資する必要がない。このことによって，石油業界において土地を所有しない民間事業者が，優れたノウハウを開発したり応用したり，そしてあるいは政府との特別な関係を築いたりすることだけで成功する理由が説明される。**図表2・1**は，いくつかの点について，無形資産と物的資産の違いをまとめたものである。

図表2・1 無形資産と物的資産の比較

	無形資産	物的資産
多様性	異質	同質
所有権	多くの場合あいまい	たいてい明確
市場での取引	めったにない	頻繁
取引機会の感知の程度	低い	高い
潜在的な戦略的価値	高い	低い
バランスシートでの認識	認識されない	認識される

顧客との関係や，評判，そして組織文化もまた，特許や商標のようなもっと広く認識されているカテゴリーとともに，無形資産である。

3.2 ケイパビリティ

ケイパビリティは，前方統合の意思決定にも関連する決定的に重要な無形資産の一種である。企業が一連の活動を組織したり，調整したり，あるいは管理したりするためのケイパビリティは，（準）反復的なルーティンの束である。こうしたルーティンの中には，フォーマルなものもあれば，インフォーマルなものもある。従業員が作業を繰り返し行うにつれて，プロセスは明確に定められたものになる。プロセスの本質は，（必要になるまで）それを変化させようとしないことである。

こうした記述が示しているように，ケイパビリティは時間をかけて構築されなければならない。一般消費者向けの新たな大量生産品のための顧客サービスのような必要なケイパビリティを企業が欠いている場合には，（もし望ましいケイパビリティが市場で入手できるならば）外部のサプライヤーに頼った方が手っ取り早いだろう。

アルフレッド・チャンドラー（Chandler, 1992）の指摘によれば，第2次産業革命の時代に，"企業家による流通やマーケティングへの前方統合の最初の動き"が起こった最大の理由は，"しばしばサプライヤーや流通業者が，複雑な新製品やそれを効率的に取り扱うために必要な設備について十分な知識を持っていなかったことにある。こうした理由から，非常に多くの新規企業が，社内の管理者や従業員を配置したマーケティングや流通の全国ネットワークを瞬く間に構築することによって，自らのニーズを満たした"（Chandler, 1992: 87）。この分析は，少なくとも部分的には，すでに述べた石油業界の初期の歴史と一致している。

これらの例が明らかにしているように，業界のライフサイクルに関わる要件は，前方統合の選択の理解にとって重要である。新しい業界では，サプライヤーや流通業者がその場に必要なケイパビリティを持っていないかもしれない。この場合，開発業者や製造業者が取引コストではなく，"ケイパビリティ"を理由に川上や川下を統合する必要がある。言い換えれば，ケイパビリティは常に買えるとはかぎらず，ときには構築されなければならないのである。前方統合

第2章　前方統合とイノベーション　47

は，完全に取引コストを理由として必要になるとはかぎらず，単に契約を通して利用できる適任の相手がいないという理由で必要となる可能性もある。

　市場や機会は，いつもゆるやかにあるいは予想通りに発展するとはかぎらないので，企業はしばしば一連のケイパビリティを再配置（reconfigure）する必要がある。ダイナミック・ケイパビリティは，変わりゆく事業環境に対処したり，それを形成したりするために，内外のケイパビリティやその他の資源をオーケストレーションし，構築し，そして再構成する企業能力のことである（Teece, Pisano and Shuen, 1990b, 1997; Teece, 2009）。

　ウィリアムソン（Williamson, 1999）とティース（Teece, 2010b）は，ケイパビリティの観点がどのようにTCEを補完するのか，そしてどのようにTCEと対比されるのかについて分析している。例えば，いずれも企業と市場を代替的なガバナンス形態として概念化している。しかし，何が内部で組織（管理）されるべきで，何が市場で組織されるべきかについての選択は，TCEの観点からすると主に資産特殊性によって決まる。ところが，ケイパビリティの観点では，主に資産の取引不可能性と入手不可能性によって決まる。

　特殊な資産と，取引されない，あるいは取引の少ない資産との間には関係がある。しかし，資産が取引されない（あるいは資産の取引が少ない）理由は，資産特殊性や取引コストに関連するものばかりではない。例えば，ある種類の知的財産権の使用許可は，成功を見込めるビジネスモデルとなりえない。実際，多くの企業は，"戦略的で"技術的な資産を［訳者：他の企業が］使用することを簡単に認めたりしないだろう。特に，直接的な競争相手に対してはそうするだろう。その理由は，ある程度は，ライセンシーが許可された技術をライセンサーとの競争のために使用した場合に見込まれる顧客の喪失について，ライセンサーを補償するような契約が締結できないからである。理論的には，ロイヤリティの割合が失われる利益と等しくなるように設定されるならば，ライセンサーにとって自社の販売業務とライセンシーの販売業務の間は無差別になるだろう。しかし，こうした取り決めはまずめったに見られない。その理由の一部は，ライセンサーのどの顧客が実際にライセンシーに奪われうるのかが，おそらくあいまいだからである。したがって，ライセンサーがライセンシーと同じ領域で販売できる場合，排他的な使用許可はめったに見られない。

　もっと根本的な違いによって，これら2つの観点は区別される。一方で

TCE は機会主義をコントロールする必要性を強調するが，他方でケイパビリティの観点は機会を感知（sensing）し，捕捉（seizing）するためのシステムを強調する。明らかに，企業経営者は，マーケティング戦略の展開やその他の事業上の意思決定を行う際には，機会と機会主義のいずれも考慮する必要がある。

3.3　ビジネスモデル

　また別の中心的な重要性を持つ無形資産とは，ある特定の市場のための企業のビジネスモデルである。すなわち，ビジネスモデルは顧客に対して企業が提案する価値の本質（Chesbrough and Rosenbloom, 2002; Teece, 2010a）であり，あるいは顧客にソリューションをもたらす事業デザインである。伝統的な収益・価格設定モデル（traditional revenue and pricing model）が適用できない不安定な市場で成功するためには，ビジネスモデル・イノベーションが決定的に重要となる。インターネットは，ビジネスモデル・イノベーションを可能にするとともに，それを求めてもいる。特に，今日，インターネットは新たな価格設定構造（new pricing structures）を求めている。というのも，ユーザーは，無料で情報を得ることに慣れているからである。この状況は，公的な助成金なしには長続きしないだろう。

　組織デザインはいくぶん一般的なものであるが，それに対してビジネスモデルのデザインは，しばしば特定の機会や，顧客に対する最良の価値提案についての企業家の仮説と密接に結びつけられている。したがって，ビジネスモデルのデザインは，新たな組織デザインよりも，持続的な競争優位の源泉となる可能性が非常に高い。

　企業が無形資産の所有と利用から潜在的に生じうる価値を獲得（そして維持）するためには，無形資産を保護し，重要な無形資産の模倣を防ぐ能力が必要になる。模倣に対する法的障壁は，一部の知識資産を保護している。とはいえ，一部の業界（例えば，特に米国や EU［そして，いくつかのその他の国や地域］を除く国や地域における音楽レコード業界）では，こうした障壁の重要性は，変化の速度あるいは権利執行の脆弱さを理由に限定されている。どのようなときに前方統合が企業の無形資産への影響力を高めるのかを理解するためには，このような要素分析のためのフレームワークが必要となる。前方統合が，ほと

んど差を生み出さない場合もあれば，大きな差を生み出す場合もあるだろう。

4. イノベーションによる利益獲得フレームワークを用いた TCE の拡張

　今日，経済理論では，ウィリアムソンの TCE がアウトソーシングの支配的理論になっている。すなわち，資産の入手可能性／特殊性と機会主義的な再契約にかかわる関心が主流の見方となっている。例えば，あるサプライヤーと協働するために，企業が関係特殊的な投資をしなければならないとき，その後，その転用不可能な資産をめぐって再契約の危険にさらされることになる。その再契約の危険は，垂直統合によって取り除かれる可能性がある。

　TCE は決定的な洞察を提供しているが，異なる種類の技術的危険と市場的危険の理解によって補足される必要がある。すでに述べたように，機会は機会主義と平行して強調する必要がある。

　イノベーションによる利益獲得フレームワーク（Teece, 1986b, 2006b）は，TCE を 1 つの柱としている。そのフレームワークは，新規市場に参入する（あるいは創造する）際に，“作るか買うか”という選択に関連して，経営者を適切な企業境界（マーケティングや販売への前方統合の度合も含む）の選択に直面させる。イノベーションによる利益獲得フレームワークの中心概念は，補完的資産である。知識資産は，それだけでは顧客価値を生み出すことができない。ほとんどの場合，他の補完的な無形資産や補完的な物的資産と結合する必要がある。したがって，競争に勝つためには，流通と小売も含めた特定の補完的資産の所有やコントロールが重要となる。

　バックオフィス業務（例えば，検査，電話による販売，給付管理，記録管理，IT マネジメント）のような特定のサービスが一般化することによって，企業が直面している“作るか買うか”という選択肢のメニューが増え，企業境界を予測できる(あるいは選択に役立つ)理論の必要性が高まっている。これによって，R&D からアフターサービスまでの活動を，どこでだれが行うかという経営の選択肢が広がり，複雑になる。

　補完業者の役割が増すことによって，求められる技術管理アプローチの本質が変化している。というのも，1 つの機器のイノベーションは，しばしばその

補完物の価値を高めるからである。例えば，1940年代のハイオクタン燃料を扱う石油精製業者による開発と応用が，自動車メーカーの高圧縮エンジンの創造と利用を可能にしたのである。

知識資産自体は保護される必要がある。市場が模倣に対して自然に強力に保護してくれる（例えば，発明が簡単に複製できない）場合や強力な知的財産保護が存在している場合を除けば，イノベーターはその市場で失敗する可能性がある。そうでなければ，イノベーターが将来獲得できる潜在的所得は，高いリスクを伴うことになる。それと関連して，利益を専有できる体制は，商業上の成果を形作るために，きわめて重要となる。

専有可能な体制が"弱い"（イノベーションが容易に成文化され，知的財産権の法的保護が有効でないためにイノベーションの保護が難しい）こともありうるし，あるいは"強い"（知識が暗黙的であり，十分法的に保護されているために，イノベーションの保護が容易な）こともありうる。そのような体制は，業界や国によって異なるだけではなく，活動分野によっても異なる。イノベーションにかかわる知識がどれくらい暗黙的なのか，あるいはどれくらい容易に成文化されうるのか。これが，模倣の容易さ，したがって［利益の］専有可能性にも影響することになる。

ライバルを遅らせて，利益を生み出すために，特許が利用される場合もある。しかし，新薬，化学製品，そしてある研究で"シンプルな機械的発明"（Levin *et al.*, 1987）と呼ばれたもののような特別な場合を除き，特許はしばしば強い専有可能性を与えるものではない。レビンらの研究以降，特許は他社の特許にアクセスするための交渉や侵害請求に対する防御の場合に利用される形で，半導体業界と電子製品業界では特許の重要性が徐々に高まっている（Cohen, Nelson and Walsh, 2000）。

特許による専有可能性が低いとみなされる1つの理由は，特許がしばしばそれほど大きなコストをかけることなく"あちこちで発明されうる"ことである（Mansfield, Schwartz and Wagner, 1981; Mansfield, 1985）。特許が保護を提供しにくいもう1つの理由は，法的有効性を支持したり，あるいは権利侵害を立証したりするための法的・金銭的な要求が高いためである。また，多くの国において，知的財産のための法の執行措置が弱かったり，あるいはなされなかったりするからである。

第2章　前方統合とイノベーション　51

　いったん発行された特許は，多くの国や州で法的に有効であると推測されるが，特許が裁判所で認可されるまで法的有効性がしっかりと示されることはない。もちろん，損害賠償を受け取るためには，特許侵害を証明する必要がある。したがって，特許を取ることは，将来の法的執行や潜在的なライセンス料への旅券にすぎない。最も良い特許は，しばしば対象範囲が広く，すでに裁判所に認可されていて，需要の高い製品の生産に不可欠な技術を含むものである。

　特に，イノベーションがプロセスに埋め込まれている一部の産業では，利益の専有可能性のメカニズムとして，営業秘密が実行可能な特許の代替案となる。しかし，営業秘密の保護が可能なのは，企業がその製品を世の中に公開しても基礎となる技術の秘密が守られるような場合だけである。半導体製造を含めて，多くの工業プロセスはこの種のものである。

　革新的な企業は，イノベーションから価値を獲得するために，知的財産権の申請と市場に出るまでの時間（Time to Market）の優位性に加えて，別の戦略的なメカニズムを利用することもできる。ビジネスモデルの選択と流通戦略は，このようなデザイン選択に関係する。いずれの選択にとっても，補完的資産の所有とコントロールが重要となる。

　すでに述べたように，企業の重要な知的資本は，消費者に対して価値を生み出すために補完的製品，技術，そしてサービスを必要とする。ハードウェアは，ソフトウェアを必要とする（逆も同じ）。OSは，アプリケーションを必要とする（逆も同じ）。デジタルミュージックプレーヤーは，音楽を必要とする（逆も同じ）。携帯電話は携帯電話網を必要とする（逆も同じ）。要するに，ユーザーや消費者に対して価値を生み出すためには，企業の重要な資産がシステムに埋め込まれなければならないのである。もし他の企業がシステムに必要な要素をコントロールするならば，価値を獲得しにくくなる。それゆえ，ビジネスモデルと組織デザインを正しく選択することが成功へのカギとなる。

　プロダクト・イノベーションやプロセス・イノベーションを遂行するには，補完物の利用だけでなく，生産の垂直連鎖における川上から川下までの多くのインプットやコンポーネントを利用する必要もある。それゆえ，発明者やイノベーターが必要なインプットやコンポーネントをまだコントロールしていない場合には，それらの所有者の経済力がどれほどのものであったとしても，発明者やイノベーターの利益が損なわれる可能性がある。企業は，システムの中の

どこかにイノベーションが起こり，ボトルネック資産となるものが変化した場合，時間とともにその評価を修正する準備をしておかなければならない。

　これまで，イノベーションに関連する新しい活動について，経営者がどこに企業境界を設定するのかを決める場合，経済理論は非常に重要な中核的な要件を把握してこなかった。コース（Coase, 1937）によると，企業境界は簡単な計算であり，内部化の限界費用が内部化しないことの限界費用に等しくなるまで内部化するということである。ウィリアムソン（Williamson, 1975, 1985）に関しては，他の条件が等しい場合，それは内部ガバナンス・コスト（資産特殊性で決定される）が市場取引コストと等しくなるようにする問題である。しかし，しばしば他の条件は同じではない。専有可能性の問題が重要になることが多く，内製コストと他の形のケイパビリティは，選択されたガバナンス・モードに内生的に依存しているかもしれない。

　イノベーションによる利益獲得フレームワーク（PFI）は，コースとウィリアムソンの契約重視の視点から得られた洞察に基づいているが，企業境界の選択にとって重要なより多くの要因を考慮している。それは，知的財産権，補完的資産，市場に出るまでの時間を考慮することに関係している（Jacobides, Knudsen and Augier, 2006も参照）。経済計算は取引コストを最小化し，機会主義によるリスクとコストを管理するだけではなく，イノベーションによって補完的資産の価値が変化するときに生じる機会をとらえることにも関係している。ファイナンスの専門用語でいえば，イノベーターはイノベーションによって価値が増加する可能性の高い補完的資産の買いポジションを持つことができるのである。もしすべての現物市場と先物市場が存在していれば，これは簡単である。しかし，補完物の市場は存在していなかったり，新規利用に十分に応用できなかったりする可能性があり，イノベーターは問題となる資産を自分で構築するか，あるいは補完的な市場ですでに優位な立場にある当事者と提携する必要がある。したがって，イノベーションによる利益は，企業家精神，市場創造，そして共創にかかわっているのである。

　問題となる資産には，卸売あるいは小売における流通資産や販売資産が関係するだろう。ティース（Teece, 2006b）は，内部化のための強制的な理由がなければ，例えばあまりに長い時間がかかるために必要なケイパビリティを習得できないならば，企業は市場からの供給に依存すべきであると述べ，PFIのルー

ルとしてまとめている[1]。

PFIフレームワークは，ボトルネックになりそうな補完的資産を所有し，コントロールすることの重要性を指摘している。これらは，イノベーションに対して共特化されることもあるし，されないこともある。

5. 結 論

オリバー・ウィリアムソンとTCEは，流通チャネルの選択のための選択肢や戦略の理解に大きく貢献してきた。このような貢献は，経済学とマーケティングをより密接なものにした。マーケティングの分野では，TCEはどのような時期に"チャネルキャプテン"になる必要があり，それが望ましいのか，またどのような場合に製造から小売への前方統合が望ましいのかを決定することに役立っている。経済学では，TCEは企業が自分の販売店（アウトレット）を持っていることもあるが，一般的にはそうする必要がないという理由を説明することに役立っている。

TCEフレームワークにイノベーション要件を取り入れる（あるいは併用する）ことによって視野が広がり，矛盾のない新たな洞察を加えることができる。新規市場における製品サポート，販売支援，ブランド構築，そして顧客教育のためには，前方統合がしばしば必要となる。"店頭での取り組み"を支援することは，問題の一部分を解決する。さらに，場合によっては，例えば上述したアップル・ストアのモバイル決済システムのようなものがある。実際に，販売支援が最も重要な状況は，革新的な新製品がある程度の頻度で展開されている場合である。

TCEは，製品の性質（例えば差別化されたものなのか，あるいは一般的なものなのか。既知のものなのか，あるいは新しいものなのか）が与える影響を分析するための視角を提供してくれる。このように，経済組織の理解に対するTCEの貢献は，研究し尽くされていない。それははじまったばかりである。

注

1 "このような理由は，以下の２つの重要な状況のうちのいずれかによって根拠づけられる。つまり，(a)外部（すなわち，外部から提供される資産やサービス）に大きく依存した場合に取引コストを生み出すような共特化の状況，また(b)そのイノベーションが生み出す価値を高める，あるいはそうでなければその実行において重要であるような補完的資産を構築または購入することによって，専有可能性の状態を支える状況である。"（Teece, 2006b: 1140）。

第Ⅱ部

ダイナミック・ケイパビリティ論

ダイナミック・ケイパビリティの解明
―― 持続的企業のパフォーマンスの性質とミクロ的基礎

Explicating Dynamic Capabilities: The Nature and Microfoundations of (Sustainable) Enterprise Performance
(*Strategic Management Journal*, 2007, Vol. 28, No. 13 : 1319-1350)

1. はじめに

　最近の研究で強調されているのは，企業は，特異で取引困難な資産やコンピテンシー（"資源"）のポートフォリオ（組み合わせ）から成るということである[1]。このフレームワークによれば，希少で価値ある模倣困難な資産，特にノウハウを所有した時点で，競争優位が生まれることになる。しかし，現在のビジネス環境は，グローバルな競争にさらされて変化が速く，イノベーションや製造の源泉が，地理的にも組織的にも拡散していることで特徴づけられる。そうしたビジネス環境で持続的競争優位を得るには，複製困難な（知識）資産を所有するだけでは不十分である。持続的競争優位には，独自の複製困難なダイナミック・ケイパビリティも必要なのである。このダイナミック・ケイパビリティは，企業独自の資産ベースを継続的に創造・拡張・改良・保護し，価値ある状態に維持するために利用される。分析のため，ダイナミック・ケイパビリティを以下のように分解する。すなわち，(1)機会・脅威を感知し形成する能力，(2)機会を捕捉する能力，(3)企業の有形・無形資産の価値を高め，結合・保護し，必要な場合には再配置することで競争力を維持する能力である。ダイナミック・ケイパビリティには，顧客と技術的機会の変化に適応するのに必要な，複製困難な企業ケイパビリティが含まれている。また，自社が属するビジネス・エコシステム（生態系）を形成し，新しい製品とプロセスを発展させ，生存に適したビジネスモデルをデザインして実行する企業能力も，ダイナミック・ケイパビリティに含まれる。こうした"オーケストレーション"[2]能力が優れていれば，長期的に優れた財務的パフォーマンスをもたらす十分な価値が創出され，かつその価値を獲得する企業能力が強化されるという仮説が立てられる。ここでの論点は，以下のとおりである。つまり，（外部の）ビジネス環境が企

業の財産をどう評価するかによって，企業の長期的パフォーマンスはある程度決定されるものの，（内部の）ダイナミック・ケイパビリティの開発と行使こそが企業の成功（と失敗）の核となる，というものである。本稿は，初めにダイナミック・ケイパビリティの性質を記述し，次にダイナミック・ケイパビリティのミクロ的基礎を解明する。

　ダイナミック・ケイパビリティ・フレームワークが目指すものは，企業レベルの長期的な競争優位の源泉を説明することであり，また完全競争市場において同質企業の競争の結果生じるゼロ利益の状況を避けるための指針を経営者に提供することに他ならない。フレームワークというものは，モデルと同様に現実を抽象化する。そのため，それは重要な変数やその相互関係性を特定化しようとするものである。フレームワークは，実在可能な理論的諸関係がどのような特定の形態をとるかについては不可知であるため，モデルほど厳密ではない。ダイナミック・ケイパビリティ・フレームワークへの初期の言及は，ティース，ピサノ，そしてシェーン（Teece, Pisano and Shuen, 1990a, 1990b, 1997）や，ティースとピサノ（Teece and Pisano, 1994）に見出せる。今日，ダイナミック・ケイパビリティに関する多様な文献が存在するが（例えば，Helfat *et al.*, 2007），それらは本論文で提示する全般的なフレームワークの中に体系化・統合化されうるものである。

　ダイナミック・ケイパビリティの有る無しは，以下に示すような特定の性格を持つビジネス環境下の多国籍企業のパフォーマンスに大きく関わってくる。その性格の第1は，その環境が国際的な商取引にオープンで，急速な技術変化に関係する機会・脅威に完全にさらされていること。第2に，技術的変化自体が，顧客ニーズに対応した製品やサービスを創造するために様々な発明が多角的に結合されねばならないという意味で，システミック（体系的）であること。第3に，（構成要素である）財やサービスを交換する十分発達したグローバルな市場が存在すること。第4に，ビジネス環境が，技術・経営のノウハウを交換する未発達な市場によって，特徴づけられていることである。これらの特性は，グローバル経済の多くの分野で見られ，先端技術分野でとりわけ顕著である。今日，そうした分野では，企業の成功基盤は，所与の制約下における最適化や，生産における規模の経済性の獲得といった（教科書的な）能力には，ほとんど関係がない。むしろ，企業の成功は，次のことに依存する。すなわち，

機会の発見と開発，つまり企業の内外で生み出される発明間の有効な結合，企業内および企業間の効率的かつ有効な技術移転，知的財産の保護，"ベスト・プラクティス"ビジネスプロセスのアップグレード，新しいビジネスモデルの開発，バイアスのない意思決定の実施，ライバルによる模倣やその他の形態の複製を阻止することである。また，グローバル市場における新しい"ゲームのルール"の形成も企業の成功に関係する。ビジネスを成功させる伝統的な要素——一連のインセンティブの維持，有形資産の所有，コスト・コントロール，品質の維持，在庫の"最適化"——は必要だが，企業の持続的に優れたパフォーマンスにとっては十分なものではない。

　経営幹部たちは，今日のグローバルな競争環境における新しい変化を認識しており，技術的イノベーションは必要だが，それだけでは成功には十分ではないことも理解していると思われる。プロクター・アンド・ギャンブル社のCEO，A. G. ラフリー（A. G. Lafley）は，"ゲームの名前はイノベーションだ。イノベーションを戦略やプロセスに向かわせようと，われわれは懸命に努力している"と述べている[3]。IBM 社の CEO，サム・パルミサーノ（Sam Palmisano）は，"イノベーションとは，新しい製品のことではなく，それ以上のものである。それは，ビジネスプロセスを新しく作り直し，潜在的な顧客のニーズに応えるような，完全に新しい市場を創ることである"と述べている[4]。換言すると，企業の成功の基盤が，単なる優れた R&D，新製品の導入，ベスト・プラクティスの採用，質の高い製品・サービスの提供を超えたものであると，経営者自身が，認識しはじめている。イノベーション志向の企業がなすべきことは，R&D に資金をつぎ込み，企業の知的財産を地道に開発させて保護することだけではない。そういった企業は，競争力の実現と維持に必要な組織・経営のイノベーションを補完的に生み出し，実行することも同時に求められている。

　以下に示すように，機会や脅威に対する企業レベルのすべての反応が，ダイナミック・ケイパビリティを意味するわけではない。シドニー・ウィンター（Winter, 2003: 991）が言う"アド・ホックな問題解決"は必ずしもダイナミック・ケイパビリティではない。そしてまた，広く知られている複製可能な"ベスト・プラクティス"の採用も，ダイナミック・ケイパビリティの一部ではないだろう。ベスト・プラクティスを実行すれば，企業を存続でき，維持することには役立つかもしれない。しかし，すでに広く採用されているベスト・プラ

クティスだけでは，激しい競争市場で投下資本以上に利益を得たり，競合他社よりも良い業績を上げたりすることはできない。同じく，発明やイノベーションだけでは，成功するのには不十分である（Teece, 1986b）。

　ケイパビリティを測定するためには2つの基準が考えられる。すなわち，"技能"適合力と"進化"適合力である（Helfat *et al.*, 2007）。技能適合力は，ケイパビリティがどれほど企業の存続を可能にしているかに関わりなく，あくまでケイパビリティが，有効にその機能を遂行しているかどうかによって規定される。進化的，あるいは外的な適合力は，ケイパビリティが企業の存続にどの程度寄与するかを意味する。この進化適合力は淘汰環境と関連する。さらに，ヘルファットたち（Helfat *et al.*, 2007）によれば，技能適合力と進化適合力は共に，ゼロからはじまり，何らかの正の値をとる。これらの基準は本稿の議論と一致する。ダイナミック・ケイパビリティは，進化適合力の実現を促進させる。それは，部分的には，環境の形成を促進することで行われる。（単に環境に適合するのではなく）環境の形成を必要とするダイナミック・ケイパビリティの要素は本来，企業家的である。議論の余地はあるだろうが，企業家適合力と進化適合力は，同じ性格の尺度となるだろう。

　ダイナミック・ケイパビリティは疑いもなく，ずっと以前から，企業が競争優位性を実現することと深く関わっていたが，その重要性は今日ますます高まっている。なぜなら，グローバル経済がよりオープンになり，発明，イノベーション，製造が地理的・組織的な意味でより多様になり（Teece, 2000），市場での成功には，多角的な発明の結合が必要となった（Somaya and Teece, 2007）からである。進化的に適合していくことは，2000年以前よりも今日の方が難しい。また，規制や制度の構造は，新しい市場の出現に合わせて頻繁に再構成されなければならなくなっている。さらに今日においては，後に議論するように，"プラットフォーム"がいたるところに見られることを認識しなければならない（Evans, Hagiu and Schmalensee, 2006）。

　無形資産や知的資本を開発し，それを機敏にマネジメントすることが，企業の持続的な競争力の中心であるという認識がますます高まっている。だが一方，無形資産がいま，なぜ重要なのかについての理解は不透明なままであり，オーソドックスなフレームワークでは扱われていない。必要なのは，ビジネスや経済を分析するための新しいフレームワークである。元FRB議長アラン・グリー

ンスパン（Alan Greenspan）は，"概念的に作られた商品（金融商品）によっ
て徐々に支配されつつある経済の成長について分析できるようなフレームワー
クの開発という重要な課題に，われわれは着手しなければならない"[5]と述べて
いる。本論文で展開するダイナミック・ケイパビリティ・アプローチは，企業
レベルでこの問題に応えようとするものである。

　"われわれはまだ，ダイナミック・ケイパビリティ・アプローチのアウトラ
インをスケッチしたにとどまっている"（Teece, Pisano and Shuen, 1997:
530）と，以前に述べたが，その後の研究の中で，様々なクラスのダイナミック・
ケイパビリティの性質が特定され，ケイパビリティ自体からダイナミック・ケ
イパビリティのミクロ的基礎を分離する努力がなされている。言い換えると，
ダイナミック・ケイパビリティ自体と，ダイナミック・ケイパビリティの各ク
ラスを強化する組織的・経営的なプロセス，手法，システム，構造との間で，
重要な区別がなされている。ここで留意しなければならないのは，ダイナミッ
ク・ケイパビリティのミクロ的基礎を特定化することは不完全で，未熟で，や
や不透明なものであり，またダイナミック・ケイパビリティの実施も非常に困
難であるということである。このことは，もしダイナミック・ケイパビリティ
の実行が容易ならば，ダイナミック・ケイパビリティという概念を効果的に伝
達・適用することで，持続的競争優位は失われるという帰結になろう。

　もちろん，あるプロセス，手法，システム，構造が，あらゆる競合他社にす
でに採用されていたとしても，このことは，かつてこれらが競争優位の源泉で
はなかった，もしくはある状況においてはすでに競争優位の源泉ではないとい
うことを意味しない。例えば，組織的イノベーションの普及に関する研究（例
えば，Armour and Teece, 1978 ; Teece, 1980）によって，イノベーションは
決して瞬時に普及するのではなく，競争が終わるまで長い期間にわたって利益
は維持できるということが示されている。新しいビジネスの構造や手法（例え
ば，パフォーマンス測定システム）の採用サイクルが，何十年にわたることも
決して珍しいものでない。模倣をめぐる不確実性（Lippman and Rumelt,
1982）も，普及プロセスを遅らせ，持続的な差別化パフォーマンスをサポート
するだろう。

　幸いなことに，戦略，イノベーション，組織に関する既存文献や，ダイナミッ
ク・ケイパビリティに関する新しい文献の中で，ダイナミック・ケイパビリ

ティにミクロ的基礎を提供すると思われる多くのプロセスやルーティンが明らかにされている。例えば，アイゼンハートとマーティン（Eisenhardt and Martin, 2000）は，機能横断的な R&D チーム，新しい製品開発ルーティン，品質コントロール・ルーティン，技術や知識の移転ルーティン，パフォーマンス測定システムをダイナミック・ケイパビリティの重要な要素（ミクロ的基礎）とみなしている。本論文は網羅的であることを目指していない。目指すのは，戦略やイノベーションの文献を統合し，企業の進化適合力と企業家適合力の維持のために必要となる最も重要なケイパビリティ・マネジメントを強調するような，傘のような包括的フレームワークを提供することである。

2. 機会，脅威の感知および形成

2.1 ケイパビリティの性質

グローバルに競争するスピードの速い環境では，消費者のニーズ，技術的機会，競合他社の活動は絶え間なく変化している。機会は，新規参入者と既存企業の双方に開かれ，既存企業の利益が危機にさらされる。ティースたち（Teece, Pisano and Shuen, 1997）で議論されているように，いくつかの新興市場の動向は容易に認識される。マイクロエレクトロニクス分野では，小型化，チップ密度の増大，情報通信技術の圧縮とデジタル化が挙げられるだろう。しかし，ほとんどの新興市場の動向はわかりにくい。新しい機会の感知（および形成）とは，精査，創造，学習，解釈の活動に他ならない。研究や関連的な活動への投資は，大抵，この活動を補完するために必要なものである。

2種類の要因から，機会は企業によって発見される。第1の要因は，カーズナー（Kirzner, 1973）が強調するように，既存の情報に対して企業家が，他者とは異なる形でアクセスすることである。第2の要因は，シュムペーター（Schumpeter, 1934）が強調したように，新しい情報や新しい知識（外生的あるいは内生的）によって機会を創造することである。カーズナーは，どのように企業家機能が不均衡を認識し，それを利用するかを強調している。カーズナー的視点によると，アントレプレナーシップ（企業家精神）とは，経済が均衡に回帰していくメカニズムのことである。他方，シュムペーターは均衡の打破を

強調する。ボーモル（Baumol, 2006: 4）が述べるように、"シュムペーターの言う企業家の仕事は、すべての均衡を破壊することである。一方、カーズナーの企業家の仕事は、均衡に戻すことである。これは、産業の絶え間ない進化と革命の根底にあるメカニズムである"。均衡は、たとえ実現したとしても、ごく稀でしかない（Shane, 2003）。今日の経済では、いずれの力も重要である。

　機会を特定し、形成するため、企業は、"局所的"かつ"遠隔的"な技術や市場を、絶えず精査、探索、探査しなければならない（March and Simon, 1958; Nelson and Winter, 1982）。この活動に関係するのは、研究活動への投資や、顧客ニーズと技術的可能性の探求・再探求のための投資だけではない。潜在的な需要、産業や市場の構造的進化、そしておそらくサプライヤーや競合他社の反応の理解も、関係している。（R&D の取り組みや、他者の研究成果の利用を通じて）顧客ニーズを一方で学びつつ、技術的機会を切り開くことができるならば、企業は商業化の機会の広範なメニューを持つことになる。すでに確立された問題解決能力に縛られている経営チームにとっては、探索の限界を克服することはきわめて難しく、コストがかかる。ヘンダーソン（Henderson, 1994）によれば、ゼネラル・モーターズ（GM）社、IBM 社、ディジタル・イクイップメント（DEC）社が困難に直面したのは、自己の世界観を作り上げている深く染みついた前提、情報フィルター、問題解決戦略に囚われていたからである。かつては成功をもたらした解決策が戦略上の束縛に変わっていたのである。

　機会に気づくやいなや、企業家や経営者は、新しい出来事や展開をどう解釈し、どの技術を追求し、どの市場セグメントをターゲットとするかを理解することが不可欠となる。また、どのように技術が進化し、いつどのように競合他社、サプライヤー、顧客が反応するのかを評価しなければならない。競合他社はその機会に気づいているかもしれないが、気づいていたとしても競合他社はその機会に異なる評価を与えているかもしれない。顧客、サプライヤー、基準設定団体（SSB）、政府の行動に加えて競合他社の行動も、機会の性質や競争の展開様式を変化させる可能性がある。

　競争力を発揮させるルール上の制約もある。こうした制約は、規制当局、基準設定団体、法律、社会的慣習、ビジネス・エシックスによってもたらされる。このように、"ゲームのルール"の形成とは、（ビジネス・）エコシステムの参

加者とみなされる主体間の，共進化や複雑な相互作用の結果である。不確実性ゆえに，企業家／経営者は，将来の経路を推測しなければならない。こうした推測は，証拠が現れるたびに更新されるような作業仮説である。新たな進化経路がひとたび明白になると，すばやい行動が要求される。

2.2 ミクロ的基礎

　アントレプレナーシップ（企業家精神）についての文献では，個人（あるいは複数の個人）の認知的で創造的な（"右脳的"）能力から，機会が発見され，創造されることが強調される。しかし，研究開発活動などの組織的プロセスによって機会が発見されることもある。明らかに，個人や企業は，機会の創造や感知について，等しく能力が与えられているわけではない。個人が機会を創造し，発見するには，情報へのアクセスと，発展を認識し感知および形成する能力が必要となる。機会を認識する能力は，ある程度，個人のケイパビリティや現在持っている知識（あるいは，個人が属する組織の知識や学習能力）に依存する。特にこの知識は，新奇・既存の解決策と関係するユーザーのニーズに関わっている。これには，特殊な知識，創造的活動，ユーザー／顧客の意思決定，実践知を理解する能力が必要である（Nonaka and Toyama, 2007）。機会を認識する能力は，あらゆる形態で現れる利用可能な情報——展示会でのチャート，写真，会話，科学や技術の分野で起こった大発見のニュース，不満を持った顧客の懸念表明——についての解釈を伴うものである。技術，顧客ニーズ，市場への反応を推測し，仮説を立てるためには，専門家や社会との接触を深め，そこから得られる情報を蓄積し，フィルターにかけることが必要となる。このタスクは，内外の技術発展の精査，監視，そして顕在的・潜在的な顧客ニーズの判断と関係する。また，学習，解釈，そして創造の活動とも関係する。

　必要な認知的・創造的スキルは企業内の個人が持っているかもしれないが，ここで望まれるアプローチは，企業自体の内部に精査，解釈，そして創造のプロセスを埋め込むことである。もし，感知，創造，そして学習という機能がわずか数人の個人の認知的特性に委ねられるなら，企業は脆弱になるだろう[6]。企業は，新しい専門的な情報を蓄積し，外生的な科学の発展を利用し，顧客ニーズと競合他社の活動を監視し，新しい製品やプロセスの機会を形成するために，企業内部に様々な組織的プロセスを導入するだろう。情報は，フィルターにか

けられて，その意味を理解できる人へと伝えられなければならない。変化する市場や現状の技術に関する議論には，帰納的なものも演繹的なものもある。探索によって得られた情報の意味について，仮説を展開し，テストし，合成を行うことは，トップマネジメント・チームによってなされなければならない重要な役割である。データ，事実，逸話を厳密に組み合わせることは，信念をテストするのに役立つ。それらの証拠がひとたび合成されたら，ミドル・マネジメントや組織の計画策定部門がデザインしたビジネスプロセスに，反復的な合成とアップデートを埋め込むことができる（Casson, 1997）。そうした活動に取り組めなかった場合，企業は，市場・技術の発展やその時の機会を評価できない。その結果，他の企業には見えている機会を見逃すことになるだろう。

ティースたち（Teece, Pisano and Shuen, 1997）が述べているように，現場の自律性がより大きい組織では，分権的であればあるほど市場や技術の発展に気づき，その対応に遅れることはないだろう。情報が組織の階層の上下を移動するとき，情報の劣化の問題が起こるので，経営者に常に情報が送られるように，メカニズムや手法を工夫して，ビジネスを行う必要がある。ビル・ヒューレット（Bill Hewlett）とデビッド・パッカード（David Packard）は，ヒューレット・パッカード社のトップマネジメントが，企業の下位レベルから，また企業の外部で起こっていることから隔離されるのを防ぐメカニズムとして，"歩き回る経営"を生み出した（Packard, 1995）。また他の組織（例えば，プロフェッショナルサービス会社）では，経営陣が，プロフェッショナルな仕事にずっと携わり続けている指導的プロフェッショナル（専門家）で占められるようになっている。これは，経営者が情報から隔離されるという危険を回避するものである。

"センシング（感知）"に関する探索活動には，ビジネス・エコシステムで起きていることについての情報が含まれる。技術について言えば，R&D活動自体は新しい製品やプロセスの"探索"の一形態であるとみなせる。しかし，R&Dは通常ほとんど"現場レベル"の探索の現れである。"現場レベル"の探索は，有効な探索の一要素にすぎない。変化が速く，外部からの新製品導入が多い環境では，探索／探査活動は単に現場レベルのものであってはならない。企業はビジネス・エコシステムの周辺だけでなく，その中核をも探索しなければならない。探索には，イノベーションに関わる活動に貢献している潜在的な

協力者 ——顧客，サプライヤー，協業者——を取り込まなければならない。

　時として顧客は，新しい技術の利用可能性をいち早く認識する。先見性を持つ顧客集団のメンバーは，しばしば新しい技術の可能性を予測でき，場合によっては初歩的な開発活動をはじめることさえできる。また，もし新しい技術のサプライヤーがユーザー／顧客のニーズを正確に理解できないならば，サプライヤーが開発する新しい製品は成功しないだろう。実際，実証研究によって得られた最も一貫性のある発見の1つとして，イノベーションが商業的に成功する可能性と，開発者によるユーザー／顧客のニーズの理解とは高い相関があるということである（Freeman, 1974）。コンピューターの使用やインターネットは間違いなく，ユーザー主導のイノベーションの重要な要素とみなされる。ユーザー自身は大抵初期のプロトタイプを発展させることができない。それゆえ，機会に敏感で，機会を感知できる企業は，多くの場合，顧客主導の試みを利用して新しい製品やサービスを生み出すことができる。

　サプライヤーもまた，最終製品に重要なイノベーションをもたらす存在かもしれない。マイクロプロセッサーやDRAMのイノベーションは，その古典的なケースである。より一般的に言えば，こうした川上の，あるいは“要素”のイノベーションは，パソコン，携帯電話，家電における競争や競争結果に影響を与えてきた。新しい技術／要素を迅速に“デザイン・イン”できない場合には，失敗につながるだろう。反対に，成功は時折，継続的で急速な“デザイン・イン”によって達成され得る。実際，他の場所で発展する新しい技術／要素の周辺の継続的で迅速なデザインは，それ自体，強固な競争優位の源泉となり得る。換言すると，部品メーカーによる急速なイノベーションがあるならば，川下での競争で成功するには，絶えずそのような（外部の）イノベーションを，競争に先立って，利用できるような企業の能力が必要とされる。これまでも技術は外部で探索され，獲得されてきたが，チェスブロー（Chesbrough, 2003）が説明しているように，“オープン・イノベーション”は今や企業の成功に不可欠なのである。

　オープン・イノベーションの概念とその実践から強調されることは，広範囲にわたる外部探索や，その後に行うべき顧客，サプライヤー，協業者との間の統合の重要性である。企業と大学との連携が確立されると，広範な探索が促進される。なぜなら，大学の研究プログラムは，幅広く自由に行われているから

である。実際，光学ディスク産業における特許についての最近の研究（Rosenkopf and Nerkar, 2001）では，範囲が比較的限定された探索の影響は小さく，探索が組織の境界を越えた（だが技術的境界は越えない）場合の影響は大きいことを示している。新しい可能性を示すことは，外部に対する発明／イノベーションの探索だけの問題ではない。顧客の問題を解決するための補完的なイノベーションの結合がしばしば重要となる。多くのイノベーションのシステミックな性質（Teece, 2000）は，外部探索の必要性を増加させるのである。

　機会や脅威の感知は，企業や企業家がある種の分析フレームワークを明白に，あるいは暗黙に利用することによっても促進される。なぜなら，フレームワークの利用によって，何が重要なのかが強調されるからである。経営戦略の分野は，産業構造（および製品市場シェア）が，企業行動を仲介にして企業のパフォーマンスを決定する，と暗黙的にみなすフレームワークのために行き詰まっていた。このポーター（Porter, 1980）の5つの競争要因フレームワークによると，良い戦略とは，魅力的な産業を選び，競争から保護されるように自身をポジショニングすることである。ポーターのアプローチは，"産業"分析[7]や，産業レベルの5つの異なる要因の測定を必要とする。5つの要因とは，潜在的な新規参入業者，売り手，買い手，代替品，競合企業間の競争の持つそれぞれの役割である。5つの競争要因フレームワークはいくぶん静的な性質を持ち，補完性，経路依存性，サポートする制度の役割といった競争環境の多くの特徴を無視している。このことを踏まえると，そのフレームワークは，もし本論文のイントロダクションで概説したコンテクスト（文脈）に適用されたら，企業家や企業の持っている，機会や脅威を正確に感知し，強み・弱みや技術・市場の動向を正確に評価する能力を制約することになるだろう。ネットワーク効果，経路依存性，技術と制度の共進化が重要な状況では，ポーターの5つの競争要因フレームワークの有用性は，かなり限定されたものになる。

　ダイナミックな環境では，5つの競争要因フレームワークは固有の弱点を持っている。その根底にあるのは，実際には市場構造がイノベーションや学習の（内生的な）結果であったとしても，暗黙のうちにそれを外生的なものとしてみているということである[8]。科学技術の変化がイノベーションの機会を生み出すことになる。企業は新しい可能性を探索し，開発活動に携わることができる。もし成功すれば，そうした開発は企業の相対的な成果に影響を与える。

そして，今度はそれが市場構造を決定することになる。各企業の成果は，ある程度，ビジネス・エコシステムで行われる淘汰プロセスによって生み出される。5つの競争要因で無視され，あるいは強調されていない重要な要因には，技術的な機会，経路依存性，専有可能性の状況，サポートする制度，インストールド・ベース［ユーザー数］の効果，学習，ある種のスイッチング・コスト，規制が含まれている。つまり，財やサービスの市場が発達しており（かつノウハウの市場が未熟であり），技術変化が急速であるような状況では，5つの競争要因フレームワークは危険なものになる。というのも，そのフレームワークは(a)"ゲームのルール"を変えるイノベーションやその他の要因の重要性や性質，(b) 選択を制約する企業内部の要因，(c) 模倣や専有可能性の問題に影響を与える要因，(d) サポートする制度，補完的資産，共特化，ネットワーク外部性の役割，(e) 産業の境界のあいまいさ，という点を十分に考慮していないからである。また，後に議論するように，多くの"プラットフォーム"産業やアウトソーシングが重要な意味を持つ産業においては，規模は産業の資産なのである。

　ダイナミック・ケイパビリティ論は5つの競争要因との決別を意味する。このフレームワークでは，分析目的のために認識されるのは，産業における"環境"のコンテクストではなく，ビジネス・"エコシステム"である——それは，企業とその顧客・供給に影響を与えるような組織，制度と個人からなるコミュニティのことである。したがって，このようなコミュニティには，協業者，サプライヤー，規制当局，標準設定団体，司法当局，教育・研究機関が含まれる。このフレームワークでは，イノベーションやそれをサポートするインフラが，競争に大きく影響するとみなされる。ダイナミック・ケイパビリティ論が，カーズナー理論，シュムペーター理論，および経済変化の進化理論に基礎を置いているのに対して，5つの競争要因は産業組織論のメイソン-ベイン・パラダイムに基礎を置いている[9]。またポーターによれば，戦略の構築の特徴は"競争に対峙すること"である（Porter, 1991: 11）。それに対してダイナミック・ケイパビリティ論では，戦略の本質とは，技術の選択や開発，ならびに，複製困難な資産を集め，オーケストレーションすることで，競争優位を構築するような技術やビジネスモデルの選択や開発に関わることであり，そのため自ら競争自体を形成することである。

図表3・1 市場や技術的機会の"感知"のための
ビジネス・エコシステム・フレームワークの要素

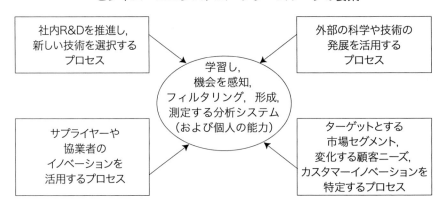

　ビジネス環境の発展を評価するために組織化パラダイムとしてエコシステムを利用する時でさえ，そこに，特定の事実，統計，発展を完全に取り込めるかどうかは，ほとんど明らかではない。それゆえ，組織や経営者が持っている評価・推論のためのスキルが重要となる。実際，企業内部で集められて伝達される情報の多くは，意思決定にとって最低限度の意味しか持たない。たとえ意味があったとしても，多くの場合，情報が届くのが遅すぎる。経営者は，不確実性の霧の中を覗き込み，そこで洞察を得るための方法や手順を見つけなければならない。このことは，企業内外から技術，市場，競争に関する情報を集めてフィルターにかけ，その意味を理解し，行動への影響を理解することに関わる。しかし，傾注（アテンション）というものは，企業内部の希少資源であるので（Cyert and March, 1963），経営者は探索や発見に対して慎重にその資源を割り当てなければならない。企業の明確な戦略はフィルターとなりうる。それによって，"優れた"探索で示された機会・脅威のすべてに傾注を向けずに済む。同様に，シナリオ・プランニングは，起こりうる状況を少数のシナリオに絞り込むことができる。それらのシナリオは，認知を促進し，また不確実性が解決されたら行動を促進しうるものである。**図表3・1**は，感知ケイパビリティを強化する個人や企業の特性をまとめたものである。

3. 機会の捕捉

3.1 ケイパビリティの性質

　ひとたび新しい（技術あるいは市場の）機会を感知したならば，新しい製品，プロセス，サービスを通じて，その機会に取り組まなければならない。それには，開発と商品化活動への投資が必要となる。少なくとも早い段階では，複数の（競合し合う）投資経路がありうる。典型的な例は自動車産業である。初期の自動車産業では，異なるエンジン技術 ——蒸気，電気，ガソリン —— と，それぞれを支える企業があった。しかし，いったん支配的デザインが現れると，戦略的選択はより限定されることになる。このパラダイムは，アバナシーとアッターバック（Abernathy and Utterback, 1978）が最初に提示し，ティース（Teece, 1986b, 2007b）が発展させたものである。様々な技術に関しても，このパラダイムをサポートする重要な証拠が存在する（Klepper and Graddy, 1990; Utterback and Suarez, 1993; Malerba and Orsenigo, 1996）。このパラダイムは，暗黙的に，技術や市場の進化における変曲点を認識している。こうした変曲点は，投資の必要性と戦略的選択に影響する。投資の意思決定に対するインプリケーションは，他の文献でも述べられている（Teece, 1986b）。そこでは，支配的デザインが現れるまでは柔軟なままであるが，いったんあるデザインが勝者になりそうになると，重点投資がはじまるというものである。もちろん，いかなる戦略も不確実性ゆえに危険をはらむだろう。そして，企業がそのデザインに投資する方法やタイミングは，"投入財"市場における競争や，企業自体のアイデンティティに左右される。ミッチェル（Mitchell, 1991）は，重要な補完的資産についての企業の現在のポジションによって，資源のコミットメントのタイミングが異なることを提示した。つまり，優位なポジションにいる企業であれば様子見もできるが，そうでない企業は早急に行動しなければならないのである。

　機会への対処は，技術的コンピタンスや補完的資産を維持，改良し，機会が熟した時に，市場に最も受け入れられそうな特定の技術やデザインに重点的に投資することである。ネットワーク外部性があるときは，早めの参入とコミッ

トメントが必要となる。収穫逓増が存在するということは，特定のネットワークがひとたび優位性を持つと，その優位性が持続することを意味する。優位性の獲得には，かなりの事前投資が必要となる。もし強力なネットワーク効果があり，またユーザー数つまりインストールド・ベースが相対的に小さいなら，顧客はその製品を求めないだろう。したがって，適切なタイミングで投資し，収穫逓増の優位性を確立し，製品やサービスをある利用から他の利用へと活用することで，投資の意思決定を戦略化する必要がある。しかし，ネットワーク外部性，イノベーション，変化というコンテクストにおいては，相互関連的な投資の意思決定をバイアス無しに適切に行う能力はそれ自体，非常に希少である。それは，エラーやバイアス無しで，意思決定を行い続けることが希少であることと同じである。

　しかし，企業が直面する問題は，いつ，どこで，そしてどれだけ投資するかという問題だけではない。企業は，自社の商品化戦略や投資の優先順位を定義するために特定のビジネスモデルの創造や選択を行う必要がある。実際，ビジネスの成功は物的技術の選択に左右されるが，それと同じくらい組織のイノベーション（例えばビジネスモデルのデザイン）に依存している。その証拠は多数ある。これは，経済レベルでも企業レベルでも言えることである（Nelson, 2005）。事実，ビジネスモデルの開発と実行，関連する企業境界の選択は，物的技術それ自体の開発や採用と同様に，ビジネスの成功の基礎となる。ビジネスモデルはプロセスやインセンティブも含むが，ビジネスモデルと物的技術との共同が，戦略経営の中では，見落とされている要素である。特徴として，制度／組織のデザインの問題への理解が，技術自体の理解に比べて不十分であるといえる。このデザイン問題に対する無知こそが，私的・公的セクターにおけるイノベーションのサポートに必要な，ビジネスモデルや制度的構造を適切にデザインする際，誤りを犯してしまう大きな原因なのである。

　理論の上では，機会を探し出し発展させる主体と，それに基づいて実行する主体との取引を想定できる。しかし，現実には，その2つの機能を明確に分けられないだけでなく，市場に対する新しい——特に，通念と対立するような——洞察が，ネガティヴな反応に出会うという状況では，それらの活動は1つの企業内で統合されなければならない。新しいビジョンの提示者や推進者となるためには，何らかの方法で抵抗勢力を打倒し，内部の見方を変え，必要な投資

を促進しなければならない。また，投資の意思決定を認めさせるためには，あるレベルでの経営上のコンセンサスが必要となるだろう。その場合，投資は技術や市場の未来についての情報に基づく推測の背後にある財務的資源へのコミットメントと関わることになる。しかし，大組織の既存の生産ラインに携わっている経営者の中には，新規ビジネスの資本をなくしてしまうほど大きな意思決定権限を持つ人間もいる。この状況は，将来のキャッシュフローを確実に計画できるような投資を，より容易にする予算編成上のテクニックによって支えられている。経営者は，容認されている投資の意思決定プロセスの中にバイアスが存在しているということに敏感でなければ，新しいものは既存のものに対して必ず負けることになる。まさに，重要なある種のダイナミック・ケイパビリティは，既存の意思決定ルールや資源配分プロセスの"逆機能的な"特徴をくつがえす経営者能力に近いものである。

　階層組織化された企業における意思決定プロセスは官僚制の特徴を持つ，という認識からはじめることは有意義である。確かに，官僚制は多くの目的にとって有用なものである。しかし，それはイノベーションを阻害するかもしれない。特に，稟議書の提案と承認という形式をとる公式な支出プロセスは，"よく管理された"会社の特徴である。経営者が重要な意思決定を行う際は，報告書や理由書を求めるという委員会構造を持つ傾向がある。また，支出が生じる部署以外の人にも承認が求められる。それは，幅広い経済活動にわたる機会に支出をあてることを保証するかもしれないが，間違いなく意思決定を遅らせ，現状を維持する傾向を持っている。委員会的な意思決定構造では，大抵バランスがとられ，妥協の方向へと向かう。しかし，しばしばそのような構造ではイノベーションは生み出されにくい。なぜなら，大抵の場合，新しいもの，ラディカルなものは一部のメンバーを脅かすからである。強いリーダーはそのような傾向をうまく克服できるが，そうしたリーダーが常に存在するわけではない。その結果，"プログラム持続のバイアス"が生じる。それは様々な形の"反イノベーションのバイアス"であり，後の節で議論する"反カニバリゼーション（共食い）"の元となるものである。プログラムの持続はそのプログラムにどれほどのメリットがあるかではなく，そのプログラムの資金に関係するものであり，資源配分プロセスにそのプログラムの支持者が存在し，そこに影響を与えていることから生じるものである。この傾向は，新しく独創的なものに利用で

きる資金を，自動的に減らす効果を持つ。

　したがって，企業がビジネスの機会を感知しながらも，投資に失敗したとしても，何ら驚くことではない。特に既存企業は，ラディカルにコンピテンシー（固有資源）を破壊するようなイノベーションを避け，徐々にコンピテンシーを高めるような改善を好む。幾重にも重なり合った標準的な手法，確立したケイパビリティ，補完的資産，管理ルーティンといった存在は，イノベーションに反する意思決定バイアスを強める。まさに，既存企業は，現在の技術をうまく取り扱うために発展させた（経路依存的な）ルーティン，資産，戦略に依存しているといえる。このような企業は，ラディカルにコンピテンシーを破壊するような，非累積的なイノベーションの創出や採用にあたっては不利となる（Nelson and Winter, 1982; Tushman and Anderson, 1986; Henderson and Clark, 1990）。このことは，コンピタンスが企業の外部にあっても内部にあっても当てはまる。

　また，意思決定者が，確実な成果と比べて，可能性でしかない成果を低く見積もることを示す証拠もある。これは，確実性効果と呼ばれる（Kahneman and Lovallo, 1993）。選択が潜在的な損失に関わるとき，確実性効果は過度のリスク回避の一因となる。また，代替案の間の選択を単純化するために，個人は，概して選択肢を分離して評価する。それぞれの代替案を独立したものとみなすことによって，意思決定者はリスクを集団でプールする可能性を過小評価してしまう。このような意思決定アプローチは，イノベーションを妨げるような一貫性のない選好や意思決定バイアス（臆病な選択）を生み出すだろう（Khaneman and Tversky, 1979; Kahneman and Lovallo, 1993）。こうした損失回避／リスク回避のバイアスと反対に，過度の楽観主義も存在する。これによって，リターンが低いあるいはマイナスであるプロジェクトへの投資がなされる。その結果，参入の意思決定は，しばしば失敗することになる。オードレッチ（Audretsch, 1995）は，2桁SIC（標準産業分類）の製造セクターにおける，1976年から1986年の10年間の平均失敗率が75.8％〜54.8％であったことを算出した。他の研究でも同様の失敗率が報告されている（Dunne, Roberts and Samuelson, 1988; Klepper and Miller, 1995）。しかしこれらの失敗率は，特定の企業間の，あるいは新規参入企業と既存企業との間の大きな偏りを隠蔽することになる。

既存の資産やルーティンの存在は，過度のリスク回避という問題を強める。既存の資産の存在によって，特に分離効果と確実性効果が強められる。その結果，既存企業は新規参入企業より，相対的に強いリスク回避性向をとる傾向にある。イノベーション活動に関して言えば，この過度のリスク回避はバイアスのかかった意思決定をもたらし，リスクの高いラディカル・イノベーションを既存企業が探索する可能性を制限する。つまり，ある期間の成功が，現在のビジネスを扱うのに"妥当な"プロセス，手法，インセンティブを確定することになる。これは，新しいビジネスを不利にする，という意図せざる効果を持つことになる。そうしたバイアスを克服し，新しい機会をつかむという熟達した能力は，新しい投資機会の評価に関する企業のルーティン，意思決定ルール，戦略，リーダーシップの質に大きく左右されるだろう。経営史学者（例えば，Chandler, 1990a; Lazonick, 2005）やその他の研究者は，長期的に見れば，ファイナンスにコミットし，新しい技術の周辺に機敏に投資する能力が，企業のパフォーマンスにとって特に重要であると明言している[10]。

　急速な技術イノベーションが発生している状況の投資選択では，マネジメント・チーム間に公平に配分されていない特別なスキルが必要とされることは明らかである。また，そうした特別なスキルは，投資家間でも等しく配分されていない[11]。イノベーションの文脈では，資源／資産の配置や相互配置の問題が重要だが，それは金融投資家が直面するポートフォリオ・バランスとはまったく異なる。収穫逓増が存在することは，投資の意思決定，適切なタイミングでの投資，収穫逓増の優位性の構築，製品やサービスのある利用から他の利用への活用といったことに関して，戦略化する必要性があることも意味する。知識ベース企業の内部で行われる価値増大化のための様々な投資は，しばしば互いに共特化[12]されている。また，企業の内部で必要とされるポートフォリオ・"バランス"の性質は，純粋な金融市場の投資家が追求するポートフォリオのバランスとは異なる。共特化の経済学は，投資家が熟知している共分散の経済学ではない。要するに，共特化と不可逆性ゆえに，プロジェクト・レベルや企業レベルの投資を機敏に意思決定すること自体，きわめて難しいのである。

　もしキャッシュフローが特定化され，不確実性やリスクが測定され，キャッシュフロー間の相互依存が無視できるならば，プロジェクト・ファイナンスの文献やそれに関係する文献は，プロジェクト選択のツールや明快な意思決定

ルールを提供するであろう。しかし，（戦略的）経営者にとって投資の意思決定の特質は，相互依存的である将来の収益の流列やコストの見通しの推定や，多くの継続的で相互関係的な共特化的投資の問題の理解というものに関わってくる[13]。特定の共特化資産に対するリターンは，概して明確な配分や分割ができない。その結果，伝統的な投資基準は有用ではない。このように，プロジェクト・ファイナンスの基準（例えば，ディスカウント・キャッシュフロー，回収期間など）や不確実性下での意思決定のテクニックはよく知られているが，どのように無形資産を評価し，どのように共特化，不可逆性，機会費用のような特徴を考慮するかについてはほとんど知られていない[14]。また，"戦略的投資"の概念も，ファイナンスの文献では知られていない。ファイナンス理論では，将来のキャッシュフローの評価方法に関するガイダンスは，ほとんど提供されない。そのような評価は，キャッシュフロー分析の方法論や手続き以上のものではないが，それと同じぐらい，良い意思決定の特質である。

　つまり，経営者は不確実性下において，複数の成功的進路と関係する将来の需要や競争上の反応だけでなく，無形資産への相互関連的な投資から得る利得についても，バイアスの無い判断を行う必要がある。これは，有形資産の世界では正確にモデル化されることもある。しかし，共特化した無形資産の世界ではそうはいかない。要するに，組織にとって困難なこととは，急速な変化に直面している環境では，活動を完全には分解できないことにあると思われる。もし企業が新しい製品やプロセスの市場投入時間を削減するなら，クロス・ファンクショナルな活動やその関連投資は，段階的にではなく，同時に行われなければならない。経営判断（意思決定スキル）は，そのような状況では非常に重要である。アルフレッド・チャンドラー（Chandler, 1990a, 1990b）による1870年代から1960年代の成功企業の分析が明らかにしているように，それは前世紀にも該当していた。どれだけ多くの分析が行われても，暗黙的な投資スキルは非常に重要である。チャンドラーはさらに，19世紀後半や20世紀の多くの成功が，彼の言う"三叉"戦略を行う企業にもたらされたと論じている。三叉戦略とは，(1)新しい技術の背後でなされる初期の大規模な投資，(2)製品特殊的なマーケティング，流通，購買のネットワークへの投資，(3)機能的活動を管理，調整する管理者の補充と組織化である。第1と第2の要素は，不可逆性と共特化が確認される投資へのコミットメントを必要とする。必要な投資の性質は，

ここ数十年で（分解可能性がより低く／より相互関連的なものに）変化してしまっているだろう。しかし，投資の意思決定スキルは依然として重要であることは変わっていない。

4. ミクロ的基礎

4.1 製品アーキテクチャとビジネスモデルの選択

　製品のデザインやパフォーマンスの詳細な記述およびビジネスモデルの採用といったものはすべて，企業が顧客に価値をもたらし，その価値の対価を顧客に支払ってもらい，支払われた対価を利益に変える方法を明確にすることに役立つ。それらは，顧客が何を求めているのか，企業が顧客のニーズにどのように応えるか，そうすることでどのように売上を得るか，ということに関して経営者の立てた仮説を反映している。それらは，以下のことに関わる。すなわち，(1)どの技術や属性が，製品・サービスに埋め込まれるべきか，(2)どのようにビジネスの収益・費用の構造が，顧客のニーズに応えるために，"デザインされる"べきか，さらに必要ならばそれがどのように"再デザインされる"べきか，(3)どの方法によって技術が集められるべきか，(4)ターゲットにすべき市場セグメントの識別，(5)価値が獲得されるメカニズムや方法ということである。ビジネスモデルの役割は，価値提案を"明確にし"，適切な技術と特徴を選択し，ターゲットとする市場セグメントを特定し，バリュー・チェーンの構造を定義し，費用構造と利益の可能性を評価することである (Chesbrough and Rosenbloom, 2002: 533-534)。つまり，ビジネスモデルは，ビジネスについての組織・財務の"アーキテクチャ"に関する計画なのである。このビジネスモデルは，収益と費用の動きや，起こり得る顧客・競合他社の行動を推測する。もし利益を稼げる可能性があるのならば，ビジネスモデルは利益を稼ぐために必要な解決策を浮き彫りにする。ビジネスモデルは，ひとたび採用されれば"新規市場を開拓する"方法を明らかにする。成功するには，ビジネスモデルを機敏に作り上げなければならない。そうでなければ，技術イノベーションは，イノベーションを志向する企業に商業的な成功という結果をもたらさないだろう。一般に，多くのビジネスモデルが，デザインされたり採用されたりしているが，ある特

定のビジネスモデルが，他のビジネスモデルに比べてエコシステム（生態系）により適合することが起こる。ビジネスモデルの選択，調整，改良とは，まさに複雑なアートなのである。

それにもかかわらず，“ビジネスモデル”の重要性は，少なくともごく最近まで，学術的な文献の中では軽んじられてきた。重要な（ビジネスモデルの）選択は，技術の選択，ターゲットにするべき市場セグメント，財務的条件（例えば，販売 vs. リース），バンドル vs. 非バンドルの販売戦略の選択，ジョイント・ベンチャー vs. ライセンシング vs. 単独実施というアプローチの選択などを含むのである。例えば，コピー機産業の初期の時代には，ゼロックス社は，コピー機の販売ではなくリースに焦点を当てていた。これは，顧客の試用がさらなる使用をもたらすだろうという信念にもとづくものであった。米国でのもう１つの例は，サウスウエスト航空である。この企業は，ほとんどの顧客が不必要なサービスは望まずに，信頼感や低コストを求めていると考えた。サウスウエスト航空は，ハブ・アンド・スポーク・モデルを避け，いかなるアライアンスにも属さず，乗客や荷物の乗り継ぎを認めない。また，旅行代理店を通したチケット販売もしない——すべての販売は直販となる。航空機はすべてボーイング737である。多くの企業がサウスウエスト・モデルの諸要素をコピーしようとしたが（ほとんど成功しなかった），そのビジネスモデルは主要航空会社のものとはまったく異なるものであった[15]。

ビジネスモデルを創造し，調節し，洗練させ，必要ならば置き換える企業能力は，ダイナミック・ケイパビリティの基本的能力である。どのように価値を獲得するかに関する選択は，ビジネスのアーキテクチャやデザインの決定に役立つ。差別化されて（かつ模倣困難で）いながらも，ある企業のビジネスモデルにとっては有効かつ効率的であるような“戦略的アーキテクチャ”を持つことが重要である。デル社とウォルマート社はいずれも，ビジネスモデルが価値に結びつくことを示してきた（ウェブバン社や他の多くのドットコム企業はそれとはまったく反対のことを示している）。デル社とウォルマート社のビジネスモデルはいずれも，独自で，優れており，競合他社にとって複製困難だった。また，彼らはそのプロセスを継続的に調節・改良してきたのである[16]。

ビジネスモデルのデザイン，実行，検証は簡単だと言う人がいるかもしれないが，実はそれほど簡単ではない。間違いなく，ビジネスモデルのデザイン（お

および再デザイン）の様々な側面は，すでにルーティン化，コード化されている。気をつけなければならないのは，ビジネスプランの書き方を教えるビジネス書があまりにも多いことである。確かにそのようなマニュアルは，注意を払うべきビジネスモデルの問題に対して，いくつかの原則を提供している。しかし，新しいビジネスのデザインのためには，創造性，洞察，顧客，競合他社，サプライヤーについて，多くの情報・知識が必要である。そこには重要な暗黙的な要素がある。企業家や経営幹部は，費用の動きについてだけでなく，顧客や競合他社の行動についても，情報に基づいて予想しなければならない。実際，ビジネスモデルやビジネスプランの評価は，努力と判断を必要とする。それは，以下のような事実を特定化するために詳細な調査を必要とする。すなわち，顧客のニーズや購買意欲の素早い理解，購買サイクルと販売サイクルの理解，供給・流通の費用の知識，競合他社のポジショニングと起こりうる競合他社の反応への理解といったことである。言い換えれば，ビジネスのための正しい"アーキテクチャ"の選択のために必要なのは，利用できる選択肢の理解だけではない。費用，顧客，競合他社，協業者，流通業者，サプライヤーの推測や直感を評価するのに必要な証拠を集めることも必要となる。

　良いビジネスモデルのデザインは，部分的には"アート"である。しかし，もし企業が以下の条件を満たせば，成功の見込みは高い。すなわち，(1)多角的に代替案を分析し，(2)ユーザーのニーズを深く理解し，(3)顧客が求めるものをいかに費用効果的かつタイムリーな方法で供給するかを理解するために，バリュー・チェーンを徹底的に分析し，(4)アウトソーシングの意思決定に対しても中立的・相対的な効率性の観点を採用することである。そのための有用なツールには，マーケット・リサーチや取引コスト経済学が含まれる。チェスブローとローゼンブルーム（Chesbrough and Rosenbloom, 2002）は，既存の企業はしばしば，代替的なビジネスモデルに気づきにくくなっている――また，他の要因（経路依存の制約）があまりない，独立した組織に技術をスピンオフするような場合でも，代替的ビジネスモデルに気づかないことが多い――ということを提言した。

　つまり，ビジネスを正確にデザインすることや，ジョン・シーリー・ブラウン（John Seeley Brown）が"収入（と費用）のアーキテクチャ"[17]として言及したものを理解することは，新旧のビジネスの形成と成功にとって重要なプロ

セスである。ビジネスモデルが間違っているならば，どんなに良いガバナンスやリーダーシップも，成功に導くことはできない。良いビジネスモデルは，優位な費用構造を実現し，顧客に受け入れられるような価値の提案を生み出すものである。良いビジネスモデルによって，イノベーターは少なくとも企業が投下する資本の分だけは稼ぐことができるのに十分な，イノベーションの生む(社会的) 価値を獲得することが可能になる[18]。

4.2 企業境界の選択

急速に技術が進歩する状況では，企業境界を適切に設定することが重要であり，適切なビジネスモデルの要素とみなせる。ティース (Teece, 1986b)，チェスブローとティース (Chesbrough and Teece, 1996)，ティース (Teece, 2007a) は，イノベーションが模倣者や競争者ではなく，確実にイノベーションのスポンサーの利益になるために，企業境界がどのように設定されるべきかを示す規範的ルールを示した。このフレームワークの主要な要素は，以下のとおりである。(1)専有可能性の状況 (すなわち，市場で普及している状況によってもたらされるイノベーションの自然な法的保護)，(2)イノベーションを起こす企業が所有する補完的資産の性質 (共特化されているか否か)，(3)補完的資産に関するイノベーターと潜在的な模倣者のポジショニング，(4)産業の発展段階 (支配的デザインの出現の前か後か)。そして，このフレームワークは，戦略についてだけでなく，成果についても規定する。

企業境界の決定は，他の基準も反映していなければならない。外部の方向のみならず後方・前方への統合は，部分的には，ケイパビリティを形成する必要があるときになされる。特に，そのようなケイパビリティが，産業内に広く分布していないときに行われる。もちろん，垂直的分業それ自体は，企業戦略から独立したものではないし，その逆も同様である (Macher and Mowery, 2004)。石油産業の初期の垂直的進化の研究が示しているのは，有能なビジネス・パートナーが限定されている環境では，後方・前方の能力との連携が必要だということである (Teece, 1976b)。ピサノ，シャン，そしてティース (Pisano, Shan and Teece, 1988: 202) は，世界クラスの研究／生産のケイパビリティが，企業の外側にあるかもしれないので，競争手段としてアウトソーシングが必要であることを認識するR&Dのアウトソーシングを理解するための

フレームワークを開発した[19]。ジャコバイズとウィンター（Jacobides and Winter 2005: 398）も，以下のように明確に述べている。つまり，"生産ケイパビリティの分布を見ること——企業がいつ統合され，いつ統合されないかを理解するためには——が必要である。垂直的特殊化は，部分的には，バリュー・チェーンに沿った生産ケイパビリティにおける異質性の関数に他ならない"という。彼らはまた，範囲を変化させると，ケイパビリティの発展プロセス自体が変化するとも述べている。システミックなイノベーションが取引コストとケイパビリティの両方の理由で統合に有利に働くことは，電気式ディーゼル機関車の開発の物語の中にも確認できる（Teece, 1988）。上述のように，また，ティース（Teece, 1986b），チェスブローとティース（Chesbrough and Teece, 1996），ティース（Teece, 2000）において議論されているように，技術を外部から調達する企業の能力は，技術を内部で開発するのと同様に重要なスキルである。企業は外部からの技術に対する偏見を取り払い，学習活動とスキルの蓄積を通じて吸収力を磨かなければならない。企業は適切なスキルを積極的に学習しアップグレードするために，アライアンスを考えるかもしれない（Branzei and Vertinsky, 2006）。

イノベーションから価値を獲得する重要な戦略的要素は，発明から市場へと続くバリュー・チェーンでの"ボトルネック資産"や"チョーク・ポイント（難所）"を認識し，コントロールするという革新的な企業の能力である（Teece, 1986b, 2006b）。競争的な供給状況にある資産／サービスをアウトソーシングすることは，もちろん，そのような戦略と調和する。要するに，重大なイノベーションが起こるたびに，企業境界は巧みに設定されなければならず，そのために上述した意思決定の基準が用いられるべきである。それができなければ，（特に補完的な技術の）市場の発展を刺激することにも失敗し，イノベーションから得られる利益の獲得も不完全になる可能性が高い。

補完物と"プラットフォーム"のマネジメント

今日，多くのハイテク産業における投資選択は，過去半世紀に渡って戦略研究の中心となった（産業の）状況とはまったく異なる要請によってなされている。つまり，戦略の実行者に対し企業の規模と範囲を追求させる規模の経済と範囲の経済による"要請"は，補完的投資の展開（あるいは促進）と共特化に

よるベネフィットの獲得という別の要請に取って代わられた。この理由は，多くの産業において，アウトソーシングによって規模を産業の資産にするということである。つまり，競争に直面する際に，規模のベネフィットを提供してくれる委託製造業者にアウトソーシングすることによって，規模の経済が獲得できるのである。半導体の委託製造業者を考えてみよう。委託製造業者の存在によって，ファブレスな半導体"デザイナー"は製造に従事せずに規模のベネフィットのほとんどを獲得できるようになる。同様に，服飾産業においては，フットウェアやアウターウェアの小規模なデザイナーが，大規模な供給業者から低価格で材料を得ることができる。それによって，以前は統合された大規模製造業者だけが享受していた規模の経済の利益を，小規模なデザイナーも獲得できる。競争と共に，規模の優位性は専有できなくなり，持続的な差異化の源泉にはならなくなるだろう。

　中間（製品）市場が十分発達していれば，規模の経済によっても，範囲の経済によっても，企業の規模や範囲が決定されない。規模ベースの"設備"に対して（競争条件に関する）契約的アクセスは，企業の規模や範囲の必要性を低下させる。これはティース（Teece, 1980）における主要なテーマだったが，その議論の重要性はほとんど理解されなかった。今日，その重要性はより明白である。

　企業境界の決定にとって，規模の経済と範囲の経済の重要性が弱まったが，企業の戦略にとって共特化の重要性は高まってきた。顧客が考えているように，ハイテク"製品"はしばしばシステムである。これらのシステムは，"プラットフォーム"に支えられている相互依存的な構成要素から成る。また，システムの構成要素の間には，強い機能的相互依存性が存在する。そして，エンド・ユーザーの需要は，プラットフォームにあるのではなく，まさにシステムにある。さらに，しばしばマルチサイドの"市場"現象も存在する。例えば，電子ゲーム機はゲーム無しには十分に使用できない。コンピューターの OS はアプリケーション・プログラム無しには十分に使用できない。クレジットカードの持ち主は，クレジットカードを受け入れる店舗無しにはクレジットカードを十分に使用できないし，逆も同様である。水素自動車は水素スタンド無しには十分に使用できないし，逆も同様である。この種の重要な状況が，共特化の重要性を強調している。そして，今や戦略的意思決定は，このことを考慮しなけれ

ばならない。

　そうした現象は新しいものではない——自動車産業は，最初は雑貨店に依存していたが，その後ドライバーがガソリンをどこででも利用できるようにするために，専門的な販売店に依存するようになった。補完的資産と共特化の役割は，すでにイノベーターに多くの利益を与えるイノベーション・プロセスの中に，また意思決定フレームワークの中に認めることができる（Teece, 1986b, 2007a）。何が新しいのかと言えば，補完財は既存企業によってマネジメントされる"プラットフォーム"とみなせるものの上に置かれることが多いということである（Evans, Hagiu and Schmalensee, 2006）。これらの状況では，参入決定と"企業境界"という難問が存在する。プラットフォームの所有者は，特に補完製品を開発するための関連スキルを自身でほとんど持たない場合には，他社からその提供が必要となる。実際，補完的生産物の提供者によるイノベーションや，そうした提供者の参入を促進するためには，プラットフォーム・マネージャーは特定の補完物を提供しないことを（言葉や行動によって）保証しなければならない。協業者とプラットフォームの間のインターフェース自体が進化するにつれ，意思決定ルールはますます複雑になる。プラットフォーム・オーナーと協業者は，プラットフォームがオープンであるべきか専有的であるべきか，ツールやその他のインセンティブが協業者による投資を刺激するように提供されるべきかどうか，を考える必要があるだろう。その際，ネットワーク効果，補完的製品のイノベーションの源泉の分散，相互利用可能性の問題，インストールド・ベース［ユーザー数］の動向といったことの重要性を認識する意思決定フレームワークを踏まえて，意思決定しなければならない。すぐれた意思決定は，非凡な洞察力と成果を形成する能力を必要とするだろう。この点で，プラットフォーム・マネージャーの現在の資産ベース——財務的な資源を含む——は，きわめて重要となる。プラットフォーム・マネージャーと協業者の間の（開発）ケイパビリティの分布も，きわめて重要となるであろう。さらに，以下で議論するように，企業の境界（すなわち，プラットフォーム・マネージャーも補完財を提供しているかどうか）は重要であり，それは協業者の参入やイノベーションを遅らせる（あるいは促進する）可能性がある。

4.3 バイアス，思い込み，ごまかし，自信過剰の回避[20]

　先に示したように，意思決定が失敗へと向かっていく傾向が，経営者の意思決定においてよく見られる。特に，大きな組織ではよく見られることである。本稿では，投資意思決定の失敗として過度の楽観主義，損失回避性向，隔離効果，戦略的ごまかし，プログラム持続性といったことにあることをすでに明らかにしてきた。ネルソンとウィンター（Nelson and Winter, 2002: 29）が述べているように，組織的意思決定プロセスは，合理性の基本原理に逆らった，時には奇異であるとさえ見える特徴を示すことが多い。これらの失敗は，経路依存性やネットワーク効果を伴う動きの速い環境では，特に大きなダメージとなる。なぜならば，その場合は，失敗から立ち直る機会が，少なくなるからである。投資規模が小さくかつ投資が頻繁に行われるときは，失敗から学ぶ機会は多くある。通常大きな投資は頻繁に行われないため，主要な投資意思決定は，（潜在的に）失敗におちいりやすい傾向にある。

　幸い，バイアスは前もって認識することができる。企業は，バイアス・思い込み・ごまかし・自信過剰を排除するための規律を設定できる。しかし，そのような規律の設定は，依然として発展途上の段階にある。したがって，企業における意思決定バイアスを克服する手法は，まだ十分に普及した実行可能なスキルとはなっていないし，そうなるには今後数十年かかるかもしれない。したがって，意思決定バイアスや失敗を克服するテクニックをいち早く採用すれば，一躍，競争優位を得ることができるのである。

　バイアスの克服には，意思決定に対する認識論的に洗練され，規律づけられたアプローチが必要とされる。意思決定者のインセンティブや起こりうる情報の非対称性に注意を払うことも，その１つの例である。外部データのレビューを通して“外部の見方”を取り入れることは，バイアスを排除する助けとなる。その時，論理上の誤りをテストすることも重要である。経営者はまた，閉鎖的な思考を回避するために，経営者・取締役会レベルの意思決定に関わる個人が，自由に正直な意見を提案し，客観的（歴史的）データを検討できるような環境を作らなければならない。また，新・旧の投資を評価するには，評価が中立的に行われるように，インセンティブをデザインしなければならない。

　バイアスへの対処に関しては，かなりの進歩が見られる。画期的なイノベー

ションを妨げる組織の慣性を克服するためには，ラディカルで非定型的な戦略の採用が必要だとアドバイザーは経営者に進言してきた（Davidow and Malone, 1992; Handy, 1990）。特に，改善のための戦略として，以下の2つの基本的なメカニズムによる変化が奨励されてきた。すなわち，(1)創造的行為の触媒となり，その行為に報いる組織構造，インセンティブ，ルーティンのデザイン，(2)もはや価値を生み出さない既存の資産やルーティンを絶えず排除するルーティンの開発である。創造的行為の触媒となり，その行為に報いるような構造，インセンティブ，プロセスをもたらす戦略は，過度のリスク回避の問題を弱めるのに役立つ。例えば，"間接経費の削減"や"部門の権限の拡大"を企業に求める戦略は，企業の管理階層の数を減らす努力として解釈できる。またそれは，多層の階層構造をとる意思決定プロセスに特徴的な上層部の孤立化による失敗を最小化するために，意思決定を下位層に委譲する努力として解釈できる。こうした提言は，意思決定のバイアスを弱めるための組織プロセスや戦略メカニズムとみなすことができる。

　最も重要なことかもしれないが，経営幹部は既存の資産の所有と意思決定バイアスの間の相互作用効果に気づかなければならない。多くの推奨される戦略（収益性の高い生産ラインをカニバライズ［共食い］することや，自社の最先端の技術をライセンス契約すること）は，意思決定バイアスを弱めるために，すでに確立しているケイパビリティ，補完的資産，管理ルーティンを排除させるものである。"無価値"資産，あるいは無価値になりつつある資産を捨てることによって，企業に偽りの安心感を与え，新しいイニシアティブを妨害し続ける企業の内部集団を維持する基幹資源にもはや拘束されなくなる。"無価値"資産，あるいは無価値になりつつある資産を捨てることによって，企業は企業内部の望ましくない保守的活動のルーティン，制約，そして機会から自由になる。

　先述の"反カニバリゼーション"バイアスの源泉に対してもアプローチできる。既存のメンバーを"保護する"ための企業内部の利己的な行動は，このバイアスを強化する。欠陥のある投資フレームワークも，そのバイアスの強化に貢献するだろう。新しい優れた技術を持った企業が市場に参入すると，既存企業の工場や設備の経済的価値の急速な下落が起こる。しかしおそらく既存企業は，一般的な会計基準によって明確化される減価償却率を反映した会計上の利

益分析に基づいて意思決定を行うだろう。もしその意思決定者が，一般会計原則（GAAP）に従って計算した減価償却と，実質的な経済的減価償却とを混同し，現状のビジネスでは，実際には利益が出ないのに，依然として利益があると結論づけてしまうならば，企業は，実際には利益を高めるような自社製品のカニバリゼーションを避ける行動を起こすことになる。このバイアスから身を守るために，投資の意思決定者や既存企業は慎重に会計データを使用しなければならない。特に，自社製品をカニバライズしないことで発生する機会費用も考える必要がある。長期的な展望を持ったプロジェクトに対し，暗黙的に，バイアスがかかった予算策定手続きは捨て去ってしまうか，さもなくば慎重に行わなければならない。これは，既存企業が新規参入企業と同じスケジュールで投資しなければならないということを言っているのではない。ティース（Teece, 1986b）やミッチェル（Mitchell, 1991）が示しているように，既存企業は，先行者（ファースト・ムーバー）である必要はないということである。補完的資産については，優れたポジショニング状況にあるので，既存企業は新規参入企業に試しにやらせておいて，その後に市場や技術のリスクが低下したら自ら投資することが可能なのである。

　リーダーには，品質を決定し，目標・価値・期待を伝達し，従業員やその他のメンバーを動機づけるという明確な役割がある。組織アイデンティティ（および，その結果生じるコミットメント）は，完全に不整合なインセンティブを覆すかどうかは疑わしいが，企業パフォーマンスを劇的に増大させることは可能である。しかしながら，集団への忠誠心は，従業員の目標や，従業員が形作る認知的な状況モデルを制約する"強い利他的力"である（Simon, 1993: 160）。トップマネジメントは，行為やコミュニケーションを通して，忠誠心とコミットメントを強め，イノベーションや効率性を重要な目標として順守させるという重要な役割を持つ。すでに文化，コミットメント，リーダーシップに関する文献が幅広く存在しているので，これらの問題はこれ以上議論しない。しかし，それらを完全に無視することは，ダイナミック・ケイパビリティの概要を述べる際には，重大な欠落になる。それらをフレームワークに十分に統合することについては，他の文献に委ねる。しかし，そのような性質をあらゆる企業が等しく持っていないならば，それは優れたパフォーマンスの非常に重要な源泉となり得る。**図表3・2**は，このセクションで明らかにしたミクロ的基礎を要約

している。

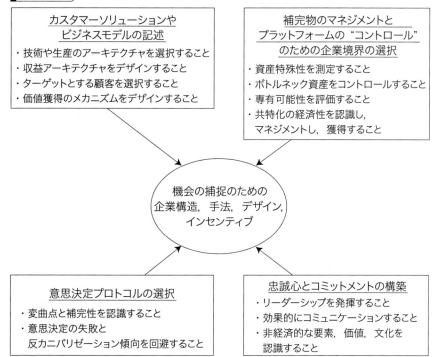

図表3・2　戦略的意思決定のスキル／遂行

5. 脅威と再配置のマネジメント

5.1　性　質

　技術や市場の機会をうまく認識・測定し，技術・製品の特性を適切に選択し，ビジネスモデルをデザインし，（財務的な）資源を投資機会にコミットさせることが，企業に成長と収益性をもたらすことになる。収益性の成長は，企業レベルの資源や資産の増大をもたらす。成功は，企業を経路依存的に進化させるだろう。企業が成長すればするほど，また市場や技術が変化すればするほど，そしてそれらのことが続けば続くほど，収益性の持続的な成長への鍵は，資産

や組織構造を再結合・再配置する能力になる。再配置は，進化適合力を維持するために，また，望ましくない経路依存性を避けるために必要となる。要するに，成功はあるレベルのルーティンを育成することになる。というのも，業務を効率化するためにルーティンが必要だからである。ルーティンは，環境が変化するまでは継続性を維持するのに役立つ。ルーティンを変えるにはコストがかかるので，変化はすぐには取り入れられないだろう（また，取り入れられるべきではない）。高次の内部変化を受け入れるような文化が形成されていないならば，ルーティンから離れることは組織内の不安を高めるだろう。もしイノベーションがインクリメンタルなら，おそらくルーティンや構造を徐々に，あるいは（ある程度継続的な）段階を踏んで適応させることができる。イノベーションがラディカルな場合，もしそれが科学に基づくラディカルなものならば，組織を完全に改良し，まったく異なる構造や手法が構築されるような劇的に新しい"ブレイク・アウト"構造（Teece, 2000）を創造することが必要不可欠だろう。

　先に議論したように，"反カニバリゼーション"バイアスは，特に既存の企業にとってイノベーションを妨げるインセンティブや構造の問題の表れである。固定資産を所有している既存の企業は，新しい投資を現在の資産ベースに"近接する"イノベーションに限定する傾向にある。既存の企業は，探索活動を既存の技術的・組織的資産の利用に狭く集中させがちである。この効果によって，既存の企業は潜在的なラディカル・イノベーションに目を向けることが難しくなる。加えて既存の企業は，企業の現在の知識ベース資産，既存の問題解決，ヒューリスティック［経験則］，既存のビジネスモデルと調和するフレームで，新しい問題を見る傾向がある。この2つめの効果は，たとえ機会や潜在的なイノベーションを認識していたとしても，経営者がそれらをうまく処理できないかもしれないということを意味する。経営者は，既存の資産から生じる少なくとも2つの制約——認知的限界とフレーミング・バイアス——に直面しており，克服しなければならない（Teece, 2000）。

　企業が成長するにつれて，企業はより多くの資産を持つようになり，それらを管理したり，不正行為や誤ったマネジメントから保護したりしなければならない。責任のがれ，フリーライディング（ただ乗り），情報の戦略的操作，内部的な自己満足はすべて，既存の企業が継続的に直面する問題である。先に議

論したように，長期的に成功している企業は，相互作用や行動を不必要に制約するようになる。階層化やルール，手法（ルーティン）を発達させ，きわめて安定的な環境を除けば，優れたパフォーマンスを維持するのであれば，そうしたルールや手法を継続的に改良しなければならない。かつて機能していたルーティンが逆機能化することは少なくない。そのような逆機能は，パフォーマンスの改善を妨げる慣性やその他のリジディティ（硬直性）をもたらすことになる（Leonard-Barton, 1995; Rumelt, 1995）。あまり資源を持たない企業（資産の一部を売却した既存企業であるかもしれないし，新規参入企業であるかもしれない）が，結果的に市場において勝者になることもある。

　伝統的なマネジメントのアプローチは，少なくとも３つのレベルのマネジメント（トップ，ミドル，そしてロワー）から成る強力な階層化を推奨する。そこでは，コントロールはトップ・レベルで行使され，様々なレベルを通って下位に降りてくる。従業員は経営者やCEOを意識し，顧客をあまり意識しない。独立したプロフィット・センターの存在は，顧客に利益を与える統合されたソリューションの提供を妨げる仕切りを組織的にもたらす。中央集権的な構造のもとでは，トップマネジメントによる意思決定は，市場の現状から隔絶されるようになる。顧客への配慮は組織内の下位の従業員に委ねられる。つまり，多層構造をとる組織をマネジメントするのに必要なシステムやルールは，顧客や技術への反応を鈍らせるような構造的な硬直性や歪みを作り出す傾向がある。そのため，ダイナミック・ケイパビリティを維持するには分権化を志向しなければならない。なぜなら，分権化によってトップマネジメントは，新しい技術，顧客，市場に近づくことになるからである。

　トップマネジメントのリーダーシップ・スキルは，ダイナミック・ケイパビリティを支援するのに必要である。その時の重要な経営者機能とは，ルーティンの再デザインを含む，資産のある程度継続的なオーケストレーションと企業をリニューアルすることである。なぜなら，すぐれた収益性を持続的に実現するためには，製品提供，システム，ルーティン，構造の補完性を構築，維持，調節するようなある程度継続的な努力を必要とするからである。企業内部では，古いものと新しいものとが補完的でなければならない。もし補完性が無ければ，そのビジネスユニットは処分されるか，構造上，分離されなければならない。そうしなければ，業務は効率的に進まず，何らかのコンフリクトが生じるだろ

う。言い換えれば，内部のコンフリクトを最小化し，企業内部の補完性や生産的な交換を最大化するには，継続的とは言わないまでも，周期的な資産のオーケストレーション——資産の整合化，相互整合化，再整合化，再活用を含む——が必要である。

再活用や再配置（Capron, Dussauge and Mitchell, 1998）は，資産の再整合化活動やルーティンの改善と同様に，ビジネスモデルの再デザインとも関わる。再活用は，取引不可能な資産を組織的・地理的に異なる他の位置へ移転させることに関わるかもしれない（Teece, 1977a, 1980）。それは，M&A&D（企業買収や売却）に関わるかもしれないし，関わらないかもしれない[21]。ヘルファットとペトラフ（Helfat and Peteraf, 2003: 1006）は，ケイパビリティの再活用は，以下の2つの形態のうちのいずれかであるという。すなわち，古いものと新しいものの間でケイパビリティを共有するか，ある市場から他の市場へケイパビリティを地理的に移転するかのいずれかである。どちらも可能であるが容易ではない。

6. ミクロ的基礎

6.1 分権化と準-分解可能性の実現

すべてのシステムは，ある程度，相互依存しつつも，独立しているサブシステム（要素）から成る。しかし，先に議論したように，高い分権化が存在しなければ，企業は顧客や新しい技術に継続的に反応できないだろう。分権的な意思決定のもとでは，様々なマネージャーが様々な情報を観察し，様々な意思決定をコントロールする。しかも，単一の中心的な意思決定者とコミュニケーションをとる必要はなく，したがって情報の包括的な"ロールアップ"は必要ない。企業が巨大化すればするほど分権化を進めなければならない。さもなければ，柔軟性と感応性が損なわれることになるのである。

企業が成長するにつれて多く採用されるようになる広く知られたリストラクチャリングの1つが，事業部制組織の採用である。そこでは，意思決定権が分離され，そして準-独立的なプロフィット・センターへと委譲される。事業部制組織が選好される代わりに，機能別構造が廃止されたことについては，チャ

ンドラー（Chandler, 1962），ウィリアムソン（Williamson, 1975）等，多くの論者によって分析されてきた。この再配置の基本的な論理的根拠としては，経営的意思決定のより大きな説明責任を実現することであり，機会や脅威をより徹底的，かつ迅速に認識できることであった。機能別構造の内部では，経営者は，日々の問題に忙殺され，長期的な戦略的問題にたずさわることができないという傾向がある。多くの研究から，独立したプロフィット・センターを持つ製品や市場のラインに沿った分権化は，少なくともこれらの組織的イノベーションが普及しつつある間は，多くの産業でパフォーマンスの改善に導いたことが示されている（Armour and Teece, 1978; Teece, 1980, 1981c）。より最近の研究では，大組織の場合，さらなる分権化や分解が有益であることが示されている（Bartlett and Goshal, 1993）。また，"現代的な"人的資源マネジメントのテクニック ——組織のフラット化，意思決定権の分権化，チームワーク，柔軟なタスク責任，パフォーマンス・ベースの報酬——といったものが，パフォーマンスの改善に役立つという証拠もある（Jantunen, 2005）。

　もちろん，分権化の実現は，統合を実現する組織の能力を損なわせるかもしれない。しかし，顧客が統合化された製品提供から，便益を得られない場合，あるいは調達やその他のインプットが，統合化，あるいは集合化から便益を得られない場合には，分権化はそれほど損害を与えないので，却って多くの便益が生じることになる。もし（ユニット間よりもユニット内での統合の必要性が高いために）顧客と供給の観点から分解すべきならば，分解可能なサブユニットを明確にして，それを実行する経営者の能力によって，パフォーマンスは高められるはずである。しかし，もし企業特殊的な規模の経済性，範囲の経済性が利用可能であるならば，それを獲得しなければならない——そうでなければ，その企業はコングロマリットに等しい。この緊張は，協議会やその他の合同フォーラムによって支援される協調的で非階層的なマネジメント方法によって，扱われることになる。ミドルマネジメントも，そのようなフォーラムが構築されれば，重要な役割を演じる。また，そうしたフォーラムは明確な財務コントロールやパフォーマンス・ベースの報酬システムをデザインしたり，実行したりすることもできる。無形資産はパフォーマンスの主要な要素であるため，それらの改善と保全は，経営にとって優先順位の高いものでなければならない。

　チェスブロー（Chesbrough, 2003）のオープン・イノベーション・モデルに

よると，他者が開発した技術にアクセスし，これを統合するために企業境界を越えていくような，イノベーションの分散モデルに依拠することが恩恵をもたらすことになる。例えば，ヘンダーソンとコックバーン（Henderson and Cockburn, 1994）は，外部にその源泉がある知識を統合する企業の能力 —— 彼女らの言う“アーキテクチュラル・コンピタンス”——が，特許の数で測定される研究の生産性と正の相関を持つことを明らかにした。同様に，イアンシティとクラーク（Iansiti and Clark, 1994）は，自動車産業やコンピューター産業における“統合ケイパビリティ”が，企業のパフォーマンスにプラスに関係することを明らかにし，知識の統合スキルの重要性を示した。結局，変化の速い環境においては，組織ユニットは（迅速に意思決定をするために）強い自律性を持たなければならない一方で，調整を必要とする諸活動とも，依然として結びついていなければならない。この微妙なバランスの実現は，サイモン（Simon, 2002）が“準-分解可能性”と呼んだものであり，その実現はダイナミック・ケイパビリティの重要なミクロ的基礎となる。

6.2　共特化のマネジメント

　戦略経営論の分野とダイナミック・ケイパビリティ・フレームワークは，“戦略的適合”が継続的に実現されていなければならないと考える。しかし，概念が操作可能でなければ，その実用性は限られてしまう。ダイナミック・ケイパビリティ・フレームワークで強調される“適合”の重要な次元は，“共特化”の次元である。共特化の概念は，ティース（Teece, 1986b）において導入されたものであり，先の“補完物と‘プラットフォーム’のマネジメント”の節［4．2節］で述べられたものだが，この概念は少なくとも組織的適応・“適合”という概念の特性を操作可能にしており，もし共特化の概念が無ければ，組織的適応・“適合”という概念はかなりあいまいになるだろう。共特化には，ある資産と他の資産の共特化，戦略と構造の共特化，戦略とプロセスの共特化などがある。それは捕捉と再配置の両方にとって重要である。変化の速い環境では，継続的あるいは，少なくともある程度継続的な再整合化が必要となるのである。

　組織的適応・“適合”の伝統的文献の多く（例えば，Miles and Snow, 1994）は，多くの点でダイナミック・ケイパビリティと一致する。特に，戦略や組織行動の文献はともに，戦略，構造，プロセスの間の適合を強調する。マ

イケル・ポーターは，彼自身のフレームワークの中心ではないけれども，次のように述べている。

多くの活動間の戦略的適合は，競争優位の基礎であるだけでなく，競争優位を持続させる基礎でもある。ライバルにとっては，単に特定の販売方法を模倣したり，処理技術に対抗したり，製品の特徴を複製したりすることよりも，連結した活動の配列に対抗することの方がずっと難しい。(Porter, 1996: 73)

ポーターは"適合"の概念を明確に認知しているにもかかわらず，5つの競争要因フレームワークでは，補完性も共特化も認めていない。しかし，補完性や共特化は，色々な形で，ティース（Teece, 1986b, 2000, 2006b, 2007b），ブランデンバーガーとネイルバフ（Brandenburger and Nalebuff, 1996），サントロとマクギル（Santro and McGill, 2005）によって認識されている。また，経済史学者（Rosenberg, 1982; Hughes, 1983）は，その現象を一般的なレベルで述べている。しかし，ほとんどの競争や競争優位の分析では，様々なイノベーションが互いに共特化されている補完物であるというよりも，代替物であると強調されるのが一般的である。実際，シュムペーター（Schumpeter, 1934）は，成功するイノベーション／企業は，"追随的な"代替物を生産しようとしている模倣者の群れに脅かされていると強調した[22]。彼は完全に補完性を軽視していたのである。

補完的イノベーションや補完的資産は，非常に重要である。特に，イノベーションが累積的なものとして特徴づけられるような産業や，産業"プラットフォーム"が存在するか，もしくはそれが必要な産業において，非常に重要なものとなる。補完的イノベーションの例は，あらゆる場所に存在する。企業向けのソフトウェア産業においては，もし様々なビジネス・アプリケーションが，単一のプログラムや密接に統合されたソフトウェアパッケージ（Suite）として統合されているなら，ユーザーにとって特に価値があるだろう。ジャイロスタビライザーの開発は，カメラのブレを最小化することによって，ビデオカメラや双眼鏡のような映像デバイスを使いやすくし，特にその新しい特徴が低コストで導入されるや，製品価値の向上をもたらした。同様に，より高エネルギーの充電式バッテリーはラップトップ・コンピューターや携帯電話を，長時間，

操作可能にした。技術間の共特化や，技術とバリュー・チェーンの他の部分との間に共特化が生じるような，補完的状況は一般的であるが，最近まで経済分析や戦略の構築の中ではあまり分析されてこなかった。

　共特化された資産は，特定の資産価値が，他の特定の資産と結合し使用されると機能するような，特定のクラスの補完的資産である[23]。共特化があると，結合して使用すると，価値が高まることになる[24]。共特化は，"薄い"市場をもたらすことになる。つまり，この種の資産は特異なものであり，市場で容易には売買され得ないものなのである。共特化の便益を獲得するには，統合されたオペレーションが必要だろう（Teece, 1980）。共特化は，差別化された製品を提供し，独自のコスト節約をもたらす。特殊資産に固有な"薄い"市場環境とは，競合他社が同じ資産を買収によって容易に集めることができず，それゆえ，同じ製品／サービスを競争的な価格では提供できないということである。

　構築あるいは購入した特殊資産や共特化資産を特定化し，発展させ，それらを結合して利用する経営者能力は，重要なダイナミック・ケイパビリティであるが，必ずしも企業という枠組みの中に存在するわけではない。特に，資産の所有者は，資産の結合を通して価値が高められるような資産を所有する相手に対して，自分の資産の価値を認識していない場合，資産の結合を通じて特別な価値を創出することができる（そして潜在的には，相手によって搾取される可能性がある）[25]。このことは，共特化資産の市場が必然的に薄いか存在しないために生じる。ラングロア（Langlois, 1992）は，1920年代のチャールズ・ケッタリング（Charles Kettering）がGM研究所で軽量ディーゼル技術を電気式ディーゼル機関車に転換させたケースに注目している。その技術は，当初，潜水艦に使用されていた。GM社の社長であるアルフレッド・スローン（Alfred P. Sloan）は，それを応用して電気式ディーゼル機関車を作ることが可能であると考えた——その頃は完全に蒸気機関が支配的だった。これを実現するために，GM社は機関車の製造業者やウェスティンハウス・エレクトリック社が持つケイパビリティを必要とした。ラングロア（Langlois, 1992: 115）は，ケイパビリティの3つのセットが，ある種の契約やジョイント・ベンチャーによって結合されたかもしれなかったが，蒸気機関の製造業者——アルコ社，ボールドウィン社，およびリマ社——はそれに協力できなかったと述べている[26]。要するに，イノベーションと再配置はともに，（システミック）イノベーションを

進めるために，経営者による共特化資産の結合が必要だということである[27]。経営者は，それにいつも成功するわけではない。なぜならば，経営者が必要性や機会を感知していないかもしれないし，経営者がそれらを感知はしているが統合を実現することができないかもしれないからである。もし資産が外部で調達できないならば，資産は内部で構築されなければならないのである。

　（自社での開発や機敏な購買を通じて）共特化資産への"投資"の必要性や機会を認識する経営者の能力は，ダイナミック・ケイパビリティの基礎である。（市場のエージェントが持つ）単なる"駆け引き"のスキルだけでは，持続的競争優位を構築するのに十分ではないだろう。また，いつどのように投資するのか——共特化資産は，それを構築するのか買収するのか，またいつそれを行うのか——についての意思決定は，取引コストを含む多くの要因に依存するだろう。特に，それは関係する共特化資産を調和させ，統合させる経営者の企業家的能力に依存するだろう。

　明らかに，共特化は"ロックイン"と関係しており，ある種の補完性の形態であり，それは顧客の求めるパフォーマンスを実現するために，技術やその他の資産が密接に統合されたシステムの一部になっているときに存在するものである。そのような状況でのビジネスの成功は，R&D投資とアライアンス活動のコーディネーションを必要とする。ビジネスの成功にとって，そのようなコーディネーションを実現するために必要な様式やタイミングが重要となる。部品を共有することによって，システム全体にわたるイノベーションと経済的パフォーマンスは促進され（Teece, 2000），機会主義から保護される（Williamson, 1975）。

　要するに，企業家や経営者は，企業内部の共特化資産を結合することによって，特別な価値を創出できるのである（Teece, 2007b）。これには，例えば，トーマス・エジソン（Thomas Edison）の電力システムの構築のように，必要な共特化技術を創造するための投資が必要となるだろう。技術を基盤とした産業では，ある種の技術が自社がすでに持っている技術やその技術・製品の戦略との関係で，他の市場参加者よりも自社にとって価値が高いということは，よくあることである。

6.3 学習，ナレッジ・マネジメント，コーポレート・ガバナンス

　企業の成功にとって，無形資産が重要であると同時に，学習や新しい知識の生成を可能にするようにデザインされた，ガバナンスやインセンティブ構造は重要である。学習は多種多様——経験的，伝聞的，個人的，組織的な学習を含む——であり，それぞれのタイプを研究している文献も数多くある。また，"感知"も環境や新しい技術的ケイパビリティについての学習を必要とする。R&Dは，企業がそのような学習を促進する方法とみなされていた。しかし，このセクションで議論しているダイナミック・ケイパビリティのコンテクストにおいては，知識を含む資産の統合・結合の能力がコア・スキルである（Kogut and Zander, 1992; Grant, 1996）。企業内および企業外の組織（例えば，他の企業や大学）との間におけるノウハウの結合が重要なのである。

　"システム"や"ネットワーク"が存在するときには，企業内のノウハウだけでなく，外部からのノウハウとの統合が，成功にとって特に重要なのである。優れたインセンティブ・デザインや学習，知識共有，知識統合の手順の構築は，ビジネスのパフォーマンスにとって重要であり，ダイナミック・ケイパビリティの主要な(ミクロ的)基礎である（Nonaka and Takeuchi, 1995; Chesbrough, 2003）。同様に，ノウハウ・企業秘密・知的財産の"漏洩"・乱用・誤用の監視，マネジメントも重要である。もちろん，暗黙のノウハウは模倣困難であり，一定の"自然"保護が働く。しかし，ほとんどのノウハウは漏洩する。イノベーションを志向しながらも限られた経験しかない企業は，知的財産権を軽率に危険にさらして，その価値を損なわせることが知られている。ノウハウや知的財産を前もって監視・保護することに失敗することは，しばしば見られる。

　生産がアウトソーシングされ，共同開発活動が増加すると，企業は技術や知的財産の移転を監視するガバナンスの手法を開発しなければならなくなる。それまで企業内部で行われていた技術移転活動は，しだいに企業境界を越えて行われるようになる。今日，多くのセクターにおいて，乱用や誤用に対して知的財産権を保護する一方，技術の流れを促進するガバナンス・メカニズムを開発することが，ダイナミック・ケイパビリティの基礎となる。**図表3・3**は，3つ目のクラスのダイナミック・ケイパビリティのミクロ的基礎を要約している。

第3章　ダイナミック・ケイパビリティの解明

図表3・3　結合，再構成，資産保護のスキル

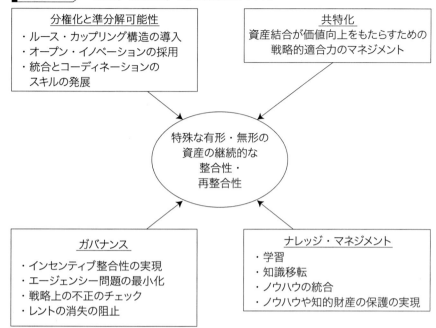

　ダイナミック・ケイパビリティに関わる他の"ガバナンス"問題もいくつか存在する。あるレベルでは，資源の"結合"と再配置を実現する企業の能力に関わるガバナンスやビジネスモデルの問題がある。先述のように，製品提供，ビジネスモデル，企業境界，組織構造を継続的に修正することは，常に必要なことである。準-分解可能性を促進する分権構造は，再配置の実現を促進するだろう。

　また，ある種のガバナンス問題はインセンティブの整合性に関わっている。インセンティブ問題のミクロ的基礎は，先にも議論したが，エージェンシー問題とインセンティブ・デザインの問題の理解に関係している。エージェンシー理論は長らく，所有と支配の分離が，利害の整合性の問題，特に経営者の報酬や役得の配分についての問題を生じさせることを強調してきた。適切なアカウンタビリティ／監督が欠如していると，経営者は裁量権を乱用し，私的な目的のために会社資産を私的に流用する。こうした問題は，企業が成長し，所有と経営の分離が広がるにつれて，より深刻になる。近年の米国・欧州・日本にお

けるコーポレート・ガバナンスをめぐる不祥事は，継続的に警戒する必要があることを示している。しかし，"社内"取締役に対する独立社外取締役の割合を増やすだけでは，必ずしも戦略上の"不正行為"の問題の改善にはならない。

トップマネジメント・チームが十分に"ダイナミック"であるかどうかを評価できるような個人が取締役会レベルに参加することは，有益だろう。もしCEOやその他のトップマネジメント・チーム・メンバーの感知，捕捉，そして再配置といったケイパビリティが弱ければ（戦略上の"不正行為"をもたらすので），彼らを交代させることが重要である。財務上の不正行為への警戒が重要ではないと言っているのではない。それは常に，重要なコーポレート・ガバナンスの役割であり続けるだろう。しかし，その重要性は発見や評価が難しい戦略上の"不正行為"の重要性に比べると低い。今日の米国におけるガバナンス改革の波 ——会計のコントロールとシステムの完全性を強調すること ——は，意図せざる結果として，経営者によるより大きな"戦略上の"パフォーマンスの失敗に導いている。経験の無い"独立"取締役で固められた取締役会には，戦略上の"不正行為"を正確に診断し，それに基づいて反応できるような才能を持つ人材がいないかもしれない。

経済学の関連文献は，不十分なインセンティブ・デザインが，いかに従業員の行為と利益の実現に必要な行為との間の対立を生み出すのかを強調してきた。インフルエンス・コストを生み出す活動として逆機能的行動が注目されてきた（Teece, 2003）。また，グローバル競争から隔離された産業の従業員は，団体交渉を通じて経済的剰余を専有することもできた。市場水準を上回る賃金——それは米国の自動車，製鉄，航空産業を特徴づけていたものであり，そして今もある程度そうである——は，まさに適例である。こうした状況は，経営者層にも当てはまる。かつての非現実的な団体交渉が生んだ非競争的な供給契約を書き直すためには，リストラクチャリングは，破産法の法的適用を要求するかもしれない。作業の説明書を作成し，よりコミットした人材を誘引し，引き留め，報酬システムをデザインし，企業文化を発展させる能力，そして参加を控えさせるように脅すことで，準レントを引き出すような連合を作らせないといった企業の能力もまた，重要な経営能力である。

利害集団（経営者と従業員の双方）によるレントの浪費を防ぐ企業内部のメカニズムをデザインしたり創造したりすることは，ダイナミック・ケイパビリ

ティにとって非常に重要なことであるが，戦略研究者の課題の中では，高い位置づけはされてこなかった。しかし，ゴットシャルグとゾロ（Gottschalg and Zollo, 2007）は例外といえる。彼らは，インセンティブの整合性を継続的に実現する能力は，パフォーマンスを向上させる（そしてレントを保護する）重要なダイナミック・ケイパビリティであることを指摘している。

　ここで議論している問題の多くは，これまで人的資源マネジメントの名の下に扱われてきた。こうした問題と戦略経営の問題とが密接に結びつくことは当然のことだと思われる。なぜなら戦略経営論は，どのようにレントの流れを生み出すかだけでなく，企業内外の様々な主体や集団によって浪費されたり，横領されないように，どのようにレントを守るかということに焦点を当てているからである。例えば"専有可能性レジーム"や"隔離メカニズム"といった概念は，イノベーションやその他の優れたパフォーマンスの源泉が生み出すレントが，競合他社などによる浪費からどのように保護され得るのかを説明するために，戦略経営論の学者が発展させてきたものである。しかし，初期の研究では，市場あるいは"外部"競争が注目され，利害集団による内部専有は扱われなかったのである。

6.4　ダイナミック・ケイパビリティ，"オーケストレーション" スキル，競争優位

　本稿で展開している全般的フレームワークでは，ダイナミック・ケイパビリティは，急速な（技術の）変化の状況における企業レベルの競争優位の基礎とみなされる。企業が優れた（模倣不可能な）ダイナミック・ケイパビリティをどの程度発展させ利用するかによって，企業が創造し収集する無形資産の性質や量が決まり，またそれによって企業が稼ぐ経済的利益のレベルが決まるということを，このフレームワークは示している（**図表3・4**参照）。またこのフレームワークは，過去が現在と将来のパフォーマンスに影響するということを強調している。しかし，経営者はイノベーションを支援するプロセスと構造をデザインすると同時に，かつてデザインされた逆機能的なプロセスと構造から企業を解放することもできる。

　ティースとピサノ（Teece and Pisano, 1994）やティースたち（Teece, Pisano and Shuen, 1997）において，われわれは3つの組織的・経営的プロセス——

図表3・4 ダイナミック・ケイパビリティの基礎とビジネス・パフォーマンス

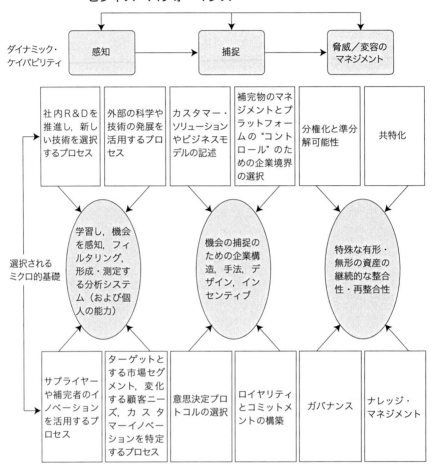

コーディネーション／統合，学習，再配置――をダイナミック・ケイパビリティのコア要素として提案した。これらのプロセスは，感知，捕捉，脅威のマネジメント・プロセスのサブセットである。それらはともに資産の"オーケストレーション"プロセスとみなされるだろう。経営者の主要な戦略的役割は，企業内部や企業間の，また企業外部のサポート制度との間の，価値向上的な新結合を見出すことである。企業内部の価値ある資産の多くは知識に関係し，そしてそれゆえ交換不可能な知識であるため，そのような資産のコーディネー

ションや統合は市場で複製されない価値を生み出す。これが，経済理論や経済システムにおいて経営者に特有の役割を与えることになる。経営者は，共特化資産を整合することによって新結合を探求する（Teece, 2007a）。機会の感知と捕捉が必要なため，変化が生じるときの再配置と同様に，資源や資産の配分，再配分，結合，再結合が要求される。これらは経営幹部の主要な戦略的機能である。実際，補完性を認識したり活用したり，共特化をマネジメントしたりするために利用されるスキルは希少である。所有する資産を利用して得られる価値をいかに高めるかを理解するには，その企業の資産ベースの詳細な構造を知ることや，顧客に優れたソリューションを提供するのに必要となるギャップを埋めることと関わってくる。このギャップの充足には，新しい資産の構築，あるいは買収や戦略的パートナーシップの構築も含まれるかもしれない（Ettlie and Pavlou, 2006）。

ダイナミック・ケイパビリティ・フレームワークでは，企業は過去に形成されたとしても，必ずしも過去に囚われるわけではないとみなされる。経営者は，投資の選択やその他の意思決定を通じて大きな差異を生み出すことができる。企業は，独自のビジネス・エコシステムを形成することさえできる。この意味において，ダイナミック・ケイパビリティ論はきわめてチャンドラー的である（Chandler, 1990a, 1990b）。実際，経営者は，特に市場の発展の初期段階においては，技術や市場の方向性を決定する潜在能力を持っているのである（David, 1992）。実際，企業とその環境はしばしば共進化する。しかし，ここで前提としている文脈 ——大きな国際競争という力にさらされ，急速に技術が変化する状況 ——のゆえに，大きな失敗をする余裕はほとんどない。

したがって，ダイナミック・ケイパビリティ・フレームワークは，完全にではないが部分的には，進化論の考え方に沿っている。ダイナミック・ケイパビリティ・フレームワークは，次のような主要な変数や関係を捉えようとする。それらは，企業の優れたパフォーマンスを実現し，ゼロ利益の罠を回避するために，無形資産を創造，保護，レバレッジするように“操作”される必要のある関係や変数である。しかし，有形・無形の資産の構築と収集，および変化の実現は困難なものとみなされる。長期的な成功には，企業内部で創造的破壊を実現する必要があるだろう。それは，優れたパフォーマンスの維持を促進するスピンアウトやスピンオフに関わるかもしれない。意思決定のバイアスを弱め

ることも必要である。つまり，企業は一部の経済学者，経営者，戦略論の学者が考えているよりももっと生物学的な有機体に類似しているが，一部の組織生態学者が考えているよりももっと柔軟性がある。

企業は，競争優位を構築し維持するために，並行して開発され利用される感知，捕捉，変容／再配置というケイパビリティを必要とするだろう。しかし，製品レベルではこれらを並行して行う必要はないかもしれない ――実際，ヘルファットとペトラフ（Helfat and Peteraf, 2003）は，ケイパビリティの開発と，その後の洗練，移植，ブランディングとを区別している。もし個々の製品レベルにおいて感知，捕捉，再配置を並行して実現しようとすると，混乱し有効性を失うことになる。なぜならば，組織のルーティンやルールは，常に変化しているからである。

基礎とみなされるケイパビリティのうちの最初の２つ――感知と捕捉 ――はマーチ（March, 1991, 1996, 2006）の探索と活用の概念と関係するが，異なるものである。マーチは両者が適応のために必要であることを明らかにしていると思われるが，両立しないときには両者の間に対立が生じると彼は考えていた。彼の議論は部分的には，探索と活用が資源を取り合う関係にあり，一方の活動に必要な考え方や組織ルーティンが他方の活動に必要なものとは異なることから非両立性が生じており，それゆえ両者を同時に追求することは不可能ではないにしても困難なものになるということである（March, 1996: 280）。それぞれ探索と活用には長所があるので，双方とも視野に入れる必要性がある。資源の取り合いに関して言えば，少なくとも捕捉と比べれば，感知は必ずしも資源に大きくコミットしない。環境の監視のような側面は，低コストの活動であり得る。また，初期段階の探索的研究活動は比較的コストがかからないものである。マンスフィールドたち（Mansfield *et al.*, 1971: 表 6 . 2 ）の新製品開発の研究は，初期段階の研究活動のコストが，新製品開発コスト全体のうち，わずかな割合しか占めないことを示した。例えば，医薬品開発のコストは典型的には医薬品発見のコストを大きく上回る。また，様々なマインドセット（考え方）やルーティンについては，そこに対立があるのは間違いないが，これらは捕捉よりもある程度感知に特化するような，別の組織ユニット（あるいは組織ユニットの別の部署）を設計することによって緩和されるだろう。グプタとスミス，そしてシャーレイ（Gupta, Smith and Shalley, 2006: 697）は "あるドメ

インにおける探索や活用は，他のドメインにおける高いレベルの探索や活用と共存するだろう"と述べている。もちろん，製造のアウトソーシングやその他の捕捉の側面は，この問題をさらに緩和する。なぜならば優れた製造に必要なルーティンが企業外部に存在するからである。

　探索と活用の両方が必要であることは適応システムに関して広く受け入れられており，また両利き（ambidexterity）に関する文献の中でよく述べられている（例えば，O'Reilly and Tushman, 2007）。この文献は，部分的にあるいは弱く統合されたサブユニット（部門，部署）によって探索と活用が促進されると考えている。感知活動は，トップマネジメントに情報をロールアップしつつ，分権化する必要がある。厳密なプランニングは捕捉の一部であるが，感知には関わらない。

　要するに，競合他社の脅威をマネジメントし，企業自身を再構成するような企業の能力は，企業の投資活動に依存する。そしてその投資活動は，機会を感知する企業の能力に依存する。ダイナミック・ケイパビリティのこの側面は，財務的な成功の実現の可能性が，出来事とそれに対する反応に依存していることを示している。数式化すれば，起こっているいつもと違う出来事 E（例えば新しいビジネスの機会の可能性を開く外生的な技術変化）[28]を条件として，企業が高い経済的利益のランクになる可能性を Pr（Π｜E）とする。このとき，Pr（Π｜E）= Pr（感知｜E）× Pr（捕捉｜E, 感知）× Pr（脅威のマネジメント／変容｜E, 感知, 捕捉）× Pr（（Π｜E）, 感知, 捕捉, 脅威のマネジメント／変容）となる。

　本稿，および筆者の以前の著作を通じて示したように，資産とケイパビリティの双方の"持続可能性"や模倣困難性の問題を評価することも必要である。これは，"隔離メカニズム"と"専有可能性レジーム"という一対の概念によって的確に要約されている多くの要素に依存する[29]。専有可能性の状況が"堅固"で，企業自身の隔離メカニズムが強いとき，少なくともある程度の間，差異によるパフォーマンスが持続し得る。もちろん，ダイナミック・ケイパビリティは，顧客のニーズや技術の機会とが一致するイノベーションの継続的な流れの創造，結合，そして商業化を必要とする。

　ダイナミック・ケイパビリティ論では，財務的な資源を市場のニーズや要請と調和する方向に向かわせるような感知，捕捉，再配置のメカニズムを利用し

なければならないことに注意してほしい。しかし，純粋な理論の問題としては，企業は必ずしも継続的に組織を作り直す必要はない。組織を作り直す必要性は，予期されるかどうかにかかわらず，出来事に依存する。もし企業が埋め込まれているビジネス・エコシステムが安定的であるなら，変化の必要性は低くなる[30]。実際，もしある企業が規格を支配するならば，あるいはある企業が何らかの方法で自身の環境の安定化を促進するならば，その企業は継続的にコストのかかる革新的な代替案の探索に取り組む必要はないだろう（March, 1991）。もし環境が安定しているならば，適切なビジネスモデルの選択，適切な戦略上の投資の意思決定，インクリメンタルなイノベーションを追求することで，10年ぐらいは企業の高い競争力は維持されるだろう（例えば，ボーイング社の747を製造するという意思決定を考えてみよう。それは30年後には一層改良され，依然としていくつかの路線で何らかの形態で競争力を持っているだろう）。しかし，そのための過度の内部変化は混乱を生み出し，パフォーマンスの低下につながるかもしれない。

6.5 ダイナミック・ケイパビリティと区別される資源／コンピタンス

　ダイナミック・ケイパビリティ論は，企業の行動理論，経済学における進化理論，およびイノベーション・プロセスに対するシュムペータリアンの説明をよく知る人々には理解できるような，企業や組織的意思決定に関するネオ・シュムペータリアンの理論を発展させたものである。また，このフレームワークは，資源ベース・アプローチとして知られる考えにも基づいている。資源ベース・アプローチは本来静学的であるが，それにもかかわらずダイナミック・ケイパビリティと関連する。ティースたちは，以下のように述べている。

資源ベース・パースペクティブは，新しいケイパビリティを開発するために様々な戦略を検討すべきだとする。実際，もし希少な資源を支配することが経済的利益の源泉ならば，スキルの獲得や学習のような問題が基本的な戦略の問題になる。（以下略）（Teece, Pisano and Shuen 1990a: 9）

　同様に，ゾット（C. Zott）はこう認識している。

ダイナミック・ケイパビリティは，直接レントを生むような資源やケイパビリティを取り扱うため，単に資源ベース論に何か付け加えたもの以上のものである。(Zott, 2003: 120)

コリス（Collis, 1994）やウィンター（Winter, 2003）もまた，ダイナミック・ケイパビリティの要素の1つは，ダイナミック・ケイパビリティが，オーディナリー・ケイパビリティの変化率を統治することだと述べている[31]。しかし，本論文で発展させている概念は，少なくとも分析上は，ダイナミック・ケイパビリティが感知，捕捉，変容活動に分解できるということである。優れたダイナミック・ケイパビリティを持つ企業は，本来戦略的であり，企業内部，企業間，およびビジネス・エコシステムにおける他の制度と企業の間で，価値を高めるような資産のオーケストレーションを実現するような，企業家的なマネジメントを行うだろう。ダイナミック・ケイパビリティは，業務上のコンピタンスを超えるメタ・コンピタンスである。ダイナミック・ケイパビリティによって，企業は単に発明するだけでなく，利益を生み出すようにイノベーションを起こすことができる（Teece, 1986b, 2006b）。

ダイナミック・ケイパビリティ・フレームワークは統合的である。ドシ，ネルソン，そしてウィンター（Dosi, Nelson and Winter, 2000: 4）は，かつて組織的コンピタンスの文献における"用語の艦隊"と言っていた。しかし，今や資源／コンピタンスは，われわれが歴史的に技能適合力を持続可能にさせる企業のオペレーショナル（業務的）・ケイパビリティとみなしてきたものに他ならない。このようなコンセンサスが生まれつつある。オペレーショナル・ケイパビリティとは対照的に，ダイナミック・ケイパビリティは顧客のニーズの変化に対応し，進化適合力を維持・増大させ，その結果，投資した企業にとっての長期的な価値を構築するために，機会を感知し，捕捉し，脅威を対処し，特殊資産・共特化資産を結合・再構成するマネジメント能力という高いレベルの活動に関連するのである。

もし企業が資源／コンピタンスを所有しているものの，ダイナミック・ケイパビリティを欠いているならば，その企業は，短期的には競争的なリターン（もしかすると超競争的なリターンさえ）を得る可能性がある。しかし，運が

良かったときを除いては，資源／コンピタンスは長期的な超競争的なリターンを持続させることはできない。資源／コンピタンスは，自社製品への需要が増大しているときにはリカード（準）レントを生み出すかもしれないが，そのような準レントは競争によって失われる。つまり，資源／コンピタンスは，"新結合"やその後の再結合に関連するシュムペーター・レントも，市場が均衡に戻っていく時に生ずるカーズナー・レントも生み出さない。資源／コンピタンスは，"競争要因に対する防御の構築"に関連する短期的なポーター・レントを生み出すことはできるかもしれないが（Porter, 1991: 22），これは長期的な成功にとっては受動的すぎる。ダイナミックな競争力を持つ企業は，競争への防御を構築するだけではない。そうした企業は，企業家精神，イノベーション，およびある程度継続的な資産オーケストレーションやビジネスの再配置を通じて，競争や市場成果を作り出すのである。

コンピタンス／資源はあるが，ダイナミック・ケイパビリティを欠いている典型的な企業は，均衡において"同じ規模で，同じ顧客集団に対して，同じ製品を生産，販売することによって，収入を得る"だろう（Winter, 2003: 992）。そのような企業は，発明は得意かもしれないが，その技術的な成果への投資に失敗する傾向がある。保有しているオペレーショナル（業務的）／テクニカル（技能的）なコンピタンスは，発注（何をつくらなければならないか／供給しなければならないかを伝達する），請求（顧客から徴収する），購買（どのインプットを買うのかを決定し，サプライヤーに支払いをする），財務のコントロール（行動を制限し，盗難を防止する），在庫のコントロール（在庫コストを最小化する），財務報告（資本へのアクセスを得る），マーケティング（顧客を特定する），販売（注文を獲得する）のような基本的なコンピタンスに関係するだろう。これらの機能をマネジメントすることは，一般的に業務マネジメントと考えられている。

業務マネジメントは，基本的なマネジメント機能の基礎となるものである。近代的な生産システムの知識は，その発展に長い年月を必要としたとはいえ，今や広く普及している。分業，統一な規格，移動式組立ライン，検査の測定技術，および総合的コントロールは，もちろんかつて開発されたはずのものであるが，今ではわれわれが（米国的な）生産システムとしてみなしているものを構成する要素である。

競争優位は，理論的には優れた業務，あるいは先述の“技能適合力”から生じる。実際，産業革命は，クラフト生産システムと近代的生産システムの間の大きな違いを生んだ。そして，このイノベーションは，産業の様相をほぼ完全に転換させた。チャールズ・バベッジ（Charles Babbage）は，約200年前に以下のように述べていた。

本当につまらない（製品）をつくるときでさえも，その簡潔さゆえにわれわれを敬服させたり，あるいは思いがけない結果ゆえに，われわれの関心を引き付けたりするよう計算されたプロセスが存在することに注意すべきである。(Babbage, 1835: 3)

しかし，戦後，生産システムがどのように作用するかについての理解が大きく進んだ。多くの有用なテクニックが開発・改良されてきた。経営科学やオペレーションズ・リサーチ分野の発展によって，限られた問題領域に関して正確な答えが得られるようになった。在庫の管理，スケジューリング，プランニング，品質管理，隔離サブシステムのマネジメント等についても，よく知られるようになった。“ベンチマーキング”の追求や“ベスト・プラクティス”の採用は，個別のスキル，プロトコル（手順），手法の普及を促進した。しかし，その分野のパイオニアの１人は，“これらのサブシステムの間の関係については，われわれはあまり学んでこなかった”と告白する（Buffa, 1982: 2）。ここに，ダイナミック・ケイパビリティが関わる点がある。

１つのインプリケーションは，機会を感知し，計画を実行し，資産やシステムを必要に応じて配置・再配置するには，特別なノウハウ——獲得と応用が困難なノウハウ——が必要であるということである。そして，共特化のベネフィットを獲得するためには，様々な物事を一緒に扱うスキルが重要である。今日，業務マネジメントに関しても，サブシステムがお互いにいかに関係し，相互作用するかを理解する点にメリットがあるように思える。言い換えると，経営管理や業務マネジメントを構成する基本的なビジネスの機能の理解は，少なくとも先進経済においては広く普及し，それゆえよく知られるようになった。そのような機能に関する知識の幅広い普及は，多くの物事がアウトソーシングか，あるいは関連施設を保有する企業の内部で実行される，ということを意味する。しかし，これを推し進め続けることによって，企業はかろうじて現状に留まる

だけの効果しか得られない——これは"赤の女王"効果と言われるものである。幅広い包括的な一連のダイナミック・ケイパビリティが無く，単に業務的なコンピタンスを持つだけの企業は失敗するだろう。しかし，将来のニーズを感知し，よくデザインされたビジネスモデルの内部で質が高く時宜に適うバイアスのかかっていない投資の意思決定をし，その意思決定を適切に実行し，生産的な結合を実現し，学習を促進し，現在はうまく機能していないシステムをリエンジニアリングし，また優れたガバナンスを実行することで，いかにして企業のパフォーマンスを高めることになるのか，これを理解することは依然として謎に包まれている。ダイナミック・ケイパビリティを強化するのに必要な経営サービスは，アウトソーシングの対象にはならない。ダイナミック・ケイパビリティを強化するプロセスや構造を理解し実行するには，企業特殊的であり，企業と企業が協力したり競争したりするビジネスエコシステムとの双方に関する深い知識が必要なのである。

　この点で，企業家，経営者，管理者の間を有益な形で区別できる。管理者は日々の業務やルーティンに責任を負う。彼らは，企業が先述の意味で技能適合力を確かなものにする。彼らには企業家的な活動に取り組むことは期待されていない。例えば，新しいビジネスの機会を感知することは求められていない。また，企業全体に及ぶ新しい業務的なルーティンの必要性の発見やそのデザインは進化適合力につながるものだが，基本的に管理者にはそのような活動は期待されていない。ポーター（Poter, 1996）が，業務の効率性は戦略ではないと主張するときには，暗黙的に先述の区別を意識している。彼は，業務の効率性と戦略の両方が優れたパフォーマンスにとって重要であると考えているが，次のようにも述べている。

生産性，品質，スピードの追求は，非常に多くのツールやテクニック，すなわち，TQM，ベンチマーキング，時間ベースの競争，アウトソーシング，提携，リエンジニアリング，チェンジ・マネジメントを生んだ。その結果として，業務の改善は劇的だったが，収入を持続的な収益性に変換することに関して無力であることに，多くの企業が失望してきた。そして，ほとんど気づかないくらい，徐々にマネジメント・ツールは戦略に取って代えられてきた。経営者が，すべての領域の改善を推し進めれば，それだけ彼等は重要な競争のポジションから遠ざかってしまうことになる。

（Porter, 1996: 61）

　しかし，“業務マネジメント”のツールや手法が競争優位の基礎ではないとか，競争優位にはつながらないとか言うのは，言い過ぎかもしれない。もし企業の優れた業務的コンピタンスの中に暗黙的で模倣困難な要素があるならば，それは長期的に優れたパフォーマンスをサポートする可能性がある（実際，それはリカード的レントは生むだろう）[32]。しかしながら，優れた業務の効率性は価値あるものだが，それはダイナミック・ケイパビリティではない。

7. 結　論

　急速な技術変化にさらされているオープン・エコノミーのために，ダイナミック・ケイパビリティ論は企業が競争優位を実現し，競争優位を維持するために継続的に変わりつづけることを可能にする組織・（戦略的）経営のコンピタンスの必要性を強調する。このフレームワークは，戦略経営の分野や，経営史，産業経済学，法と経済学，組織科学，イノベーション研究，その他からの概念や研究成果を統合し，統一する。

　ダイナミック・ケイパビリティ論が暗示しているのは，自由な取引や投資，新しい知識の源泉のグローバルな分散，およびそのようなイノベーションのマルチ・インベンションあるいはシステミックな性質という相対的にオープンな状況が現代のマネジメントを先導しているという認識である。品質改善，コスト・コントロール，在庫の削減，およびベスト・プラクティスの採用（“技能適合力”）は，もはや長期的な競争上の成功には十分ではないだろう。伝統的な生産の規模の経済も，かつて有していた差別化が力を持つとはかぎらない。規模の経済と範囲の経済以上のものが必要とされる。成功は，新しい製品・プロセスの創造や，新しい組織形態やビジネスモデルの実行を必要とする。それらは，企業の進化適合力および企業家適合力を継続的にみがくという，きわめて企業家的なマネジメントのジャンルによって促進される。企業家的な経営者は，将来を感知し，そして企業を過去から解き放ち，知的資産を増加させ，それらを知的財産権として保護し，また新しい価値増進的な資源結合をし，もし必要ならば，規制や制度的構造を変えることによって，将来を形づくることに

なる。ダイナミック・ケイパビリティは，概して企業のトップマネジメント・チームが行うものだが，過去のビジネスをマネジメントするために企業がこれまで生み出してきた組織プロセス，システム，構造にも影響される。

このような，ダイナミック・ケイパビリティを維持するには，企業家的マネジメントが必要となる。そうした企業家的マネジメントは，他の経営活動と異なるが，関連はしている。企業家精神は，機会の感知や理解，物事の開始，物事を一緒に扱うための新しくより良い方法の発見に関わる。またそれは，異質で大抵は共特化的な要素集合の創造的なコーディネーション，非ルーティン的な活動の"承認"の獲得，ビジネスの機会の感知に関わる。企業家的マネジメントは，分析や最適化とはあまり関係しない。それは感知や捕捉——次の大きな機会やそれをどのように取り扱うかの理解——に関わる。

われわれは企業家を，新しいあるいは改良された製品やサービスを提供する新ビジネスをはじめる個人に関連づけてきた。そのような行為は明らかに企業家的だが，ダイナミック・ケイパビリティに埋め込まれている企業家的マネジメントの機能は，活動の開始や個々の行為者に限定されない。それは新たなハイブリッド，すなわち企業家的経営者資本主義と呼ぶにふさわしいものである。それは，問題や趨勢の認識，資源の方向付け（および再方向付け），組織構造とシステムの再形成に関わる。それによって，技術的な機会を創造し対処すると同時に，顧客のニーズとの連携を維持する。本稿で展開した暗黙の命題は，大きな企業においても小さな企業においても，企業が財務的な成功を持続するためには，企業家的経営者資本主義が力を持たなければならないということである。また，企業家的マネジメントも単なる"社内企業家"ではない。なぜならば，企業家的経営者には，ビジネス・エコシステムの形成を含む外部活動に参画するという大きな役割もあるからである。

先述のように，特定した3つのケイパビリティの間には，明らかに対立と相互関係がある。感知に必要な経営スキルは，捕捉や再配置に必要な経営スキルとはまったく異なる。すべての機能には，"企業家的"かつ"右脳的"な重要な要素が含まれる。企業が成功するには，3つのケイパビリティのすべてを構築し利用し，それらをしばしば同時に使用しなければならない。3つのケイパビリティすべては，経営者一個人に必ずしも見出せない。それゆえ，それらはトップマネジメントのどこかで示されなくてはならない。そこで，1人の

PEO（代表経営責任者［principal executive officer］）は，トップ・マネジメントをチームとして動かさなければならない。もちろん，一人のPEOが3つのケイパビリティすべてに精通しているならば，組織はより成功のチャンスを持つだろう。

　ダイナミック・ケイパビリティ論は，以下の点において，競争優位を理解するための伝統的なアプローチを超えるものであるといえる。つまり，ダイナミック・ケイパビリティ論は，見通しの明るいビジネス・エコシステムにおいて良いポジションを実現するのに必要な特質とプロセスを強調するだけでなく，感知した機会を確実に捕捉するのに必要とされる新しい戦略の考え方や意思決定の規律について詳述し，さらに，市場や技術が否応なく変革されるときにビジネスがいかに再配置されうるかを説明しようと努めているのである。この意味で，ダイナミック・ケイパビリティはきわめて有望で，複雑な問題を解決するための相対的に変数の少ないフレームワークを目指している。それが扱う問題とは，いかにして企業とその経営陣は最初に経済的利益を獲得する機会を発見し，次にその機会に基づいて実行するための意思決定と規律の設定を行い，さらに常に機敏でありつづけることで初期の成功の基盤を継続的に更新しつづけることにより，いかにして長期にわたって経済的剰余を生み出すことができるのか，ということである。もしこのフレームワークがある程度成功すれば，イノベーション，アウトソーシング，オフショアリング［業務の海外移管・委託］を伴うオープン・エコノミーにおける戦略経営の一般理論の幕開けとなる。

注

1　ここで参考にしているのは，ルメルト（Rumelt, 1984），ワーナーフェルト（Wernerfelt, 1984），アミットとシューメーカー（Amit and Schoemaker, 1993）らが提唱した資源ベース論である。私の初期の研究のいくつかも（Teece, 1980, 1982），この流れにあった。

2　この機能は，オーケストラの指揮者の役割に似ている。もっとも，ビジネスのコンテクストでは，"楽器"（資産）自身が絶え間なく創造され，修復され，取り替えられているのではあるが。その上，まったく新しい楽器が頻繁に登場し，古い楽器は捨てなければならない。確かに，柔軟性はオーケストレーションの要素ではあるが，オーケストレーションの概念はそれ以上のものを含意している。

3　*Fortune*, 12月11日, 2006年：4

4　*Business Week*, 4月24日, 2004年：64

第Ⅱ部　ダイナミック・ケイパビリティ論

5　アラン・グリーンスパン議長は，近年，こうも述べている。"過去半世紀にわたり，原材料の価値の向上は，全体的なアメリカのGDPの成長のほんの一部でしかない。その他理由とは，消費者が評価する，財やサービスにみられるアイディアの具現化を反映したものである。価値創造のコアとして強調されるものは，ここ数十年で，物的素材からアイディアへと加速度的にシフトしている"（Alan Greenspanによる *Stanford Institute for Economic Policy Reseach*, 2004の所見）。

6　これは，狭い意味では，不確実性下での意思決定についてである。ナイトが述べるように，不確実性があるなら，"知識よりもオピニオンに基づいて行動する必要"がある（Knight, 1921: 268）。問題なのは，アルチャンとデムゼッツ（Alchian and Demsetz, 1972）が提示している情報の非対称性やインセンティブ問題だけではない。むしろ，進化する技術やマーケットプレイスに関する情報をフィルターにかけ，解釈することと関係している。

7　5つの競争要因フレームワークは，ビジネス・スクールのカリキュラムや実践において"産業"分析を強化する。しかし，産業の概念そのものの価値は疑わしい。もし産業に境界が存在するならば，少なくとも技術的に進んだ環境においてはその境界ははっきりしない。電気通信"産業"には，半世紀以上前は，電信・電話や関連する規制されたサービスの周辺にはっきりした境界があった。しかし，1960年代までには，ファックスやデータサービスが公共の電話ネットワークの上に敷かれはじめた。今日の通信は日常的に，インターネット（VoIP）やケーブルテレビ・ネットワークによって行われている。

8　実際，5つの競争要因アプローチを強化する産業組織論の（基礎的な）市場の構造─行為─成果のパラダイムは，長らく修正の必要がある状態だった。フィリップス（Phillips, 1971）は，イノベーションが市場構造を形成するならば，因果関係は想定されているものとは逆になるとした最初の文献かもしれない。

9　メイソン-ベイン・パラダイムは，1930，40，そして50年代に発展した。技術イノベーションがあまり起こらず，協業者が重要ではなく，技術と制度の共進化が重要ではない"製造業ベルト"産業の中には，メイソン-ベイン・パラダイムが依然として重要なものもある（Teece, 1990）。

10　1950年代のアメリカにおける民間ジェット機の開発を考えてみよう。フィリップス（Phillips, 1971: 126）はこう述べている。"ボーイング社，ダグラス社，ロッキード社，コルベア社のどこも一番になり得た。（中略）適合するための技術はあった──当然，リスクやコスト無しに確実に適合することはできないが，確かに技術はそこにあった。1953年の最も大きなリスクは，技術的なものでなかったのだろう。むしろ，いつどのようなジェット機を作るかに関するリスクであった"。

11　経営陣に必要な意思決定スキルと，投資家に必要な意思決定スキルとの共通点は限られている。相違点の1つは，経営上の投資の意思決定のほとんどが有する，非流動性と不可逆性である。もう1つは，企業内で作用する資産間に継続的な整合性を実現する必要性である。公的・私的な株式投資家には，典型的にこの種のオーケストレーションあるいは統合のケイパビリティや能力が欠けている。また，投資家のスキルは，投資が流動的であるときに最も効果がある。

12　共特化はティース（Teece, 1986b）で定義され，議論されている。後の"脅威と

第3章 ダイナミック・ケイパビリティの解明 111

再配置のマネジメント”の節［本論文5節］でさらに探求する。

13 モンテベルデとティース（Monteverde and Teece, 1982a）による自動車産業の研究では，“システム・インテグレーション”の考えがメイク・オア・バイ（作るか買うか）の意思決定に影響することが示された。それは，相互関連的な投資に関わる意思決定を促進するであろうヒューリスティックやプロトコルの理解によって生み出される価値を示唆している。エヴァンズ，ハジウ，そしてシュマレンシー（Evans, Hagiu and Schmalensee, 2006）は，同様にシステムのパースペクティブを必要とするマルチサイドの市場の相互依存性を認識している。

14 ゲマワット（Ghemawat, 1991）やその他多くの文献で，不確実性と不可逆性が探求されてきた。しかし，共特化はほとんど関心の対象ではなかった。

15 他の例を見てみよう。ロック・スターは主要な収益源としてコンサートを利用するだろう。あるいは，コンサートは主にレコードの売上を刺激するために利用されるのかもしれない。スターは，コンサートでのパフォーマンスにはあまり時間を費やさずに，レコーディング・スタジオに多くの時間を費やすかもしれない。明らかに，価値を引き出すために用いるメディアの選択がある。ライブ・プロダクションか，映画か，店頭でのCDの販売か，アップル社が提供するiTunesストアのようなバーチャル・ストアでのオンラインでの楽曲販売か，など。そして今度は，インターネットやナップスター，またナップスターの類似のサービスが，アーティスト（およびレコード会社）にビジネスモデルの再考を迫る。音楽の収益性の高い提供法・価格設定のためのビジネスモデルを再構成する能力は，レコード会社にとってもアーティストにとっても，間違いなくダイナミック・ケイパビリティである。

16 実際，デル社の成功の重要な要素はバリュー・チェーンの組織化の仕方だけではなく，その流通システムを通じて販売することにした製品も重要な要素である。その初期の製品はPCであったが，今ではプリンター，デジタル・プロジェクター，およびコンピューター関連の電子機器も含まれる。

17 チェスブローとローゼンブルーム（Chesbrough and Rosenbloom, 2002: 529）で引用されている。

18 新しいビジネスモデルを構築しようという近年の取り組みの事例として，半導体メモリー・デバイスのデザインに対する重要な技術的貢献からの価値を獲得するために，もっぱら特許ライセンシングに依存するというランバス（Rambus）社の取り組みが挙げられる。そのようなアプローチは組み立て設備の構築（それはきわめて費用がかかる）を回避する。しかし，それを実現できるかどうかは，時として裁判所が侵害を禁じたがらないような環境，また幅広い特許権の行使が反トラスト的な批判を生むような環境で，特許権を行使するというランバス社の能力に依存する。

19 このモデルは，企業境界の決定の3つの重要な要因として，取引コスト，ケイパビリティの位置（企業の内部か外部か），専有可能性の状況を取り上げている。特に，取引コストという要因は，“生産の重要な段階において専門家よりもスキルが低いことから生じる生産の効率性におけるあらゆる損失と，比較検討されなければならない”と述べられている。

20 本論文におけるインスピレーションと助力を与えてくれたダン・ロヴァロ（Dan Lovallo）に感謝したい。

112 第Ⅱ部　ダイナミック・ケイパビリティ論

21　ケプロンたち（Capron, Dussauge and Mitchell, 1998）が説明するように，資源市場の失敗がビジネスの売買を引き起こすこともある。彼らが市場の失敗と呼んでいるものは，本論文や他の論文で筆者が議論している"薄い市場"の問題と関係していると思われる（Helfat *et al.*, 2007）。

22　企業家が実現するイノベーション／新結合は，"確率の公理によって予測されるように等しく配分されていることはなく，（中略）たとえそうだとしても，グループや集団の中に不連続に現れる"とシュムペーターは述べた（Schumpeter, 1934: 223）。このようなイノベーションやイノベーションに関わる活動の"群生化"は，"もっぱら1人あるいは数人の企業家の出現が他の人の出現を促進し，より多くの人を出現させ，全体としてその数が増えることによって"生じる（Schumpeter, 1934: 228）。特許競争を分析する近年の研究は，イノベーションが補完的ではなく代替的であるという見地を強める役割も果たしてきた。

23　資源ベース理論のミクロ的基礎の発展についてのリップマンとルメルトの最近の研究（Lippman and Rumelt, 2003a, 2003b）は，ダイナミック・ケイパビリティのミクロ的基礎の発展についての私の研究と非常に補完的である。私は，共特化資産や補完的資産のモデル化に努めた彼らの努力の意義を認めている。特に彼らは，協調ゲーム理論のツールを取り入れるためにスーパーモジュラリティの概念を用いている。スーパーモジュラリティの概念は，補完性を数理化する方法として，ドナルド・トプキス（Donald Topkis）によって導入されたもので，（戦略的）補完性のモデル化（例えば，R&D の波及効果のモデル化）のために，ミルグロムとロバーツ（Milgrom and Roberts, 特に1990年の論文を参照）のような経済学者や，進化ゲーム理論の学者に用いられている。

24　完全な共特化は，補完的資産を分離して用いるよりも結合して用いた方がより価値があるというだけでなく，実際に，補完的資産を分離して用いるときにはまったくの無価値であり，結合して用いるときには価値が高いような特殊な場合の範囲の経済性である。共特化は範囲の経済性から生じるが，結束的なあるいは統合的なソリューションを顧客のために生み出すことによって得られる収益向上からも生じるかもしれない。

25　資産の所有者がその資産価値を認識しているとしても，彼らはその状況を有利に利用するための交渉力を持たない。

26　これは，各社が高度に特殊な資産に直面してホールドアップの状態になることを恐れたからではなかった。むしろ各社が，ディーゼルが望ましいものではないと積極的に否定し，その導入にあらゆる段階で反発したからだった。GM 社は，機関車を製造するために独自のケイパビリティを生み出さざるを得なかった。

27　システミック・イノベーションの議論については，ティース（Teece, 1988, 2000）を参照。

28　あるいは，そのような利益を稼ぐ無条件確率 $Pr(\Pi)$ を計算してもよい。$Pr(\Pi)$ = $Pr(\Pi \mid E) + Pr(\Pi \mid \sim E)$。ただし，$Pr(\Pi \mid \sim E)$ は本文中の $Pr(\Pi \mid E)$ に類似するものとして定義される。競争的な市場においてダイナミック・ケイパビリティが無ければ，$Pr(\Pi \mid \sim E)$ はゼロになるだろう。

29　知的財産の保護，ノウハウの暗黙的な性質，および技術自体の難しさは，すべて

第3章 ダイナミック・ケイパビリティの解明　113

模倣の難易度に影響する。本稿で展開するもう1つの要素は，特殊資産の独自な相互整合性である。そのような整合的な結合を達成すれば，模倣の実現は難しくなるだろう。

30　これは，ビジネス・エコシステムが依然として魅力的であると想定している。もしそうでないなら，企業は別のビジネス・エコシステムへの移動か，あるいはビジネス・エコシステム自体の再形成を考えなければならないだろう。いずれにしても非常にチャレンジングな仕事である。

31　本稿で議論しているようにダイナミック・ケイパビリティは，他のいくつかの要素と同様に，確かにこの要素を含む。

32　ウォルマート社とデル社はいずれも，競争優位を維持するような差別化されたビジネスモデルを用いてきた。

第4章 ダイナミック・ケイパビリティ
―― ルーティン 対 企業家的活動
Dynamic Capabilities: Routines versus Entrepreneurial Action
(*Journal of Management Studies*, 2012, 49, 8: 1395-1401)

1. はじめに

　この論文では，ダイナミック・ケイパビリティ・フレームワークにおける経営者個人の役割に焦点を当てる。ダイナミック・ケイパビリティは，オーディナリー・ケイパビリティ（通常能力）とは異なり，組織的ルーティンというよりも，むしろ1人あるいは少数の経営者のスキルや知識に基づくものだろう。

　ここで展開される主張は，大企業であろうと小企業であろうと，財務上，優れた業績を達成し，それを維持するためには，企業家的（経営者）資本主義（entrepreneurial [managerial] capitalism）が必要だということである。企業家的経営者は，既存のルーティンを実行したり，改良したりすることに関連するだけではなく，新しいルーティンを創出することにも関係している。新しいルーティンを生み出す必要もなく，ルーティン（あるいはアルゴリズム）から生まれることもない，独自の（*sui generis*）戦略的行動を通して，企業を変容させたり，ビジネス・エコシステムを形成したりする場合，ダイナミックに競争する企業では，企業家的経営者が決定的に重要な役割を果たすことになる。

2. ダイナミック・ケイパビリティ

　ダイナミック・ケイパビリティとは，急速に変化する事業環境に対応したり，可能ならば環境を形成したりするために，内外の資源やコンピタンスを統合・構築・再配置するような企業能力を決定するより高次のコンピタンスである（Teece, 2007b, 2010b; Teece, Pisano and Shuen, 1990b, 1997）。ダイナミック・ケイパビリティは，定常状態以上の（プラスの）収益（abnormal [positive] returns）を持続的に生み出すために，企業に特有の資源が事業環境の要請や機会に適合するように整えられたり，整え直されたりする速度や程度を決定する。このように，企業内外の資源を1つの方向に調整することは，企業がいつ

どのように他の組織と提携すべきなのかといった決定にも関係することになる。

取引の拡大によって専門化が促進され，競争的な反応が早くなるにつれ，ダイナミック・ケイパビリティの重要性は高まる。垂直的に特化・共特化（cospecialization）されたグローバルなシステムを機能させるためには，企業が顧客価値を生み出すことに協力的な企業群の資産を結合できるような資産の配置能力を発展・維持する必要性が高まる。

ダイナミック・ケイパビリティは，通常，3つの適応活動に分類される。それは，(1)機会の識別と評価（感知：*sensing*），(2)機会を処理し価値獲得のための資源の活用（捕捉：*seizing*），(3)絶え間ない刷新（変容：*transforming*）である。一部の企業は，これらの活動の一部または全部を実施する場合，他の企業よりも優れているかもしれない。しかし，もし企業が市場や技術の変化に耐え続けることになるならば，これらの活動を巧妙に行う必要があるだろう。

ダイナミック・ケイパビリティは"戦略的"なものであり，オーディナリー・ケイパビリティ（通常能力）とは異なるものである。企業は，オーディナリー・ケイパビリティの最上段にダイナミック・ケイパビリティを重ねることによって，競争優位を維持したり拡大したりできる。

企業は，オーディナリー・ケイパビリティを磨くことで，現在の活動を効率的に行うことができるだろう。しかし，ダイナミック・ケイパビリティは良い戦略と結びつけられることによって（Rumelt, 2011），企業は適切な製品を作り，適切な市場に的を絞ることができ，消費者ニーズや将来の技術的機会・競争的機会に対処することができる。ダイナミック・ケイパビリティは，組織（とりわけ，トップマネジメント）が推測したり，その推測を正当と認めたり，拒否したり，資産を必要な形に整え直したりするのに役立つ。

とりわけ，革新的な企業が新市場や新製品カテゴリーを開拓する必要がある場合，その成功のために，強いダイナミック・ケイパビリティが決定的に重要となる。資本主義経済システムと関連した市場創造（共創）プロセスにとって，ダイナミック・ケイパビリティ，特に企業家能力を基礎とするダイナミック・ケイパビリティが重要となる[1]。

3. ルーティン，ケイパビリティ，特異な活動

　オーディナリー・ケイパビリティは，おそらくダイナミック・ケイパビリティよりも，ルーティン化された活動にしっかりと根づいている。ルーティン化された活動とは，繰り返される連続的な活動であり，企業の物事の進め方のアルゴリズムやヒューリスティック（経験則）に根づくものだろう。組織の変容に関連したことも含めて，組織的ルーティンは一定の目的のもとでは，多数の従業員の精神の中で発展し，そこに埋め込まれたものとして有益な研究がなされうる（例えば Miller, Pentland and choi［2012］を参照）。しかし，こうしたルーティン化された活動というものは，それに関係する個人を超えたものである。

　ケイパビリティは，時とともに変化する。しかし，ルーティン化された大部分の活動は，基本的に安定化や惰性に向かう傾向があるので，ペントランドたち（Pentland *et al.*, 2012）のモデルが示唆するように，環境の変化が小さい状況に適している。

　ケイパビリティは，個人のスキルや，企業が使用する特別な機器あるいは設備を基礎としているだけではない。従業員の協働の仕方から生まれる集団学習をも基礎としている。組織の歴史が長く，その規模が大きいほど，ケイパビリティは特定の個人に依存しなくなる。創業者に極端に依存することに伴うリスクは，大抵，5年から10年で消えていくものである。しかし，その時間の長さは業界や事業特性によって異なる。

　これまでの研究では，ケイパビリティの土台やミクロ的基礎を構成する数多くのルーティン化された活動が認識されてきた。例えば，アイゼンハートとマーティン（Eisenhardt and Martin, 2000）は，部門横断的な研究開発チーム，新製品開発ルーティン，品質管理ルーティン，技術移転ルーティンや知識移転ルーティン，そして正確な成果測定システムを，ダイナミック・ケイパビリティの重要な要素とみなしている。

　ウィンター（Winter, 2003）は，投資が必要で，維持されなければならない高次の変革ルーティンに根ざすものとしてダイナミック・ケイパビリティにアプローチしている。彼は，ダイナミック・ケイパビリティをアド・ホック（場

当たり的）な問題解決活動と区別しているが，この二分法はおそらく誤りだろう。

ティース（Teece, 2007b）は，変革ルーティン（例えば，すでに知られている道筋に沿った製品開発）や分析方法（例えば，投資選択）を含めたダイナミック・ケイパビリティのミクロ的基礎（基本的要素）の包括的ポートフォリオを明らかにしている。急速に変化する競争環境においては，企業が属するエコシステムに適合し続ける（そして，ときにはそのエコシステムを変容させる）ために，企業はその活動を絶えず修正し，必要に応じてまったく新しいものにすることが求められる。

事業環境の変化に対応する（あるいは変化を誘発する）には，新たな困難を構造的に解明し，企業の既存の競争優位の上に成り立つ全体的な指針が必要となる（Rumelt［2011］を参照）。こうした試みを成功させるダイナミック・ケイパビリティには，優れた実行とともに，優れた戦略策定が必要となる。創造性に富む経営者や企業家の行動（例えば，新たな市場の創造）は，たとえその選択の手引きとなるような基本方針があったとしても，本質的に戦略的なものであり，ルーティン化されないものである。

言い換えれば，企業レベルのダイナミック・ケイパビリティは，ルーティン化された活動集合以上のものから構成されているのである。プロジェクトがどのように進められるのかということはルーティン化された活動によって明らかになるが，どのようにしてプロジェクトが認識され，優先順位がつけられ，そして選択されるのかということは，ルーティン化された活動によって必ずしも明らかにはならない。例えば，戦略策定や資産のオーケストレーション（補完性を識別し，不足している資産を購入または構築し，そうした資産を1つの方向に揃えること）は，限られた範囲でしかルーティン化できない。多くの戦略的行動や変容には，決して繰り返すことのない活動が必要なのである。

ダイナミック・ケイパビリティの要素の一部は，組織に埋め込まれていることもあるだろう。しかし，（組織内外の）資産の配置に対する変化を見定めたり規定したりするためのケイパビリティは，トップマネジメントの双肩にかかっている[2]。専門的なサービス市場に，企業の再建を専門とするCEOやその他のプロがいることは，偶然ではない。これは，一部の企業が変革ルーティンを構築できなかったということか，あるいはおそらくこうした再建能力が折に

触れて不要なものとして認識されたために組織外部に存在しているということかのいずれかを反映している。組織内部に完全な変革能力を持ち続けることはできない（あるいは，そのためには膨大なコストがかかる）。こうしたテーマに関して，筆者が直接知っている研究はほとんどないため，このようなテーマには明らかに研究の余地がある。

すでに述べたように，変化に対処するために従うべき共通の方針を認識し，それに加えて変革をルーティン化することは不可能ではないとしても，非常に困難なことが多い。企業のダイナミック・ケイパビリティの基礎をなすようなルーティン化された活動であれば，それはその場での即時的な知識創造と結びつけられなければならず，また経営者の注意をこれまでに得た教訓ばかりに向けさせないような包括的なものでなければならない（Eisenhardt and Martin, 2000）。変化の小さい環境においてでさえ，優れた業績を維持するためには，規則や手順を絶えず刷新することが求められる。こうした活動の一部をルーティン化することはしばしば困難であり，活動全体のルーティン化であれば，なおさら困難である。

ここでの主張は，ダイナミック・ケイパビリティを保持するためには，感知，捕捉，そして変容に関連するトップマネジメントの企業家的スキルやリーダーシップ・スキルが必要だということである。言い換えれば，経営者の重要な機能（おそらく最も重要な機能）とは，ルーティン化された活動の再設計を含めて，準連続的に資産のオーケストレーションと刷新を実行することである。内部の利害対立をできるだけ和らげ，企業内外の補完性を可能なかぎり高めるためには，たとえ連続的でないとしても，定期的な資産のオーケストレーション（すなわち，資産の調整，共調整，再調整，再展開）が欠かせないのである。

ダイナミック・ケイパビリティに基づく事業活動に必要な企業家的マネジメントは，他の経営活動とは異なるが，関係はしている。企業家精神は，機会を感知・理解し，物事をはじめ，様々なものをうまく束ねるといった新たな方法を見つけることに関わっている。それは，大抵，相互に特殊化されたまったく異なる要素集合を創造性豊かにコーディネートすることに関係している。企業家的マネジメントは，標準化された分析や最適化とはほとんど関連のないものである。それは，（既存の手続きを維持したり洗練したりすることよりもむしろ，）次の大きな機会や困難を理解し，その対処法を見つけだすことに関わっ

ている。

　企業家精神は，新しいあるいは改良された製品やサービスを提供する新事業をはじめる個人と関係づけられてきた。しかし，ダイナミック・ケイパビリティに必ず含まれる企業家的マネジメント機能は，創業に関わる活動や個々の行為者に限定されるものではない。その機能は，企業家的経営者資本主義という新たなハイブリッドに関連している。

　企業家的経営者資本主義とは，機会を見定めて脅威を明らかにすること，活動の方針や計画に従って資源を方向づけ（したり，方向づけし直したり）すること，そしておそらく技術的機会や競争上の脅威を創造したり，それらに対処したりするために組織構造や組織システムをつくり直すことに関係するものである。アルゴートとレン（Argote and Ren, 2012）は，ホジソン（Hodgson, 2012）が支持しているように，こうした変革能力が，どのような形で組織の既存のトランザクティブメモリー・システム[3]や，おそらくはその他の組織内部の社会的関係にも，ある程度備わっているのかを明らかにしている。

4. 企業史の重要性

　個別企業の歴史を学ぶことは，1つの研究手段である。特に，それはケイパビリティの起源を理解するための手段となる。さらに，より高次のダイナミック・ケイパビリティがルーティン化された活動に根ざすものとみなすことが有用かどうかに関する証拠を検討するための手段でもある。アップル社が，その良い事例である。

　アップル社の前CEOであったスティーブ・ジョブズは，自社の技術者たちに高い功績をあげさせることで有名であった（Kahney, 2008）。ジョブズの存在は，アップル社の成功のカギとみなされてきた。彼が在職していた時期と在職していなかった時期とを比較することができるだろう（ある程度，コントロールされた実験あるいは自然実験を提供する）。アップル社にとっての彼の重要性は，1985年に彼がCEOの職を追われて以降の業績低迷と，1997年に彼が戻ってきた以降の飛躍が示している。彼のリーダーシップのもとで，アップル社は"アップル・コンピュータ"というパソコン企業から，現在のPC業務，モバイル通信，そしてメディア配信を手がける企業に変容し，今ではシンプル

120 第Ⅱ部 ダイナミック・ケイパビリティ論

に"アップル"と呼ばれているのである。

　アップル社のイノベーションにおいては，ジョブズ個人が重要な役割を担っていた。アップル社の製品開発にかかわるインタビュー（Burrows, 2004）で，ジョブズは，それは創造とルーティン化された活動が入り混じったものだと述べた。

　…"システム"は存在しない。それは，われわれがプロセスを持っていないという意味ではない。アップル社は非常に統制された企業であり，優れたプロセスを持っている。だが，それはそういう意味ではない。プロセスは効率性を高める。しかし，イノベーションというものは，新しいアイディアを用いて，あるいはある問題に関して従来の考え方に穴をあける何かを認識し，夜10時30分に偶然に通路で会って話し合ったり，電話で互いに話し合ったりする人々が生み出すものである。今までで最も素晴らしい新たなものを自分が考案したいと考えている人や，自分のアイディアに関して他人の意見を聞きたいと思っている人は，そのときどきにミーティングを開くために6人を招集する。そして，1000の事柄に対して"ノー"ということによって，われわれは明らかに誤った道には進まないようにしたり，あるいはチャレンジしすぎないようにしたりできる。われわれは，参入できそうな新規市場について常に検討しているが，"ノー"ということによって，まさに本当に重要なことに集中できるようになる。

　ジョブズのこの説明は，ここで提示された理論を簡潔に例証している。彼は，アップル社のオーディナリー・ケイパビリティがプロセスの基礎になっているにもかかわらず，その製品開発はその多くがルーティン化された活動であるが，少なくとも一部は"別もの"であると述べているように思われる。"別もの"とは，ルーティン化されない戦略策定や企業家的活動のことであり，一部はかなり場当たり的なものに見えるかもしれない。アップル社の成功の一部は，ジョブズが，市場に対するその深い理解と，製品の使いやすさや魅力的なデザインに対する妥協のない強い要求に基づいて，様々な可能性に優先順位をつけたことから生じたと思われる。このアプローチは，ある程度（組織がスティーブの好みをわかっている程度で）ルーティン化できるが，アップル社とその顧客が，全世界の消費者を引きつける新たな（カテゴリーの）電子製品を考え出

した，創造性溢れる有能な一人のアイデアマンの才覚から恩恵を受けたことは間違いない。

　アップル社の歴史が示唆しているように，特別な才能のある個人に頼ることには，もちろんリスクがある。特に，こうした才能が一連の反復可能な内部のルーティンに移行されていない場合，リスクがある。ジョブズは，そのことを自覚していた。2008年，2回目の療養に入る前に，彼は社内にビジネススクールを設立した。そのスクールでは，アップル・ストアの創設のような過去の画期的な意思決定にどのようにしてたどり着いたのかに関するケースを準備するために（Lashinsky, 2011），学者たちが招かれた。これらのケースを，経営幹部が社内の管理者層に教えることによって，アップル社の高次のルーティンとトップマネジメント・プロセスが現在と将来のリーダーに伝えられているのである。

　個人的な才能や"特質"の一部は，アップル大学のような公式な方法，あるいは実演やコミュニケーションを繰り返すことによって，長い時間を経て，企業文化と組織的ルーティンに埋め込むことができる。例えば，感知ケイパビリティの場合，多くのケースにおいてより望ましいアプローチとは，トップマネジメントに対して必要なフィードバック・チャネルを提供するとともに，精査し解釈するプロセスを組織のいたる所に埋め込むことである。しかし，このようなアプローチは，常に最適なものとはかぎらないだろう。ターナーとフェーン（Turner and Fern, 2012）によると，既定のルーティンは特定の種類の文脈上の変化には適応できるが，それ以外の変化の激しい時期では慣性（inertia）の源泉になってしまうのである。

　もし，感知，創造，解釈，学習といった機能が少数の個人の認知能力に委ねられるならば，どんな企業も危険にさらされるだろう。感知と捕捉を組織に深く埋め込もうと努力した明確な例として，IBM社は，"新たな事業機会"の選択，評価，そして活用をうまくルーティン化し，その結果，数十億ドルの追加的収益を獲得している（O'Reilly, Harreld and Tushman, 2009）。同様に，シスコ社（Cisco）は，買収対象にかかわる選択と統合をルーティン化している（Mayer and Kenney, 2004）。

　IBM社とシスコ社にみられるようなルーティン化された手続きによって，経営陣は確立されたコンピタンスと結びつく狭い探索の地平線を超えるような

視点を得ることができる（Levitt and March, 1988）。企業史は，GM 社，DEC 社，(80年代の) IBM 社も含めて，深く染みついた前提，情報フィルタ，問題解決戦略にとらわれ，深刻な問題に直面した企業の実例で満ちている（Henderson, 1994）。これらの企業の過去から受け継いだルーティン化された活動や前提は，時間の経過とともに不適合なものになる。問題は，(1)こうした企業がその変革を自動化する変革ルーティンを持ちえたのか，あるいは，(2)こうした企業の CEO がその困難さの原因を突き止め，必要な変革を実行するというルーティン化されるはずのない仕事に単に失敗しただけなのか，である。

5. 結 論

オーディナリー・ケイパビリティには，明らかにルーティン化された活動が重要である。一方，ダイナミック・ケイパビリティに関しては，ルーティン化された活動とトップマネジメントによる特有の（ルーティン化されない）活動のそれぞれの役割が，実り豊かで重要な研究領域を提供する。たとえ戦略を策定し，変革を実行することが経営者たちにしばしば求められているとしても，そのやり方は完全にルーティン化された活動にはほとんどみえない。実際，再構築のコンサルタント，改革のコンサルタント，そしていわゆる "変革型CEO" といった業界が存在しているという事実は，少なくともある人々（Eisenhardt and Martin, 2000; Feldman and Pentland, 2003; Zollo and Winter, 2002）が示唆してきた方法でダイナミック・ケイパビリティがすべて企業特殊的なルーティンに還元されうるという見解に問題を投げかける。

個々の経営者の意思決定や企業のダイナミック・ケイパビリティがパターン化されたルーティン活動からもたらされるのかどうか。これを決定するもう１つの要因は，上述の IBM 社の例が示唆するように，企業規模かもしれない。より小さい規模の企業は，潜在的な機会を繰り返して評価するための組織スラックと技術スラックを欠いている可能性がある。

経営者のダイナミック・ケイパビリティについての研究は，難しい。それは，企業の複雑な歴史としばしば結びついているからである。大量のデータセットを利用することによって，経営者のダイナミック・ケイパビリティをある程度さかのぼって明らかにすることもできるが（e.g. Adner and Helfat, 2003），詳

細な定性的研究を通して分析することが最善である（e.g. Danneels, 2011）。このような経験的研究はいまだ初期段階にあり，個々人あるいは少人数の経営者の行動，ダイナミック・ケイパビリティ，そして長期的な企業パフォーマンスとのつながりを深く掘り下げる余地は大きい。ダイナミック・ケイパビリティ研究のパラダイムは，まだ比較的新しい。したがって，アップル社の設立以来の歴史に暗示されているように，ケーススタディに光を当てることは鋭い洞察をもたらすことになるだろう。

注

1　企業家の市場創造や市場の共創は，しばしばイノベーションから生じる利益とその専有可能性を確実なものにするために要求される（Pitelis and Teece, 2009）。インターネットは，このような要求がなされるものを日々無数に生み出し続けている。

2　しかし，ガバナンス構造（例えば，取締役会の構成）は，トップマネジメントの選任において重要な役割を果たし，その監視においても一定の役割を果たすだろう。

3　［訳者注］トランザクティブメモリーとは，1980年代半ばにハーバード大学の社会心理学者であるダニエル・ウェグナー（Daniel M. Wegner）が提唱した組織学習に関する概念。日本語では“交換記憶”“対人交流的記憶”などと翻訳されている。トランザクティブメモリー論では，組織のメンバー全員が同じことを知っているのではなく，組織の中で誰が何を知っているかを把握することの方が重要だと考える。そして，トランザクティブメモリーの高い組織ほど，課題遂行能力が高いといわれている。

第5章 企業パフォーマンスの基礎
―― 企業経済学におけるダイナミック・
　　　ケイパビリティとオーディナリー・ケイパビリティ

The Foundations of Enterprise Performance: Dynamic and Ordinary Capabilities in an (Economic) Theory of Firms
(*The Academy of Management Perspectives*, 2014, Vol. 28, No. 4: 328-352)

1. はじめに

　本論文では，様々なパースペクティブを調整し，統合することによって，将来の研究の助けとなるような形で，ダイナミック・ケイパビリティ・フレームワークを要約してみたい。特に，戦略とケイパビリティを明確に区別し（そして関連づけ）ながら，戦略経営論分野における資源パラダイムとケイパビリティ・パラダイムとを統合する。このような形で，ダイナミック・ケイパビリティという概念を1つにまとめることによって，学者や実務家がそのフレームワークをよりよく理解し，そしてそれを矛盾なく応用するための助けになることを望んでいる。

　ダイナミック・ケイパビリティという概念が導入されて以来，その概念は明確化され拡張されてきた。本論文では，ダイナミック・ケイパビリティに関する文献内の混乱した様相を取り上げるために，明確化され拡張されたそのフレームワークの再提示からはじめる。

　ダイナミック・ケイパビリティ・フレームワークの基本概念の1つは，ケイパビリティである。企業のケイパビリティとは，製品やサービスを製造したり出荷したりするために，企業の生産資源を利用する現在の一連の活動あるいは潜在的な一連の活動のことである。このケイパビリティには，2つの重要な種類がある。すなわち，オーディナリー・ケイパビリティとダイナミック・ケイパビリティである。オーディナリー・ケイパビリティとは，仕事を達成する上で（技能的に）必要な管理的，業務的，さらにはガバナンス関連的な諸機能のパフォーマンスに関係するものである。ダイナミック・ケイパビリティとは，企業の通常の活動をより高い利得を得る取り組みへと導くより高次の活動に関係するものである。このケイパビリティは，急速に変化するビジネス環境に対

処したり，環境を形づくるために，企業の資源をマネジメントしたり，［訳者注：指揮者のように］"オーケストレーション"したりすることを求めるものである。

ダイナミック・ケイパビリティ・フレームワークは，野心的なアジェンダを念頭に置いて生み出された。すなわち，それは，学者や実務家が企業レベルの競争優位やそれに関連した企業の価値創造やそれを維持するための基礎を理解するのに役立つ一般的フレームワークを提供するためのものである。そこで想定されている環境とは，しばしばグローバルな範囲でイノベーションが志向される競争の激しいビジネス環境であった。企業活動の焦点はシフトしてきたかもしれないが，何十年も持ちこたえてきた一握りの企業によって示された持続可能な競争優位の基礎とは，仮説的にいえば，模倣困難な資源を基礎とする強いダイナミック・ケイパビリティと良い戦略にあるということ，これである。

問われるべき根本的な問い——おそらく戦略経営論における最も根本的な問い——とは，"企業が生み出す将来キャッシュフローの固有の源泉とは何か"である。長期的なキャッシュフロー生成の基礎や固有の源泉を解き明かすことは，深層の部分において経済理論および金融理論における最も難しい問題の1つである。その重要性にもかかわらず，その問題は戦略経営論分野以外では，ほとんど注意が払われていない。金融理論も経済理論も，キャッシュフローが企業価値評価法の試金石であるにもかかわらず，キャッシュフロー生成の基礎を説明しようとはしない。その問題が基本的なレベルで扱われることはめったにない。というのも，その問題が重要でないからではなく，一般的なレベルで答えることが極めて難しいからである。それは，企業の（長期的）競争優位の基礎を説明することと同じだからである。

戦略経営論分野は，競争優位の根本的な源泉を明らかにしようとする挑戦と勇敢な試みを受け入れてきた。特に，"資源"アプローチおよび"ダイナミック・ケイパビリティ"アプローチは，その問題に取り組み，主流の経営学や経営実務に重要な影響を与えてきた。また，ペトラフ，ディ・ステファノ，そしてベローナ（Peteraf, Di Stefano and Verona, 2013）によって計量書誌学的[1]（bibliometrically）に示されたように，ダイナミック・ケイパビリティという表題のもとに生み出されてきた相当数の論文は，異なる仮定とパースペクティブのもとに，少なくとも2つの異なる流れに分かれてきた。本論文の目的の1

つは，ストラテジック・マネジメント・ジャーナルに掲載されたペトラフたちの論文やそれに続く彼女たちの論文（Di Stefano, Peteraf and Verona, 2014）で，彼女たちによって展開された諸問題に対処することである。本論文のもう1つの目的は，ダイナミック・ケイパビリティと戦略が，企業レベルの競争優位性を構築するために，どのような形で共に機能するのかをより明確に説明することである。

　本論文は，ダイナミック・ケイパビリティ・フレームワークのいくつかのバージョンが，どのように元々の表現やその後の改良点を（おそらく不注意により）見落としているのかをレビューすることからはじめる。改良点には，オーディナリー・ケイパビリティとダイナミック・ケイパビリティを区別することや，ルーティンではない経営者行動をダイナミック・ケイパビリティの一種とみなすことが含まれている。本論文の最後から2つめのセクションでは，ダイナミック・ケイパビリティ・フレームワークと主流派やオーストリー学派の経済理論とを比較する。これらの改良点とより明確化された区別によって，様々な種類の論文を調和させることがかなり容易になる。結論となるセクションでは，主要なポイントを要約する。

2. ダイナミック・ケイパビリティ・フレームワーク：更新と要約[2]

　ダイナミック・ケイパビリティ・フレームワークの性質に関する現在の私の考えを要約することから，議論をはじめたい。そのフレームワークは，ダヴェニ（D'Aveni, 1994）がハイパー・コンペティションと呼んだものによって特徴づけられる"エコシステム"の増加，あるいは私がダイナミック・コンペティションや"次世代の競争（Teece, 2012a）"と呼ぶものに最も関連している[3]。ダイナミック・ケイパビリティ・フレームワークをめぐる議論は，戦略経営論や経済学における他のコンセプトとの結びつきをより明確にする形で深められてきた。どのようにオーディナリー・ケイパビリティとダイナミック・ケイパビリティという用語が使用されるのかをより注意深く述べた後で，企業活動を分析するレンズとしてそのフレームワークの妥当性をめぐる議論にもどりたい。

第5章　企業パフォーマンスの基礎　　127

　ケイパビリティは，オーディナリーであろうとダイナミックであろうと，望ましい結果を生み出すために，環境に合うように利用される。それは，組織の意図，モチベーション，あるいは戦略とはまったく異なるものである。ケイパビリティを生産関数内にまとめてしまうことは適切ではない。なぜなら，ケイパビリティは，その組織が達成できるものであって，いま生産しているものではないからである。ケイパビリティは，学習，組織資源，および組織の歴史から，ある程度，生まれてくるものである。それは，特定の目的や特定の製品に関係するものではない。例えば，小さくコンパクトな内燃機関によって動力を得るような機械を作るケイパビリティは，自動車，アウトボード（ボート）のモーター，またはトラクターや芝刈り機を製造する過程で，その存在が明らかになるものである。

　ダイナミック・ケイパビリティは，他の組織活動に影響を与える。かなり需要のある新規の市場あるいは既存の市場に対応する差別化された製品やサービスを開発したり，生産したりすることによって，ダイナミック・ケイパビリティは企業に莫大な収益をもたらすことになる。絶えず移り変わる事業環境の中でも，企業は，リーダーシップを維持するために，ダイナミック・ケイパビリティによって内部と外部の資源を統合し，形成し，そして再配置することができる。強いダイナミック・ケイパビリティによって，企業はある種の製品の中でもベストなものを生産できるだけでなく，買い手に提供される価値や株主その他のステークホルダーのために生み出されるリターンに関しても，ユニークで例外的なものを生産することができる。

　しかし，強いダイナミック・ケイパビリティだけでは，競争優位は生まれにくい。模倣困難な（特異な：idiosyncratic）資源と良い戦略も必要となる。したがって，それらと結びつけられた企業のダイナミック・ケイパビリティの強さが，企業の特異な資源を企業戦略に対応させて編成したり再編成したりするスピードと程度を決定することになる。

　ダイナミック・ケイパビリティは，より高次のケイパビリティとも呼ばれてきた。これは，おそらくコリスの論文（Collis, 1994）から生まれたフレーズである。コリスは，微分学の高次の導関数というアイデアを応用した。コリスの分類によれば，競争優位は学習の仕方を学ぶことに関連するものであり，その学習の仕方をどのように学習するのかについて学ぶこと，そしてさらにそれを

学ぶことを得意とするライバルによって，徐々に競争優位性が弱まる可能性があるとする。そのプロセスは，どのレベルのケイパビリティも永続的な優位性を提供できないような，より高次のケイパビリティを求めることによって無限後退に導かれることになる。ゾロとウィンター（Zollo and Winter, 2002）は，主に1次のケイパビリティと2次のケイパビリティに焦点を当てたが，早い変化と予測不可能な文脈の中で，"高次の学習アプローチでさえ，それ自身スピーディーな更新が必要とされる"（Zollo and Winter, 2002: 341）と述べた。それは，ある種の無限後退を意味している。このような見方は，まさにダイナミック・ケイパビリティのルーティン依存的な見方から生まれるものである。この見方から，学習の学習や無限後退についての関心が生まれてくる。コリス（Collis, 1994）は，あるレベルの高次のケイパビリティの重要性が，競争上の文脈，例えばいくつかの産業ではより速くより柔軟に学習し変化することが要求されるというような状況に依存すると提言して，無限後退の問題を軽減した。私が後で議論するように，ルーティンではない経営者行動という考えを導入すれば（Teece, 2012b），無限後退の可能性は大いに減少することになるだろう。

　私は，ここで1次と2次という概念について，より綿密な研究にもどる。私は，それらをオーディナリー・ケイパビリティとダイナミック・ケイパビリティと呼ぶことを好んでいる。これらを，より広いダイナミック・ケイパビリティ・フレームワークの文脈に置き，その中心的主張すなわち（一部の）組織は事業環境の変化に適合できるという主張について議論する。実際には，ダイナミック・ケイパビリティは，ときに環境の形成に役立つこともあるだろう。

2.1　オーディナリー・ケイパビリティ

　ダイナミック・ケイパビリティは，オーディナリー・ケイパビリティと比較することによって明確に理解することができる。オーディナリー・ケイパビリティは，静態的（Collis, 1994），ゼロ・レベル（Winter, 2003），1次（Danneels, 2002），および実体的（Zahra, Sapienza and Davidsson, 2006）とも呼ばれてきた。イースタビー－スミスとプリート（Easterby-Smith and Prieto, 2008），そしてシルケ（Schilke, 2014）では，ゼロ次，1次，2次という分類が用いられている。比較的共通した使用法として，オーディナリーと1次は同一視されているように思える。

私は，単純にオーディナリー・ケイパビリティとダイナミック・ケイパビリティという区別を好んでいる。新しいダイナミック・ケイパビリティを構築する能力は，単にその企業のダイナミック・ケイパビリティの束の一部である。私見だが，より粗い分類から得られるものはほとんどない。

オーディナリー・ケイパビリティは，明確に規定された仕事において，ある程度，十分な（そして，おそらく卓越した）成果を可能にする。そのケイパビリティは，一般に管理，オペレーション，そしてガバナンスの３つのカテゴリーに分けられる[4]。オーディナリー・ケイパビリティは，(1)ある環境下における独立した契約者を含む熟練した人材，(2)設備や機器，(3)あらゆるサポート技術マニュアルも含むプロセスとルーティン，そして(4)仕事に必要な管理上の調整，これらの組み合わせの中に埋め込まれているのである。

オーディナリー・ケイパビリティは，労働生産性，在庫回転率，そして完成までの時間のように，特定の作業要件に関して測定でき，それゆえ業界内外でベスト・プラクティスとしてベンチマーク化されうる。業務におけるベスト・プラクティスとは，スピード，品質，そして効率性を増大させることである。マネジメントにおけるベスト・プラクティスには，"パフォーマンスに関わる情報を継続して収集し分析すること，魅力ある仕事を設定し，短期・長期の目標とリンクさせること，そしてパフォーマンスの高い者を称え，パフォーマンスの低い者を再教育したり解雇したりすること"（Bloom, *et al*., 2012: 13）が含まれる。企業がベスト・プラクティスを達成しており，従業員のベースに適切な熟練した人々や高度な設備が関係しているとき，オーディナリー・ケイパビリティは強いとみなされる。

しかしながら，一般に，緩やかな競争環境を除き，ベスト・プラクティスだけでは持続可能な競争優位を強化するのに十分ではない。これは，オーディナリー・ケイパビリティの背後にある多くの知識がコンサルタントからもたらされたり，わずかなトレーニングへの投資を通してもたらされたりする可能性のあるものだからである（Bloom *et al*., 2013）。それゆえ，企業がベンチマーク・データを利用したり，競合する標準量産品の技術を利用したり，そしてベスト・プラクティスのトレーニングを利用したりできるようなグローバル競争にさらされる環境では，優れたしかも"ベストな"プラクティスでさえも，少なくとも一部の企業間にかなり早く拡散することになる。さらに，経営コンサル

ティング業界は，クライアントに最新のベスト・プラクティス——それは通常専売品ではない——を紹介し，その結果，先進的な企業からその企業のライバルや他の産業内の企業へと組織に関するイノベーションが徐々に普及していくことになる。このような普及パターンが観察される例とは，20世紀半ばに大企業が採用した事業部制（M型）組織構造である[5]。

　グローバルな競争産業では，ベスト・プラクティスはいまや普遍的なものに近い。ゼネラル・モーターズ社の前副会長であるボブ・ラッツ（Bob Lutz, 2011）は，自動車産業に関して，以下のように，この点を説明している。

　自動車ビジネスのオペレーション部分は，何十年もの間に完全に最適化され，ある自動車メーカーと別のメーカーの間にはあまり大差はなく，反復性のあるプロセスに焦点をあてることによって管理が可能である。それは，自動車ビジネスの"強固"な部分であり，創造性やビジョンあるいは想像力といったものをほとんど必要としない。また，ほとんどすべての自動車会社はこれを非常にうまく行っており，調達，製造，そして卸売における"熱心な試み"によって得られる競争優位はほとんどあるいはまったく存在しない。

　より重要なことは，強くまた差別化すらされたオーディナリー・ケイパビリティが，現在の生産スケジュールが将来にわたって正しいかどうかについて（あるいは有益かどうかについてさえ）何も語らないということである。企業のアウトプットが市場からの要求に対応できているときには，強いオーディナリー・ケイパビリティは，市場環境が変化しなければ，十分，競争優位になるかもしれない。

　その一方，絶え間ない一途な効率性の追求は，組織に強力な膜を張ることになるので，ベスト・プラクティスは変化を引き起こす能力を排除するような罠に陥る可能性がある。もし組織が実施すべき仕事に固定され続けるならば，効率性を達成することは最も容易なことである。それゆえ，ベスト・プラクティスを達成するための努力によって，しばしば不注意にも慣性が組み込まれることになる。さらに，ベスト・プラクティスや高い生産性を維持するという認知された必要性が，変化を引き起こすことからトップマネジメントの気をそらす可能性もある。

要するに，オーディナリー・ケイパビリティは，オペレーション，管理，そしてガバナンスといった主なビジネス機能において技能的（technical）効率性を達成することや"ものごとを正しく行うもの"とみなすのが最も適当だろう。かなりのバラツキがあったとしても，比較的高いレベルの（基本的）オーディナリー・ケイパビリティは，グローバルな競争にさらされている産業内の企業や先進国のほとんどの企業に存在している。そのようなケイパビリティは，しばしば高度にパブリック・ドメイン（公共領域）的な要素を持ち，そうでなくても容易に模倣ができ，それゆえ一般的に獲得されるものである。

私は，オーディナリー・ケイパビリティの重要性を否定するつもりはない。それは，しばしば根本的なものであり，10年に及ぶ長期間にわたって競争優位を支えることができるものである。実際，発展途上国では，既存のテクノロジーと習慣をマスターする方が，イノベーションよりも重要かもしれない。しかし，政府による競争上の障壁やその他の制度的，文化的な競争上の障壁のために競争自体が弱まっているのでなければ，オーディナリー・ケイパビリティだけで長期的成功がもたらされることはないだろう。

オーディナリー・ケイパビリティはものごとを正しく行うことを意味するのに対して，ダイナミック・ケイパビリティは正しいことを正しいタイミングで行うことを意味する。ダイナミック・ケイパビリティは，新製品（やプロセス）開発，独特な経営者のオーケストレーション・プロセス，変化を志向する強力な組織文化，そしてビジネス環境と技術的機会の予見的な評価にもとづくものである[6]。**図表5・1**には，本論文を通して展開し整理されるオーディナリー・ケイパビリティとダイナミック・ケイパビリティの基本的な特徴が示されている。

さらに，簡略化しすぎる危険を承知の上でいえば，オーディナリー・ケイパビリティの中心は効率性であり，ダイナミック・ケイパビリティは，適合，オーケストレーション，そしてイノベーションに関連している。強いダイナミック・ケイパビリティは，企業が広範囲な社会的目的のみならず市場開発や技術開発とも適合することを可能にする[7]。

故スティーブ・ジョブズは，激しい競争と対峙するときに，お金を正しいことに使うことの重要性（すなわち有効性）に関して，強烈な言葉を残している（Kirkpatrick, 1998）。

"イノベーションは，あなた方がどれだけ多く研究開発費を持っているかとは関係がない。アップル社が Mac を考案したとき，IBM 社は研究開発費に少なくとも100倍以上を費やしていた。それをあなた方がどのくらいわかっているのか…が問題だ"。

ジョブズの言葉は洞察力に富んでいるが，不可解でもある。ダイナミック・ケイパビリティ・フレームワークはこの謎を解明し，ジョブズが"わかっている（get it）"という言葉で意味したものは何かを説明しようとする。そのためには，企業が潜在的な顧客ニーズや最も期待できる技術的機会を識別し，イノベーションや共イノベーションのために必要となる資源をオーケストレーションする有効なプロセスや経営者の能力や特性を確認するために，組織的な"適合"や財務諸表の視点から見た企業の強み以上のものを観る必要がある。要するに，企業と経営者がどうやって"わかる"のかを理解するためには，ダイナミック・ケイパビリティの探究が必要なのである。

■図表5・1 ＞ オーディナリー・ケイパビリティと
ダイナミック・ケイパビリティの相違点

	オーディナリー・ケイパビリティ	ダイナミック・ケイパビリティ
目的	ビジネス機能における技能的効率性	顧客ニーズとの一致および技術的機会やビジネス機会との一致の達成
獲得方法	買う，あるいは構築する（学習する）	構築する（学習する）
3つの構成要素	オペレーション，管理，ガバナンス	感知，捕捉，変容
重要なルーティン	ベスト・プラクティス	署名つきのプロセス
経営上の重点	コストコントロール	企業家的な資産オーケストレーションとリーダーシップ
優先事項	ものごとを正しく行う	正しいことを行う
模倣可能性	比較的模倣できる	模倣できない
結果	技能適合力（効率性）	進化適合力（イノベーション）

2.2 ダイナミック・ケイパビリティ

　市場において，そしてより広いビジネス環境において革新を起こしたり，変化に対応したりする（あるいは変化をもたらしたりする）ために，強いダイナミック・ケイパビリティが必要とされるとき，ダイナミック・ケイパビリティは資源や資産を再配置しながら，企業が境界内そして境界を超えて存在する資源や資産を有利に形成したり，補充したりするのに役立つ（Pisano and Teece, 2007; Teece, Pisano and Shuen, 1997）。強いダイナミック・ケイパビリティによって，企業とそのトップマネジメントは，消費者の好み，ビジネス上の問題，そして技術発展の進化について推測を展開でき――その推測の正しさを確かめたり，それを微調整したりできる――，それから，継続的なイノベーションや継続的な変化を可能にするための資産や活動を再編成することによって，その推測に基づいて行動できるようになる。首尾よく強いダイナミック・ケイパビリティを構築した企業が戦いを挑むことができるのは，いま自社が所有している資源に溺れ，顧客ニーズの変化を無視し（またはそれを知らず），現状を大事にし，企業家たちに権限を与えることに失敗し，エージェントを変えることに失敗し，そしてイノベーションよりも効率性を優先するような競争相手である。

　応用するためには，ダイナミック・ケイパビリティを3つの主要な種類に分類することが有用である。(1)識別，開発，共同開発，そして顧客ニーズに関係する技術的な機会の評価（感知：センシング），(2)ニーズと機会を引き合わせ，価値を引き出すための資源の動員（捕捉：シージング），そして(3)絶え間ない刷新（変容：トランスフォーミング）である。もし企業が，顧客，競争相手，そして技術変化に従って自らを維持しなければならないならば，継続的あるいは半連続的に感知し，捕捉し，そして変容することに取り組むことが重要となる（Teece, 2007b）。

　ダイナミック・ケイパビリティの絶えざるリニューアルの側面は，野中(1994)の知のスパイラルの側面とは異なっている。野中の知識創造理論では，個人の暗黙知が共有され（共同化），その後に形式知化され（表出化），そして新しい形式知と他の形式知が統合される（連結化）。これが，次に新しい暗黙知を創造する学習プロセスの一部として，新たな知識を生み出すことになる

（内面化）。そして，知のスパイラルにおいて同じことが続く。

　ダイナミック・ケイパビリティは，部分的には個々の経営者とトップマネジメント・チームの中に存在する。これは，早くからアドナーとヘルファット（Adner and Helfat, 2003）によって認識されていた。そして，ある重要な段階で，主な発展や傾向を認識し，その後，その反応の輪郭を描き，企業を進むべき方向へと誘導し，導くようなCEOとトップマネジメント・チームの能力は，企業のダイナミック・ケイパビリティの中でも，最も突出したケイパビリティかもしれない。しかし，新しいビジネスモデルや他の変化に即応するための組織の価値観，文化，そして集団的能力は，企業のダイナミック・ケイパビリティの強さあるいは弱さにとって重要である。バートレットとゴシャール（Bartlett and Ghoshal, 2002: 14）は，次のように表現している。"主要な世界の競争相手は，そのオペレーションやその国際的な市場ポジションの規模では同等レベルに達しているため，知識を結合させ活用する能力は，ますます勝者を敗者や生存者から区別する要因となっている"。その理由は，知識とケイパビリティが希少だからということだけではない。それらは，しばしば模倣が難しいのである。知識やケイパビリティは購入できることもあるが，一般的には構築されるべきものである。機敏なオーケストレーションは，ほとんどの経営陣が持ち合わせていない企業家的なケイパビリティを必要としている。

　経営的意思決定は，ケイパビリティを作り出し，形作ることを助け，それらをどうやって効果的に配置するかを決定する（Dosi, Faillo and Marengo, 2008）。このダイナミック・ケイパビリティのコアとなる"資産オーケストレーション"（Teece, 2007b）のケイパビリティは（Teece, Pisano and Shuen, 1997），3つの組織プロセス集合を強化する（Teece, 2007b）。(1)調整・統合，(2)学習，そして(3)再構成である[8]。調整と統合の過程は，新製品開発のように，企業家的な方法で様々な資源を結合することに関係する。学習は，実践と実験の結果であり，仕事をより効果的に進めることを可能にする。再構成または変革は，既存の資源を再結合および修正することに関係する。

　プロセス［処理］は，ダイナミック・ケイパビリティの一要素であるが，良き経営者たちはルーティンがもつベネフィット（または制約）とは無関係に，創造的に考え，企業家的に活動できる。トップマネジメントのプロセスがルーティン化されるかぎり，彼らは"署名つきのプロセス（signature processes）"

を主に行う可能性が高い（Gratton and Ghoshal, 2005）。署名つきのプロセスというものは，それ以前の経営活動，一定の撤回できない投資，そして特定の状況を学習することに関係する企業の遺産から生じるものである。企業に固有の根深いルーツのために，それらはその歴史を共有しない他の企業，歴史を共有できない他の企業，そして異なる企業文化を持つ他の企業によって，容易に模倣されることはない。さらに，署名つきのプロセスあるいはビジネスモデルの複製可能性は，しばしば，特に対外的にリップマンとルメルト（Lippman and Rumelt, 1982）が"不確かな模倣可能性"と呼ぶものによって混同させられる。これは，基本的知識に対する暗黙的要素の多さのために，かなりの期間，署名つきのプロセスは効果的に保たれる可能性があるということである。その結果，署名つきのプロセス自体は永続的な競争優位をサポートする資源となるので，バーニー（Barney, 1991）が定義した重要な基準，すなわち価値があり，希少であり，模倣が困難で，代替できない（VRIN）という基準を満たすことができるだろう。それゆえ，署名つきのプロセス（そして，署名つきのビジネスモデル）は，少なくともしばらくの間，異質性の重要な源泉になるだろう（Jacobides and Winter, 2012）。

　署名つきのプロセスおよび一定の他のVRIN資源が，企業遺産の産物でありかつ過去の経営者の意思決定の産物であるという事実の結果として，ダイナミック・ケイパビリティは形成される傾向があり，その模倣は難しく，一般にそれは購入できない。アップル社で長くエグゼクティブを務めている現CEOのティム・クック（Tim Cook）は，2013年2月に，ハードウェア，ソフトウェア，そしてサービスをめぐる企業統合に関して，次のように述べた。"アップル社は，これら3つのすべての領域において革新を起こし，魔法を生み出す力を持っている。これは，皆さんが小切手を切るようなものではない。これは，皆さんが数十年にわたって築いていくものなのです"（AFP, 2013）。クックの声明は，3つのすべての領域における革新の間の相互依存性も暗示しているのである。

　長い時間が経つと，署名つきのプロセスでさえ他者に模倣可能なものとなる。このような変容は，トヨタ社の効率的生産モデルで起こった。そのモデルは，製品デザインから顧客関係までの全バリュー・チェーンに関係し，タイトに統合されたプロセス集合である（Womack, Jones and Roos, 1990）。"トヨタ生産

システム”は，数多く継続的に模倣が試みられたにもかかわらず，何十年にも
わたってトヨタ社に競争優位の源泉を提供した。しかし，結果的に，それは他
の会社と産業に拡散した。同じことが，新薬の開発でも起こりうる。そこでは，
重要な目標は規制当局の承認を得ることである。現在，多くの大手製薬企業が，
承認プロセスをマネジメントするために，非常に発達した独自のシステムを
持っている。しかし，やがてそのようなシステムは，ビジネス・サービス・プ
ロバイダーによって規格化され，獲得できるようになる可能性がある。これが
起こると，製薬業界における高次のケイパビリティであったものが低次のオー
ディナリー・ケイパビリティに降格することになる。これは，強いダイナミッ
ク・ケイパビリティが署名つきのプロセスさえも改善（または改革）し，継続
的あるいは少なくとも半継続的に改善する能力を持つことを要求する理由なの
である。

2.3 ケイパビリティ・フレームワークの基本論理

ダイナミック・ケイパビリティは，単独では機能しない。それは，競争優位
をもたらすように効果的な戦略と結びつけられなければならない。ケイパビリ
ティ・フレームワークの基本的な論理は，**図表5・2**に示されている。

図表5・2 ダイナミック・ケイパビリティ・フレームワークの論理構造

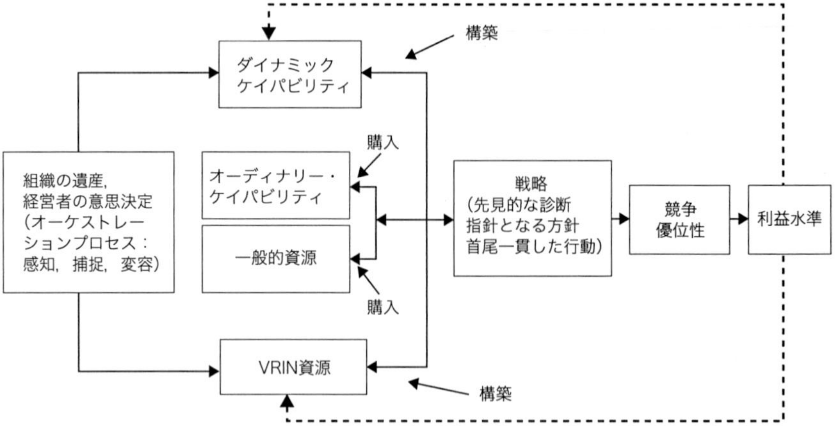

出所：Teece（2014a）

図の中で，組織ケイパビリティが企業パフォーマンスを決定づける。そのケイパビリティは，VRIN資源によって形成され強化される。また，強いダイナミック・ケイパビリティは，強いパフォーマンスをもたらすために，良い戦略と統合されなければならない。要するに，強いダイナミック・ケイパビリティ，VRIN資源，そして良い戦略が共存すること，これが長期にわたる企業の財務的成功にとって必要十分条件なのである。

　強いオーディナリー・ケイパビリティ（オペレーション，管理，そしてガバナンス）は，企業によってアクセスされなければならないが，それを企業自身が所有する必要性は必ずしもない。大量のオーディナリー・ケイパビリティを管理することは，ダイナミック・ケイパビリティを徐々に蝕む可能性がある。いわば，オーディナリー・ケイパビリティは，長期的な財務的成功にとって十分ではなく，必要ですらないかもしれない。

　より弱いケイパビリティを持つ企業は，強いケイパビリティを持つ企業と異なる戦略を必要とする。例えば，変化に抵抗するような文化を持つ企業では，戦略を遂行するために必要とされる新たなケイパビリティは，社内で開発されるよりもむしろ外部から購入する必要があるかもしれないし，結果として取得したものと現存するユニットとの衝突を最小化する方法で，別々にマネジメントする必要があるかもしれない。

　最終的に，優れたパフォーマンスは良い戦略と結びつき，感知し，捕捉し，そして変容する強いダイナミック・ケイパビリティを必要とする。その流れを強調することは重要である。ダイナミック・ケイパビリティの有効性は，悪い戦略によって損なわれる可能性がある。ビジネス環境において多様性と変化の割合が大きいほど，また（関係性を含む）無形資産の重要性が高いほど，良い戦略と強いダイナミック・ケイパビリティは，企業成長および財務的パフォーマンスにとって重要になる。

　ダイナミック・ケイパビリティ・フレームワークにおいては，たとえ基本概念がそうでないとしても，記述される現象はまさに流動的なものである。定数というものはほとんどない。経営学は物理学ではない。したがって，実証主義的な方法論的プログラム（素朴な実証からポパー派の反証に及ぶ）の目的を経営学研究において達成することは不可能ではないが，困難である。演繹論理は，より有用なアプローチである。"アプリシエティブな（Appreciative）"（質的

な観察ベースの）理論化が，おそらく選択の方法論を特徴づける最も良い方法である（Nelson and Winter, 1982）。

　理論家にとって，ダイナミック・ケイパビリティ・フレームワークは，そのフレームワークや，おそらく企業による価値創造と価値専有の理論を開発するために，内省に基づく演繹的論拠と観察に基づく帰納的論拠を必要としている。明らかに，経験的に実証も反証もされずに受容されている多くの理論がある（例えば，進化と自然淘汰）（Rosen, 1997）。ハイエク（Hayek, 1989）が思い浮かぶように，実際には経験的に測定できず，あるいは科学的に"証明"できない非常に重要な多くの経済学的な概念がある[9]。

　学者の中には（例えば，Arend and Bromiley, 2009），ダイナミック・ケイパビリティ・フレームワークが同語反復であると信じているものもいる。**図表5・2**の議論から明らかなように，これは正しくない。長期的な成長性と収益性は，強いダイナミック・ケイパビリティの存在を必要とするが，その逆は正しくない。もしダイナミック・ケイパビリティが，貧相で誤った判断にもとづく悪い戦略と結びつくならば，強いダイナミック・ケイパビリティは無価値なものになりうるし，その逆もまた同様である。

　ダイナミック・ケイパビリティ・フレームワークをサポートする経験的研究も出現してきている。これらは，しばしば徹底したケーススタディ・アプローチ（例えば，Danneels, 2011; Tripsas and Gavetti, 2000）だが，いくつかの研究（例えば，Adner and Helfat, 2003）は大量のデータセットを用いて経験との対応を見出している。最近の例では，バードレット，ラヴァロ，そしてティース（Bardolet, Lovallo and Teece, 2014）は，ビジネスを横断する資金の再配分をダイナミック・ケイパビリティとみなし，財務的パフォーマンスへの影響を証明した。

　ダイナミック・ケイパビリティは，多様な分析レベルで経験的テストの対象となっている。例えば，シルキー（Schilke, 2014）は，提携による学習と2次的なケイパビリティが提携によるマネジメント・ケイパビリティと提携によるパフォーマンスの両方をつくりあげることを示し，これによってダイナミック・ケイパビリティがどのように構築され，維持されるのかについて有益な証拠を提供している。また，この問題に関連して，クラインバウムとスチュアート（Kleinbaum and Stuart, 2014）は，組織内の人間相互間のネットワークを

第5章　企業パフォーマンスの基礎 139

深く掘り下げている。というのも，それが構造変化に対する人的ネットワークの反応を決定するからである。

2.4　慣性，変容，そして学習

ダイナミック・ケイパビリティは，満たされていない需要を認識し，それを満たすことによって利益を得るという形で資源を結集する標準的な企業家活動に関係している。しかし，ダイナミック・ケイパビリティの重要な価値とは，組織がこれを繰り返し行うことを手助けし，これによって持続的な競争優位を作り出すことを助ける潜在力にある。

ダイナミック・ケイパビリティの"変容（transforming）"という側面は，ラディカルな新しい機会が取り扱われるとき，最も明白に必要とされるものである。しかも，時間とともに，資産の蓄積，業務手続の標準化，社内の人々による一連のレントの誤った専有化からもたらされる硬直化を和らげるために，変容ケイパビリティが定期的に行使されなければならない。企業の資産は，そのエコシステムに相対しながら戦略的に編成され保持されなければならない。外部との補完を好むような方向へと市場環境がシフトするときに価値の喪失を限定するように，進化的な適合を達成するために，様々な補完性を絶えずマネジメントする（必要であれば，再構成する）必要がある。企業のダイナミック・ケイパビリティの強さは，企業戦略と一致し，ビジネス環境によってもたらされる機会と要件の変化に一致するように，企業資源が配列される程度とスピードを決定する。変容や資産の再構成は，トップマネジメント・チームの誘導能力に大幅に依存する。それは，様々な分野の活動に着手し，異なる精神状態を受け入れるように，他人を説得する能力である（Helfat and Peteraf, 2014）。

組織は潜在的に適応できるという考えは，ある文献に深く根ざしている。マーチとサイモン（March and Simon, 1958）は，原理的に組織は新たなプログラムを実現し，後でそれを修正するようなプロセスをデザインできると思っていた。実際に，カーネギー学派は，いつも適応を認識していた。そのことは，ゆっくりではあるが，変化が起きることを意味している（Cyert and March, 1963）。

企業が強いダイナミック・ケイパビリティを保有しているときに考察される

潜在的な変革は，組織変革研究の"適応"学派において最適とみなされる"戦略的適合"という狭い概念を超えるものである。その学派は，環境を外生的なものとみなす。ティース（Teece, 2007b）とサルモン，ヒット，そしてアイルランド（Sirmon, Hitt and Ireland, 2007）は，さらに広く(1)企業の内部プロセス，(2)パートナー，(3)顧客，そして(4)ビジネス環境を含むものとして"適合"を強調した。4つすべてと厳密な"適合"を達成するためには，強いダイナミック・ケイパビリティが必要となる可能性が高い。

　ダイナミック・ケイパビリティ・アプローチからの経営上のメッセージは，実質的には，"組織エコロジー"学派の研究から派生するかなり厳しい経営上のメッセージ（例えば，Hannan and Freeman, 1977）と対立する。組織エコロジー学者たちは，次のように考える。ビジネス環境が変わるときに，現在の組織は，ミクロ政治社会学的な慣習，"交渉"，および／または企業内の関係的契約のため，抵抗できない慣性に直面する，その結果，変更された環境により適した組織に取って代わられることになるということである。組織的な慣性に関する証拠はあるが，ダイナミック・ケイパビリティ・フレームワークでは，経営者が，ある程度，進化的な諸力に打ち勝つことができる（すなわち"マネジメントする"）と考える（O'Reilly and Tushman, 2008）。数多くの大企業（GE社，IBM社，ノキア社，ネットフリックス社，アップル社など）の一連の歴史の中で生じた変化は，これが実践的に正しいことを示唆している。しかしながら，これがどのように，そしてこれがいつ達成されうるのか，そしてその方法やそうするコストについて，もっと明確にするために，さらに研究が必要である。

　事実，企業による漸次的な変化は，比較的一般的なことである[10]。さらに，急進的な変化も可能だが，それには組織的な変異を必要とする。そのような変異は，企業家的リーダーや企業家的経営者によって設計され，導かれなければならない。

　経路依存性は，すべての企業の将来の行動に制約を与えるが，いくつかの企業にとっては，過去の遺産もまた将来の成長のための基礎と支柱を提供するものとなる。シリコンバレーの現代的な言い回しでは，企業はそのエコシステムで変曲点が現れたとき，またはその戦略および／またはビジネスモデルが機能していないと気づいたとき，企業は"旋回"しなければならないのである（そし

て，いくつかの企業はそうする）。もちろん，それは既存の企業よりも新興企業の方が容易である。そして，階層が少なく強力なリーダーがいるシリコンバレータイプの企業にとっては，さらに容易なことかもしれない（Teece, 1992）。実際，いわゆる"リーン・スタートアップ（lean startup）"の方法とは，勝てる組み合わせを発見し，それが定まるまでは，急速で継続的な変化をもたらすことだけなのである（Ries, 2011）。反カニバリゼーション（共食い）の本能と自己保身的な利害（entrenched interests）は，しばしば現在の企業の邪魔になり，ダイナミック・ケイパビリティを徐々に蝕むものである。言い換えれば，企業は，外部のビジネス環境におけるプロセスと同様，内部プロセスによって引き起こされるプレッシャーと緊張にも対処しなければならないのである（Greiner, 1998）。

　組織の硬直化は，まさに投資パターンの変更の失敗あるいはルーティンの変更の失敗として現れる（Gilbert, 2005）。ほとんどの硬直化のコアには，ビジネスモデルが存在している——そして，経営者はそれを修正したり，あるいは捨てたりする必要性を認識できないのである。

　ダイナミック・ケイパビリティにおいては，ルーティンとビジネスモデルは，完全に硬直的なものとはみなされない。ルーティンはまさに規則，慣習，そして伝承によって縛られているが，それらは大抵変更できる——特に強いリーダーシップによって。リード・ヘイスティングス（Reed Hastings）配下のネットフリックス社（Netflix）のような，いくつかの企業は，投資家の不安や顧客の混乱をかなり生み出したものの，途中で新しいビジネスモデルを採用するという注目に値する能力を示している。

　もし企業が強いダイナミック・ケイパビリティを持っているならば，戦略と組織は，市場，技術，そしてビジネス環境において予期される変化に確実に対応しなければならないだけではなく，オーディナリー・ケイパビリティとその基礎にあるルーティンの変化も起こさなければならない。異なるサプライヤーに接触するだけでも十分な場合もあるかもしれないが，より過激な方法が要求される場合もあるだろう。

　GE 社の歴史の中でも名高い前 CEO ジャック・ウェルチ（Jack Welch）が述べた次のことは，広く引用されている。"組織内の変化の割合が外部の変化より少ない場合には，終わりが近い"。しかし，変化を命じるだけでは十分で

ない。明確なビジョンを形成し，そこにたどりつくためにどの"規則"を破るのかを考えることを含め，古いものから新しいものへと移動する道を見つけることが要求されるように思える[11]。もしうまくいけば，その結果は新たな高いパフォーマンスを生み出す署名つきのプロセスになるだろう。

　ある組織変化は，反射的なものである。ウィンター（Winter, 2003, p.993）が説明したように，企業は"消火活動（fire fighting）モード"に入ることができる。彼は，そのような行動を"満足する代替行動を求める，ハイペースで，偶然で，機会主義的で，おそらく創造的な探索"として特徴づけた。ウィンターは，ルーティンに基づく問題解決との対比で，これをアド・ホック（場当たり的）な問題解決と呼んだ[12]。しかし，彼は，詳細な調査によって，問題解決への"消火活動"アプローチの中にさえ，細かなルーティンが埋め込まれている可能性があることを正しく認めていた。

　企業成長に導くような種類の生産的な変容には，結局，既存のビジネスラインの近傍にある新しい活動を導入するためのルーティンや企業家的活動が必要となる。非常に多くの組織には，企業を縮小するような簡単に入手できるルーティン集合があるかもしれない。しかし，一般的には企業を成長させるための適切なルーティンというものはない。

　現在の機会を利用しつつ，将来の可能性を探究する過程では，潜在的に互換性のない多くの活動を同時に行う必要がある。例えば，既存の製品やサービスを改良しながら新製品や新サービスを開発すること，新しい顧客を獲得しながら既存の顧客にサービスを提供すること，現在のスタッフを維持しながら最も才能あるスタッフを雇用すること，業務を改良しながら新たなプロセスを導入することなどである。これを行うには，オライリーとタッシュマン（O'Reilly and Tushman, 2004）が"両利き"と呼んだダイナミック・ケイパビリティの特殊な部分が要求される。

　変化の追求に共通し，既存の（オーディナリー・）ケイパビリティを微調整し，そしてビジネス環境とビジネスプロセスおよびビジネスモデルをシンクロさせることに共通しているのは学習であり，それはダイナミック・ケイパビリティの重要な側面である。企業が学習しなければならないのは，(1)顧客は何を望んでいるのか，(2)新技術が何を可能にするのか，(3)ビジネスモデルのどのような側面が機能しているのか，(4)現在の戦略が効果的であり，企業が大きなビ

ジネスを形成する方向の道を歩んでいるのかどうかといったことである。注意すべきことは，技術的で組織的な学習に関して自動的なことは何もないということである。

学習やイノベーションは，軽快なマネジメントからベネフィットを得ることになる。特に，そのような軽快なマネジメントには，専門的な才能を持つ人が関係している（Teece, 2011b）。企業内外の多様な知識ベースを持つ有能な人々の間の水平的な相互関係が，一般に複雑な問題を解決するために必要とされ，そのことが"オープン・イノベーション"パラダイム（Chesbrough, 2003）を支持することになる。ダイナミック・ケイパビリティは，経営者による外部（組織外）志向と内部志向の両方を要求する。変容（より一般的にいえば，ダイナミック・ケイパビリティ）を強化し，永続的な競争優位に貢献する学習とイノベーションは，しばしばその範囲に関してはグローバルである必要がある。多様な文脈で競争している多国籍企業は，様々な地域にまたがって学ぶ可能性がある（Teece, 2014a）。

ダイナミック・ケイパビリティ・フレームワークは，例えばアジアの"虎たち"の成功（そして，他の多くの国の冴えない結果）のように，国民経済を解明することにも応用されるかもしれない。伝統的な経済発展の理論家たちが（高い投資収益率によって推進される）資源蓄積を強調しているのに対し，ダイナミック・ケイパビリティ論者は企業レベルの企業家精神，イノベーション，学習，そして良い戦略の重要性を強調する。この点は，最近の開発理論とも共鳴する（Lall and Teubal, 1998）。ネルソンとパック（Nelson and Pack, 1999: 434）は，"もし人が先導（インプット）するが，イノベーションを起こさず，学習しなければ，開発は続かない"と指摘した。彼らは，国民経済の発展にとって，ダイナミック・ケイパビリティの重要性を暗に支持したのである[13]。

3. 文献の二分化：異なる要素の統合と関連づけ

これまで，ティースたちの論文（Teece, Pisano and Shuen, 1997）におけるロジックとティースの論文（Teece, 2007b）のフレームワークを洗練し，拡張してきた。この節では，アイゼンハートとマーティン（Eisenhardt and Martin, 2000）の系譜をたどるペトラフたち（Peteraf, Di Stefano and Verona,

2013）が計量書誌学的に明らかにしたダイナミック・ケイパビリティに関連する文献の二分化についてより直接的に取り上げよう。

ティースたち（Teece, Pisano and Shuen, 1997）は，企業レベルの持続可能な競争優位にとって——特に速度の速い市場では——ダイナミック・ケイパビリティが重要であると主張した。これに対して，アイゼンハートとマーティン（Eisenhardt and Martin, 2000）は，むしろダイナミック・ケイパビリティは持続可能な優位性を作り出すことに適しておらず，それは速度の速い市場では失敗しやすいと主張した。

これら対照的な見解について述べながら，ペトラフたち（Peteraf, Di Stefano and Verona, 2013）は，アイゼンハートとマーティンが，"（ティースたち）のフレームワークの目的とメカニズムに疑問を呈し，その限界条件を確定し"（Peteraf, Di Stefano and Verona, 2013: 1391），実際にはダイナミック・ケイパビリティを再概念化しようと努力していたと主張した。私は，彼らの評価に同意する。その再概念化にはベネフィットもあるが，その再概念化は初期の（ティースたちの）フレームワークの重要な要素を失った。

ダイナミック・ケイパビリティをめぐる2つの見解の違いを明確にするために，アイゼンハートとマーティンのロジックを概観することからはじめよう。まず，アイゼンハートとマーティン（Eisenhardt and Martin, 2000: 1107）は，ダイナミック・ケイパビリティを"企業が新しい資源配置を実現する組織的で戦略的なルーティン"として定義した。次に，いくぶん驚くべきことに，彼女たちはすべてのダイナミック・ケイパビリティが"ベスト・プラクティス"として理解されると主張した。したがって，ダイナミック・ケイパビリティは，ライバルたちによって模倣可能なものとみなされ，それゆえ競争優位の源泉にはなり得ないことになる。最後に，（ティースたち [Teece, Pisano and Shuen, 1997] が，特にダイナミック・ケイパビリティ・アプローチが重要だと主張したという）速度の速いビジネス環境では，アイゼンハートとマーティン（Eisenhardt and Martin, 2000: 1113）は，ダイナミック・ケイパビリティの処理は固定的なルーティンほど安定感のない"崩壊"する可能性の高いシンプル・ルールに限定されると主張したのである。

ペトラフたち（Peteraf, Di Stefano and Verona, 2013）は，それぞれの論文で述べられている仮定の範囲内で，このダイナミック・ケイパビリティのバー

ジョンとティースたちのバージョンを調和させようとした。ティースたち（Teece, Pisano and Shuen, 1997）のフレームワークが進化し続けてきたことも認めるべきである。実際に，ティースたち（Teece, Pisano and Shuen, 1997: 515）の論文は，それがフレームワークに肉づけする最初のステップであることを明確に示し，ある個所ではその提示の目的が"理論の展開と知的対話を促すこと"にあると述べている。身近な問題の明確化に役立てようとする形で，ティースたちのダイナミック・ケイパビリティの見方を洗練する論文もいくつかある（例えば，Teece, 2007b, 2012b, 2014a）。

ペトラフたち（Peteraf, Di Stefano and Verona, 2013）によれば，ダイナミック・ケイパビリティ研究におけるアイゼンハート派とティース派は，様々なアプローチによって橋渡しできるという。おそらく，最も簡単なのは，アイゼンハートとマーティンは異なる種類のケイパビリティ，つまり私が先にオーディナリー・ケイパビリティと呼んだものに主に焦点を当てているということを認めることである。オーディナリー・ケイパビリティは，ベスト・プラクティスのベンチマークかもしれないし，模倣されやすい。これがダイナミック・ケイパビリティとの重要な違いである。ティース（Teece, 2007b: 1321）で明記されているように，理解しやすい複製可能なベスト・プラクティスは，ダイナミック・ケイパビリティを構成するものではないように思える。

この節の残りの部分では，経営者の役割について，つまりアイゼンハートとティースのダイナミック・ケイパビリティの概念化の間の別の重要な相違点について探究することからはじめたい。ティース派のダイナミック・ケイパビリティ・フレームワークでは，経営者の行動は組織ルーティンの重要な補完物である。オーディナリー・ケイパビリティとダイナミック・ケイパビリティの区別が非常に重要であるという点にすぐに立ち返る前に，VRIN 資源の役割，そしてダイナミック・ケイパビリティと戦略との関係性についても議論するつもりである。

3.1 経営者の役割

まず，ダイナミック・ケイパビリティが高次のルーティンだけに存在するという考えを，私は拒否する。ティースたち（Teece, Pisano and Shuen, 1997: 516）は，ダイナミック・ケイパビリティを"急速に変化する環境に適応する

ために，内部と外部の能力を統合し，形成し，再編成する企業能力"と定義した。私の考えでは，ダイナミック・ケイパビリティは，組織ルーティンと企業家的リーダーシップ／企業家的マネジメントとの組み合わせに関係しているのである（Augier and Teece, 2009; Teece, 2007b, 2012b）。（例えば，新市場の創出のような）創造的な経営者や企業家の活動は，本質的にルーティンといったものではない。実際に，"多くの戦略的活動や変革には，他人が決して真似できないような活動が求められる"（Teece, 2012b: 1397）。ヤム・ブランズ（Yum! Brands）社のKFC（ケンタッキー・フライド・チキン）ユニットにおける日本と中国での異なる経験は，これを実証しているように思える。KFCジャパン社は，ロイ・ウエストン（Loy Weston）と大河原信のリーダーシップのもとに，1970年代に成功した。彼らは，ファストフードとしてよりも，流行ビジネスとしてより多くの地方店を開拓した（Bartlett and Rangan, 1986）。しかし，中国における1990年代のKFC社の急速な成長は，サム・スー（Sam Su）のリーダーシップのもとで起こったアグレッシブな出店攻勢と徹底したメニューの現地化によるものだった（*China Economic Review*, 2011）。

　リーダーシップは，発見，共創（co-creation），そして変化をもたらす組織能力に関連している。この論点に関して，ディ・ステファノ（Di Stefano）たちが彼らの論文の中で導入したメタファーを洗練し拡張していえば，ダイナミック・ケイパビリティは決して単なる機械的組織のギアやドライブトレイン（変速機）といったものではない。それは，組織を導く企業家的意識，想像力，そして人間行動に関係するものである。その人間行動とは，感知（センシング），創造，共創，捕捉（シージング），そして変容（トランスフォーミング）を伴うものなのである。

　トップマネジメント・チームによるルーティン化されない活動の可能性を排除する競争優位の理論は，具合が悪いものである。ダイナミック・ケイパビリティ・フレームワークは，ルーティンでない活動を排除することなどまったく意図していなかった。アイゼンハートとマーティン（Eisenhardt and Martin, 2000）は，"速度の速い市場では…経営者は感情的に不確実性に対処できない"と述べているように，経営者の役割に対して鋭い認識を示している（Eisenhardt and Martin, 2000: 1112）。しかし，速度の速い環境でのダイナミック・ケイパビリティ論の固有の弱さについての彼らの議論は，プロセスとルー

ルという言葉だけを用いている。

　ある特定の市場で，永遠に成功するような企業はない。しかし，強いダイナミック・ケイパビリティによって，企業はその価値ある（代替可能な）サービスや複製困難な資源を更新し活用することによって，事業を横断する連続的な変化の波に乗ることはできる。例えば，テキサス・インスツルメンツ社（Texas Instruments: TI）は1980年代に多角化したエレクトロニクス・メーカーだったが，1990年代にはメモリ・チップにより狭く焦点を当て，2000年代には携帯電話や他のデバイス向けのデジタル信号プロセッサ（DSP）に焦点を切り替えた，そして，いま，再びアナログ・チップに集中している。企業内の既存の資源を活用したこれらの変遷は，生涯にわたって TI の従業員であった一連の CEO たちのもとで起こったことである。荒天の時期であった1992年から2012年の間，その企業はドットコム企業の破綻や他の困難による下降気流にもかかわらず，約12% の売上純利益率を平均的に維持してきたのである。TI 社のリーダーと従業員に強く共有された価値，企業の技術的ケイパビリティ，そしてその技術と知的所有権を使うその能力は，大荒れのグローバルなエレクトロニクス産業において，その企業の繁栄を支えてきたダイナミック・ケイパビリティを抜け目なく下支えしているのである。

　速度の速い環境では，企業は，特に CEO やトップマネジメント・チームの感知（センシング）や捕捉（シージング）に関する素質や行動に，かなり依存するだろう。そのかぎりで，当然ながら，そのケイパビリティはその残存期間が企業家／経営者／リーダーの在任期間に論理的に依存することになるので，ある程度の不安定さに苦しむことになるだろう。しかし，時間とともに，良きリーダーの持ついくつかの要素の背後にある直観力をシミュレーションして恒久化するプロセスとルールが開発される可能性もある。例えば，アップル社において，スティーブ・ジョブズは，企業が彼の一人舞台になるリスクを認めていた。そして，例えばエグゼクティブたちがアップルストアの創設のような過去の主要な意思決定にどのようにして達したのかについての専門的に準備されたケースを教える企業内大学を設立した（Lashinsky, 2011）。このようにして，創設者の価値観とアプローチはアップル社の現在および将来のリーダーたちに受け継がれているのである。同様に，アンディ・グローブ（Andy Grove）は，"誇大妄想的なものだけが生き残る"ことを絶えず思い出させることによって，

インテル社を生き生きとした活気ある状態に保つのに役立てていた（Grove, 1996）。

アイゼンハートとマーティン（Eisenhardt and Martin, 2000）は，そのシンプル・ルールの持つ不安定さ（基本的に，半即興的な経営者の行動）を理由に，ダイナミック・ケイパビリティは速い速度の環境では有効でなくなる（break down）と考えた。しかし，中には，明らかに様々な激しい乱気流をすり抜けて，それほど痛手も負わずに帆走できる企業もある。最初にメモリ・チップ，その後，携帯電話向けの集約型チップに移行した TI 社が，それである。

もちろん，"シンプル・ルール"の概念は，必ずしも経営者の持つ意思決定の役割を排除するものではない。ディ・ステファノたちが，この問題の中で指摘するように，シンプル・ルールは"その代理人（agency）が依然として個々の経営者の中にいることを暗示している"。

いったんダイナミック・ケイパビリティの構成要素として，1 回限りの企業家的あるいは経営者的行動（ルールの有無にかかわらず）を再び取り入れるならば，アイゼンハートとマーティンの結論である，ダイナミック・ケイパビリティは速度の速い環境では不安定であるというロジックは崩壊する。つまり，速度の速い環境は問題を投げかけ，アイゼンハートとマーティン（Eisenhardt and Martin, 2000: 1113）がまさに適切に指摘したように"プロトタイピング，リアルタイム情報，実験，そして複数の代替案を大規模かつ頻繁に用いること"が求められる。しかし，それはまさにダイナミック・ケイパビリティ・フレームワークが描いている一種の経営者の対応である。速度の速い環境における強いダイナミック・ケイパビリティは安定したものというよりは変幻自在なものであり，それによって潜在的にどのような組織でも"リーン・スタートアップ"（Ries, 2011）の"回転軸となる"潜在能力を保持することができる。明らかに，小さな新興企業は既存の大企業よりも容易に"回転軸で旋回"することができるのである[14]。

3.2 資源と VRIN 基準

ダイナミック・ケイパビリティは，絶えず変わり続ける万華鏡のようなタスクや活動を行うために，資源を構築したり，オーケストレーションしたりすることに関係している。したがって，資源の役割を理解することは，ダイナミッ

ク・ケイパビリティの適切な理解にとって重要である。

　資源とは，潜在的に生産的な有形・無形の資産や，企業に半永久的に所属する人材のことである。ペンローズ（Penrose, 1959）によって展開され，その後，ケイパビリティという関連用語でリチャードソン（Richardson, 1972）によって再構成された資源フレームワークでは[15]，企業経営者は資源によって生み出されるサービスを様々な方法で結合することができる[16]。常に，経営者は，企業が自前の資源をもってどのような市場機会を追求しようとするのかを選択しなければならない。

　初期の研究では，ティース（Teece, 1980, 1982）は，資源の性質——特にその"取引可能性"（またはその欠如）——が，多角化を通してどのように企業成長の質に影響するのかを評価することによって，資源の代替可能性というペンローズの考えを研究していた。業種横断的で取引不可能な資産（一般にノウハウ）を活用する機会によって，多角的な多品種企業の設立が促進されたのである。これら初期の議論は，取引コストがどのように多角化戦略に影響を及ぼすのかに集中していた。しかしながら，取引不可能な資産と資源がどのように作られ，保護され，そして配置されるのかについては，体系的に注意が向けられていなかった。（企業家的）経営者の役割も無視されていた。これらの不備は，ダイナミック・ケイパビリティ・フレームワークによって改善されたのである。

　ペンローズは，生産機会と企業家精神の重要性を認識していたが，彼女は競争優位を確立するために資源が重要であることを完全には書いていなかった。ワーナーフェルト（Wernerfelt, 1984）とバーニー（Barney, 1986, 1991）は，経済レントを安定的に生み出す主要メカニズムとして一定の資源の所有に焦点を当て，これによってこのすき間の一部を埋めた。バーニー（Barney, 1991）は，戦略的な重要性を持つ資源を，先に定義した VRIN 基準を満たすものとして定義したのである。

　私の考えでは（Teece, 2000），一般的な無形資産，特に知識資本は VRIN 基準をほぼ満たす資産集合である。これらは，私の初期の研究の焦点の一部であった。無形資産は，ほとんどの場合，交換が難しい。なぜなら，その所有権の境界があいまいで，その価値が状況依存的だからである（Teece, 1981b）。主な例外は，特許，商標権，著作権のように，譲渡可能な権利が法律によって

与えられる形式知である。そして，これらでさえ，権利侵害を監視したり，反抗的な侵害者に認可書を取らせたりするためのコストのように，高い取引コストがかかるのである。ほとんどの無形資産は，その市場が十分に発達しておらず，また営業秘密のような多くの無形資産の移転は，しばしば人々の移動を伴うので，一般にそれらをあるところから他のところへと移転させることは難しい。

　資源アプローチによると，適切な資源（すなわち VRIN 資源）を大量に保有することから，あるいはそうした資源への投資から，競争優位が生じることになる。しかし，潜在性の高い資源でさえ，企業パフォーマンスを高めるために，機敏にマネジメント（オーケストレーション）されなければならない。経営者による資源の調整は，資源ベース・アプローチを特徴づけるものではないが，ダイナミック・ケイパビリティにとっては重要である。

　資産のオーケストレーションの役割は，ビジネスのみならず軍隊においても，組織的パフォーマンスにとって重要である。スタンリー・マッククリスタル（Stanley McChrystal）将軍は，アメリカ合衆国陸軍がイラクに関与していた時期，資源だけでは十分でなかったことを明らかにしている。

"われわれの軍隊には，優れた文化があった。それは，自分がその職務に従事できることがどれほど素晴らしいことか，という文化であった。…しかし，それは，どれだけうまく軍の各部分がかみ合うかと比べると重要ではない…。真の技（art）は…民間機関と協力することであり，通常戦力と協力することであり，そしてそれぞれの部分を結びつけることである。それが，戦争の技であり，難しい部分なのである"。（Rose, 2013: 6）

　要するに，VRIN 資源は，それ自身，そして定義上，本質的に価値があるものだが，VRIN 資源だけでは長期的な企業価値（あるいは軍の武勲）を生み出せない[17]。企業が長期的に成長し生き残るためには，良い戦略を追求し，ダイナミック・ケイパビリティを持つ経営陣によって賢く経営されなければならないか，あるいはオーケストレーションされなければならない。これは，企業の資源ベース理論が，どのように資産が使いこなされ，どのようにレントの収入源が拡張され，刷新されるのかを説明するためには，ダイナミック・ケイパビ

リティが必要になることを意味している。

　また，資源フレームワークは，企業家精神，イノベーション，あるいは学習をあまり重視していない。実際，バーニーとクラーク（Barney and Clark, 2007）が指摘したように，"資源ベース論は，所与の異質な企業資源やケイパビリティの存在を取り上げ，そのような資源が競争優位性を獲得し維持するような企業能力に与える影響を考察するものである"（Barney and Clark, 2007: 257）。

　ダイナミック・ケイパビリティ・フレームワークは，様々な"ミクロ的基礎"を探究することによって前進しようとしている。そのフレームワークは，(1)イノベーションと共創（co-creation），(2)資源がどこから生まれるのか（すなわち，それらをどのように構築できるのか），(3)どのように資源を配置すべきなのかについて取り扱うものである。そして，（資源配分目標を決定するための）戦略や（資源／資産の配置転換を容易にするために）組織構造とプロセスに訴えることによって，これらの諸問題にアプローチすることになる。

3.3　ダイナミック・ケイパビリティと戦略

　すでに述べたように，ダイナミック・ケイパビリティが有効であるためには，それが良い戦略の助けのもとで用いられなければならない。戦略，ケイパビリティ，そしてビジネス環境は共進化するのである。イノベーションと整合的でかつ一貫し，イノベーションを促進する戦略が，競争優位の獲得に役立つために必要となる。強いダイナミック・ケイパビリティを持つ企業は，戦略的意図を詳細に説明でき，素早く効果的に戦略的行動を遂行できる。

　戦略とは，"分析，概念，方針，議論，そして一か八かの難題に対応する行動といった一連の集合"（Rumelt, 2011: 6）と定義することができる。ルメルトにとって，良い戦略とは，(1)診断，(2)指針となる方針，(3)首尾一貫した行動を含むものである。この分類が，3種類のダイナミック・ケイパビリティ——感知（センシング），捕捉（シージング），変容（トランスフォーミング）——と相互に関係することは明らかである。感知（センシング）には，戦略にとっても重要な診断という強力な要素が含まれる。捕捉（シージング）は，指針となる方針と首尾一貫した活動の両方と結びつけられる必要がある。価値を保護して強化する変容（トランスフォーミング）には，指針となる方針と首尾一貫

した活動が求められる。戦略とダイナミック・ケイパビリティの様々な要素に対応した経営者の仕事の性質が，**図表5・3**で要約されている。

先に，TI 社が，一連の主要な製品市場の移行に関して，数十年の間にどのようにして強いダイナミック・ケイパビリティを示してきたのかを記述した。しかし，戦略もそのそれぞれの変化に関係していた。メモリ・チップのような主要なビジネスを捨てて DSP に集中することは，機会に対応して資源を再編成することに関連している。しかし，それは，企業の知的所有権のポートフォリオから，どのようにして価値を獲得することが最も良いのかといった戦略的分析にも関係しているのである（Grindley and Teece, 1997）。

図表5・3 ダイナミック・ケイパビリティと戦略の相互関係

戦略の要点	診断	指針となる方針	首尾一貫した行動
関連したダイナミック・ケイパビリティの枠組み	感知	捕捉／変容	捕捉／変容
経営者のオーケストレーションの性質	企業家的	管理者的	リーダーシップ

出所 : Teece（2014a）

戦略とダイナミック・ケイパビリティは，全社レベルのみならず，その事業分野においても現れる。これは，モジュール型組織という他の見方（例えば，Helfat and Eisenhardt, 2004）と両立する。そこでは，全社的な戦略は，部門レベルでの日常的なポジショニング戦略とは異なり，分離可能である。戦略というものは，それが成功的に展開されるとき，企業はどのようにしてライバルの裏をかき，市場ニーズをサポートするように希少資産を効果的に配置させるのかについて，その詳細を提供する。そして，強いダイナミック・ケイパビリティは，その適合に必要な柔軟性を提供する。ルイス・ガースナー（Louis Gersner）は，IBM 社の CEO としての在職期間の初めに，次のように述べた。"素早く動き，適応しなければならない。そうでなければ，戦略は役に立たない"（Sellers, 1993から引用）。彼は，戦略というものが強いダイナミック・ケイパビリティなくして役に立たない，と言った方がよかったかもしれない。

言い方を変えれば，すでに述べたように，重要な VRIN 資源の蓄積と経営

者のオーケストレーションは，プロセスの強化やポジションの利用にとって中心的なものであるが，戦略のもとに指導され，特徴づけられなければならない。1916年のユトランドの戦いで勝利できなかった英国海軍についてのフランク・ホフマン（Frank Hoffman, 2004）の分析は，このことに関連しているように思える。英国海軍は，数の上では優勢であったにもかかわらず，戦いは手詰まりだった[18]。両者が勝利を主張したが，どちらもそれを達成していなかった。当時，英国の海軍中将であったデイビット・ビーティ（David Beatty）卿は，"今日，われわれの血染めの船には何か間違いがあったように思える"と悔やみながら公言した（それは，優れた英国海軍の資源が有効でなかったことへの驚きとして解釈できる）（Butler, 2006: 151）。1世紀近く経った後に，ホフマン（Hoffman, 2004: 70）はその状況を再調査し，次のように結論づけた。"しかし，その本当の問題点は，（中将のホレーショ）ネルソン（Horatio Nelson）卿との連絡が途絶えたことにある。大きな誤りは，その血染めの船ではなかった。誤りは，命令と統制をめぐる不十分な教えにあった"と。換言すれば，優れた資源を勝利へと有効活用できなかった英国の失敗は，（軍事）戦略とダイナミック・ケイパビリティにおける失敗を反映しているのである。

3.4 オーディナリー・ケイパビリティとベスト・プラクティス

上述したとおり，アイゼンハートとマーティン（Eisenhardt and Martin, 2000）はダイナミック・ケイパビリティ・フレームワークを誤解（あるいは再構築）し，ダイナミック・ケイパビリティを含むすべての能力が究極的にはベスト・プラクティスによって特徴づけられ，それゆえ模倣されると主張した[19]。本質的には，これからより詳細に説明されるように，アイゼンハートとマーティンはダイナミック・ケイパビリティとオーディナリー・ケイパビリティという明確に区別することが望ましい2つの概念を1つにまとめてしまっているのである。上述のように，分析上でも実務上でもオーディナリー・ケイパビリティとダイナミック・ケイパビリティは，まったく異なるものである（**図表5・1**参照）。

要約すると，オーディナリー・ケイパビリティは，現在計画されている仕事を完結するために（技能的に）必要な管理上，業務上，あるいはガバナンス関連の諸機能のパフォーマンスに関係している。オーディナリー・ケイパビリ

ティは，並みの企業であっても，ものごとをやり遂げて"生計をたてる"（Winter, 2003: 991）ことを可能にする[20]。数学的な用語でいえば，オーディナリー・ケイパビリティはゼロかプラスの価値だけを取ることができる。つまり，企業は一定水準の熟練度で活動を遂行できるかできないかのいずれかである。

すでに説明したように，ベスト・プラクティスに関連するオーディナリー・ケイパビリティは，持続可能な競争優位を推進するには十分ではない。"同水準までのレベルアップ"（競争者間のケイパビリティの平準化）は，ベスト・プラクティス（オーディナリー・ケイパビリティ）に関係している可能性が高い。というのも，それらは学習できるからである。標準的な規模の経済でさえ，多額の投資を通してしばしば達成されうる。激しいグローバル競争，技術移転活動，そして経営コンサルタントによって指導される活動改善プログラムは，すべてレベルアップに役立つのである。

オーディナリー・ケイパビリティとそれに関連するベスト・プラクティスが完全にグローバルに普及することは難しいが（Bloom, *et al.*, 2012），ベスト・プラクティスを模倣することはかつてないほど容易になっている[21]。ちょうど20〜30年前は，暗黙的に専有されていた多くのノウハウがいまや明示的になり，教科書，コンサルタント，エンジニアリング・スクール，そしてビジネス・スクールから入手できるようなパブリック・ドメイン（公共領域）にさえなっている。明示的な（成文化された）知識は，簡単に伝わる。そして，インターネットが低コストで接続できるため，長い年月をかけて確立されたトレンドを加速するのに役立っている。その模倣可能性を理由に，非常に安定的で保護されたビジネス環境を除いて，オーディナリー・ケイパビリティは長期的な生存と成長にとっては十分なものではない（Drnevich and Kriauciunas, 2011）。

4. オーディナリー・ケイパビリティ，ダイナミック・ケイパビリティ，そして模倣不可能性

これに対して，ダイナミック・ケイパビリティが企業横断的に等しくなることはめったにない。一般に，それは同じ水準にレベルアップするようなものではない。1つの理由は，ダイナミック・ケイパビリティが，各企業特有の歴史や人材に根ざす署名つきのプロセスに基づいているからかもしれない。その真

の因果的な結びつきについての不確かさによって，ダイナミック・ケイパビリティは，結果が同じだったとしても，同じではない，そのプロセスの模倣が難しくなっている。新しい市場機会を先見的に認識する鍵となるダイナミック・ケイパビリティは成文化が難しく，それゆえ模倣が困難な評価，査定，そして判断に関係している。リーダーが賢いとき，ダイナミック・ケイパビリティは強くなる。事実，ダイナミック・ケイパビリティは，"フロネティック（phronetic：賢慮の）"リーダーシップを強化するものかもしれない（Nonaka and Toyama, 2007)[22]。

　ダイナミック・ケイパビリティは，強いこともあれば弱いこともある。それは，ヘルファットたちの論文（Helfat *et al.*, 2007）とティースの論文（Teece, 2007b）で現れた違いである。弱いダイナミック・ケイパビリティは，実際には企業の将来性を蝕むかもしれない。事実，（留まろうとする）慣性はまったく間違った行動をとることを好むかもしれない。数学的な用語でいえば，ダイナミック・ケイパビリティはプラスの価値だけでなく，マイナスの価値もとりうるのである。

　ダイナミック・ケイパビリティは，部分的にはリーダーシップ・チーム自体に固有なものであり，ケイパビリティをよりいっそう特異なものにする。オーディナリー・ケイパビリティは，良い管理とマネジメントを必要とする。オーディナリー・ケイパビリティは，企業パフォーマンスにとって重要であるが，それに欠けているのは（リーダーシップ依存的な）変革経営の長期的インパクトであり，それは強いダイナミック・ケイパビリティの重要な部分でもある。

　前述したように，製品開発や提携の形成のように，アイゼンハートとマーティン（Eisenhardt and Martin, 2000）がダイナミック・ケイパビリティとみなしたケイパビリティのほとんどは，より適切にいえば，オーディナリー・ケイパビリティとみなすことができる。おそらく，このようにみなすことによって，ダイナミック・ケイパビリティがVRIN基準を満たさず，そして競争優位を維持できないという彼らの主張が説明されるだろう。**図表5・1**にみられるように，オーディナリー・ケイパビリティは，技能適合力——つまり"ものごとを正しく行うこと"——をサポートするものである。一方，ダイナミック・ケイパビリティは，進化適合力をサポートするものである。その適合力は，イノベーションや"正しいことを行うこと"——そしてビジネス環境の変移に

対応し続けることと密接に関係しているのである（Teece, 2009: 7）。

GM 社のボブ・ルッツ（Bob Lutz, 2011）は，自動車産業にとってのダイナミック・ケイパビリティのこの側面をかなり簡潔に述べている。

自動車会社を成功に導く真の仕事が，突然，複雑なものに変わるところ，そして勝者と敗者を分けるものは，サイクルの長い製品開発プロセスにある。そこでは，短期的な日々の測定や結果の図表化は無意味である。

別言すれば，企業のオーディナリー・ケイパビリティは，明確な（しかし静態的な）一連の製品やサービスの生産や販売を可能にするものである。しかし，オーディナリー・ケイパビリティは，現在の生産計画が将来たどるべき（あるいは有益な）経路なのかどうかについての決定には役立たない。企業のアウトプットが市場の望むものに適合しているときには，強いオーディナリー・ケイパビリティは一時的な競争優位にとって十分かもしれないが，ビジネス環境の変化に対応して持続的に競争優位を補強するには十分ではない。ルッツの言葉でいえば，組織の優位性を構築する"真の仕事"は，ダイナミック・ケイパビリティを構築し使用することに関係しているのである[23]。

5. 経済学とケイパビリティ理論

これまで，ダイナミック・ケイパビリティに関する私の見解と，それに関連するが異なるダイナミック・ケイパビリティに関する研究との間にみられる主なギャップについて取り上げてきた。異なる研究とは，ペトラフたち（Peteraf, Di Stefano and Verona, 2013）によると，アイゼンハートとマーティン（Eisenhardt and Martin, 2000）を基礎として進化してきたものである。この節では，私のフレームワークの多様な学際的性質を取り扱う。私の見解は，非常に頻繁に経済学分野と関係するので，たとえ企業のケイパビリティが近代経済学の発展を支えるものだとしても，どのように主流派経済学がまったくケイパビリティを扱ってこなかったのかについて主に議論するつもりである。

ペトラフたち（Peteraf, Di Stefano and Verona, 2013: 1399）は，"ティース・グループ"（経済学，戦略，技術）よりも"アイゼンハート・グループ"

（組織論，科学，あるいは行動；情報システム）に，学問的方向性の異なる集団がより多く存在することを認識した。しかしながら，多様な学問分野からの研究者の参加それ自体は問題ではない。事実，これら様々な要素すべてが，ある程度，ダイナミック・ケイパビリティ・フレームワークの発展に貢献してきたのである。別のところで議論したように，ダイナミック・ケイパビリティは，"すべてのビジネス・スクールのカリキュラムを統合し強化するためのフレームワーク"として役に立ちうる（Teece, 2011a: 499）。

　どのようにして組織とリーダーが強いあるいは弱いダイナミック・ケイパビリティを示すのかを完全に理解するには，社会科学における多様な学問分野とサブ学問分野による理解が必要になる。どのようにしてビジネス・システムがアイデアやそれを改良したものを統合して経済成果を生み出す活動になるように促すのかという，より深い問題を理解するには，学際的アプローチがさらに重要となる。

　もし一人ひとりの研究者が自分のそれぞれの学問分野で価値ある手段やパースペクティブを用いつつ，ダイナミック・ケイパビリティ・フレームワーク内で研究するような傾向があっても驚くべきではない。しかし，私の望みは，それぞれの学問が役立つ場所[24]を見出すような学際的協力を容易にするメタ理論あるいはフレームワークとして，ダイナミック・ケイパビリティが役に立つことなのである。ディ・ステファノたち（(Di Stefano, Peteraf and Verona, 2014) によって認識された"二分化（bifurcation）"された5つの領域の1つを取り上げてみると，組織を主要な焦点として選ぶ研究者たちとその代わりに経営者に焦点を当てる研究者たちは，ダイナミック・ケイパビリティ・フレームワークに共通の基盤を見出すことができるだろう。このフレームワークは，企業レベルの競争優位を追求するためのより大きなパースペクティブ内で，これら2つのレベルの分析間にある補完性を理解させることになる。

　ディ・ステファノたち（(Di Stefano, Peteraf and Verona, 2014) が見出しているのは，ティースたちの論文（Teece, Pisano and Shuen, 1997）に関連するダイナミック・ケイパビリティ論文のほとんどが，アイゼンハートとマーティンを基礎とする集団よりも経済学的なロジックに依存しているということである。これは正しいのだが，主流派（新古典派）経済学が，ケイパビリティのような概念を認める必要があるにもかかわらず[25]，一切，認めていないこと

に気づかなければならない。さらに，技能的効率性（強いオーディナリー・ケイパビリティの結果）でさえ，経済学では想定されているものの，受け入れられていない。

主流派経済学と重複するいくつかの部分の1つは，ダイナミック・ケイパビリティ・フレームワークが模倣不可能性の重要性を強調している点である。これは，ダイナミック・ケイパビリティ・フレームワークにとって非常に重要な経済学的概念である。それはまた，戦略的集中のためのフレームワークを提供する。VRIN 資源を優先させることによって，そして必要ならば，オーディナリー・ケイパビリティに依存する活動を，まさにその外注可能性／入手可能性のために，その活動がそれほど戦略的に重要ではないという理由で，外注することにより，経営者たちは自分たちのレーダー網の障害を取り除くことができるのである[26]。

この節の残りの部分では，経済学に関連させてダイナミック・ケイパビリティ・フレームワークを検討する。基本的なテーマは，ダイナミック・ケイパビリティは，それがそうあるべきほど，企業の経済学や市場の経済学によって十分統合されていないこと——そして，思っているほど（主流派）経済学によって統合されていないことである。しかし，イノベーション，不確実性，そして不均衡の重要性を強調するオーストリー学派の経済学の要素とは適合しているのである。

ケイパビリティ・フレームワークの重要性が最も理解されるのは，おそらくそれが市場による資源配分という主流派経済学と並べられるときであろう。一部の経済学者たちは，市場での交換活動が資源配分と富の創造の唯一の基礎であると信じさせたいだろう。このことを考慮すれば，組織論についての基本的な問いは次のものである。なぜ組織ケイパビリティが経済システムに必要なのか。そして，どこで企業レベルのケイパビリティが経済学の用いる知的フレームワークと適合するのか。

ほとんどすべての入門書の中で述べられているのだが，経済学は無制限な欲求の間で（希少）資源（そして，財やサービス）を配分することに関する学問である[27]。その基本的な仕事は，資源を効率的に配分させることであり，それゆえ利用可能な資源は最も強い需要（最も高い支払意思額）を満たすために用いられる。その場合，価格システムが果たす役割は，一般に配分効率性と呼ば

れる。経済学者たち（例えば，Hayek, 1945）は，どのようにして市場がこの種の配分をうまく適切に行うのかを雄弁に語った。しかし，ハイエクやフォン・ミーゼス（von Mises）やカーズナー（Kirzner）のような，他のオーストリー学派の経済学者は，人々は目的に対して手段を配分していないと主張する。むしろ人々は，一貫して新しい目的と手段を発見し，創造しようとしているという。この点に関して，オーストリー学派の経済学は，ダイナミック・ケイパビリティと適合する。新古典派経済学とは適合しないのである。

希少資源が無制限な欲求に配分されなければならないとき，価格システム以上のものがこの目的を達成するために必要になるということ，これを認めることが重要である。特に，イノベーションと変化が関係しているとき，経営者やマネジメントも必要になるのである。市場交換の（新古典派）経済学モデルは，要素コストに制限されながらも，技術的に効率的な方法によって，何らかの形でどこかで新商品とサービスがデザインされ，開発され，そして生産されることを当然のことのように考えている。さらに，すべての人がそれを知っていると仮定される。取引コスト経済学のフレームワーク（Williamson, 1975, 1985）には，同じような（おそらく意図的な）盲点がある。たとえ生産コストが，選択されるガバナンス形態，経営者行動，戦略，そして構造などに，内生的に依存することになるとしても，そのフレームワークは"生産"活動を一定としているのである。さらに，生産技術とガバナンス形態は，取引コスト経済学によると，専有されるものではなく，むしろすべての企業が利用できるものである。全知の神（無知でないこと）が，仮定されているのである。

理論的かつ実践的な問題として，資源が最良の方法で利用されるように，企業が資源をどのように配分するのかは根本的な問題である。また，企業がどのようにして時間とともに資源ベースを構築し，拡大し，そして洗練するのかもきわめて重要である。言い換えれば，（新古典派）経済学が無視している重要な資源配分機能がある。すなわち，（技術を開発したり，配置したり，また商品やサービスを生産したりするのに必要な）企業内部や企業間での市場によらない調整が，どのようにして実際に起こるのか。だれがその役割を遂行するのか。経済学は，ほとんど答えられない。これは驚くことではない。というのも，市場の経済学では，企業家や経営者が行うことは何もないからである。理論上での彼らの役割は，完全情報の仮定と完全市場の存在によって，条件付き請求

権ですら，しばしば剥ぎ取られているのである[28]。

　経済学者は，商品とサービスが市場で交換される前に多くの組織化が必要になること，これを認識することが非常に遅かった。アダム・スミス（Adam Smith）は，彼の有名なピン製造の例（Smith, 1776/1904, I.1.3）の中で，ピンがどのように発明されたのか，そして交換不可能なピンの部門（例えば，ワイヤー，ヘッド）の統合や調整が，専門化のメリットを生み出すために，どのように作業現場で行われていたのかを説明しなかった。いくぶん驚くべきことだが，過去238年間，経済学者はこの空白を埋めてこなかったのである。

　マネジメントというものが，単に専門化と分業に関するものではないという認識も重要である。それは，観念化（ideation），共創，そして調整（オーケストレーション）に関するものでもある。いくつかのアイデアや革新的な製品やサービスを創造したり共創したりするタスクを統合することは，専門化と分業よりも重要かどうかはわからないが，同じくらい重要である。これは，最近，展開されてきたことではない。しかし，それは主流派経済学では，いまだに十分に反映されていない。

　要するに，市場の経済学が何らかの形で認識する必要があるのは，経営者がデザインしたシステムによって実行されているということ，つまり企業家的経営者の意思決定にもとづく多くの資源配分が社内や企業間で起こっているということである。しかも，アダム・スミスのピン製造の例には，経営者が存在していない。経営者は，ジョン・ロバーツ（Roberts, 2004）の"現代企業"ですら，ほとんど登場しない。経営者が登場するとき，近代経済学とファイナンスの焦点は，経営者と株主との間の役得の分配であり，その創造ではないのである（Jensen, 2000）。実際，スミスのピン工場には，経営者がいなければならなかった。しかし，専門化の経済性を享受するためには，経営者が必要になることがスミスの中では明らかにされなかった。

　実際，形成された仮定のために，古典派，新古典派，そして近代経済学では，しばしば経営者は必要とされない。そして，もし経済学の中に経営者が存在するならば，エージェンシー理論に基づく非常に多くの論文から，彼らの主要な動機づけは所有者から盗みを働くことであるように思える（Jensen and Meckling, 1976）[29]。このことが，企業内で最初に富がどこから生まれてくるのかというエージェンシー理論では取り扱われない問題を生み出すことになる。

第5章　企業パフォーマンスの基礎　161

　論理と簡単な観察が語っているのは，良き経営者は，株主や従業員のような他の構成員のために，価値を創造するという重要な役割を果たすということである。このことが，コーポレート・ガバナンスと公共政策についての現代の議論において，しばしば忘れられている。経済システムにおいて，経営者の果たす積極的役割に光を当てたチャンドラー（Chandler, 1977）のような経営史学者の重要な仕事にもかかわらず，エージェンシー理論は重要な経営者の機能を消し去っているのである。

　経営者は，資源配分や経済活動（そして，企業理論）にとって重要なのである。価格システムは，企業内の資源配分にほとんど関係していない。というのも，企業は非常に多くの理由で，内部で資源配分を決定するための唯一の手段として価格を用いることを一般に避けているからである。その代わりに，配分プロセスは経営者によってオーケストレーションされているのである。

　価格システムが内部での資源配分において避けられる理由の1つは，企業内の多くの資産や活動が非常に専門的で特殊なので，それらをほとんど価格づけできないからである。というのも，それらの価値は文脈依存的（context-dependent）であり，また（内部での）価格づけが優れた資源配分メカニズムとして機能することを可能にする"流動性"もほとんどないからである。明らかに，価格システムは，ダイナミック・ケイパビリティが要求するタイトな調整や共進化といったことを達成することはできない。これに対して，企業家的経営者は情報を集めることができ（そして，そうする），評価し，価格がつけられない資産を，価値を高める方向で開発し，配置するように指示する。これは，ダイナミック・ケイパビリティ・フレームワークが経営者に割り当てるオーケストレーション機能である。

　ハイエク（Hayek, 1945）は，世界中の様々な経済活動を調整する価格システムの驚くほど倹約的な力について強調した。しかし，ハイエクは，企業内（そして，ある場合には企業の提携相手との間）ではあるが，経営者が同じように複雑な資源調整を実行することについて言及し損ねた。この経営者による調整とは，その価値に関して明確なシグナルを示すことなく，交換不可能な（それゆえ価格づけできない）独自の資産の開発と配置を組織化することに関係するような調整であるとともに，それは価格システムによる調整と同様に優れているが，まったく異なる種類の調整である。したがって，経営者による

オーケストレーションは，市場とともにいずれも最適な資源配分を達成するように調整するという点で，価格が市場で行うことを企業で行うのである。

2つのタイプの調整に付随する自律性と自動性には，程度がある。市場による調整は，生産者と消費者からの反応を引き出すシグナルを生み出すために価格システムに依存する。内部での調整は，ルーティンによって達成され，そしてしばしば非常に複雑な配分決定を行う経営者によって支えられている。不確実性に直面した場合での成功の歴史を考察すれば，経営者によるオーケストレーションは，確かにハイエクが価格システムの働きの中で観察したのと同じくらい注目に値する配分プロセスであるように思える。

ティース（Teece, 1980, 1982, 1986b）そしてヘルファットたち（Helfat *et al.*, 2007, 第2章）で説明されているように，経営者，企業家，そしてイノベーターは，特殊な資産をラインナップし，新しい資産を開発し，そしてそれらを十分機能させるようなイノベーション，生産，そしてマーケティング・システムへと統合するような企業家精神を持って経営される企業が存在しない仮想的な市場に，企業を任せることはできないのである。その理由は，特殊性の高い（異質の）資産のための市場が一般には存在せず，また存在するとしても，それは常に"薄い（thin）"市場だからである。この問題を解決するために，経営者は情報を集め，機会を感知し，ケイパビリティに投資し，革新し，そして変容する。彼らは，企業資源のそつがない配分の達成を助ける手段となる。市場と（企業内で階層的に組織化された）内部資源配分は代替的であるだけなく，コース（Coase, 1937）が暗に主張していたように補完的でもある。ウィリアムソンは，"コンピテンシーとガバナンスの関係は競合的でかつ補完的である——前者よりむしろ後者である"ことを指摘し，それに同意しているように思える（Williamson, 1999: 1106）。

そして，たとえ取引コストがゼロで，ガバナンス問題が消え去ったとしても，学習機能，共創（Pitelis and Teece, 2009）機能，そして資産・資源のオーケストレーション機能は依然として実行される必要があるだろう。企業家精神を持って経営される事業会社では，このようなことがなされているのである。

（市場とともに）ある種の組織が経済システムには必要であるという認識は，経営学者にとってそれほど珍しくない。しかしながら，経営学者は組織が必要であると仮定するものの，その理由を説明することはほとんどない。ダイナ

ミック・ケイパビリティ・アプローチは，その理由を説明しようと努力し，その際，しばしば経済学に欠けている経済の働きへの洞察をもたらす。

経済学においてかなり注視されている別の標準的問題とは，技能的効率性の達成である。経済学者は，しばしば次のように仮定する。もし企業が利益最大化するならば，企業は効率性を達成するだろうと。ライベンシュタイン（Leibenstein, 1966）は，企業が費用曲線を越えて経営されるときに発生する非効率を，X-非効率（X-inefficiency）という概念を用いて，以下のことをはっきりと認識した最初の（オーストリー学派以外の）経済学者であった。それは，企業が実際には技能的効率性を達成しておらず，それゆえ同じ産業内でも生産関数は企業によって異なる可能性があるということである。ライベンシュタインは，X-非効率の概念を用いて，たとえ仮に経済学において企業家が重要ではないとしても，経営者は重要かもしれないという可能性に余地を与えた。しかしながら，ライベンシュタインのX-非効率理論は，ときどき引用されるものの，実際には経済学者たちによって受け入れられているわけではない。それは，経済学の文献では謎の行き詰まりとなっている。

最近の喜ばしい例外は，まさにブルームたちの論文（Bloom *et al.*, 2013）である。彼らは，14社のインドの織物工場で，（先進諸国で）よく知られたワンセットが38からなる経営慣行を教えた結果，初年度で生産性が17％増加したというコントロールされた研究に基づいて，"マネジメントは重要である"（p. 40）という論文をクォータリー・ジャーナル・オブ・エコノミクス（*Quarterly Journal of Economics*）に公表した[30]。企業の初期の（回避可能な）非効率性に対する明白な理由は，インドの経営者たちが優れた慣行を知らなかったからか，あるいは彼らが聞いたものに対して懐疑的であったからである。これは，経済システムに偏在する不完全情報（そして怠慢）についてのオーストリー学派の概念を確証するものである。

しかし，ブルームたちの論文（Bloom *et al.*, 2013）は，ダイナミック・ケイパビリティ・フレームワークが示唆しているように，価格づけできない資産や共創活動のオーケストレーションを経営者の経済的役割として特徴づけなかった。むしろ，彼らが経営者の重要性として焦点を当てていたのは，移転しやすく，実験的環境でテストしやすい，まさにオーディナリー・ケイパビリティの開発と使用だったのである。ダイナミック・ケイパビリティ・フレームワーク

では，（企業家的）経営者が重要なのである。この点からすれば，それは単な
る氷山の一角にすぎない。

　X-非効率という言葉では言い表されないが，ダイナミック・ケイパビリ
ティ・フレームワークは，そのような50年前の概念の諸要素を暗黙的に受け入
れている[31]。ライベンシュタインと他の研究者は，X-非効率は競争の欠如が原
因であるとした。しかし，より根本的な理由は，お粗末な経営，限られた情報，
歴史の違い，そして弱いオーディナリー・ケイパビリティと弱いダイナミッ
ク・ケイパビリティであるように思える。（X-非効率を説明しようとする）経
済学者達の間では，この線にそった説明はライベンシュタインの時代もそれ以
降も注目されてこなかったのである。

　ダイナミック・ケイパビリティ・フレームワークは，X-非効率を抱える企
業（すなわち，技能的効率性レベルを上回るコストによって証明される弱い
オーディナリー・ケイパビリティを持つ企業）だけでなく，"d-非有効
(d-ineffectiveness)"（すなわち，弱く有効でないダイナミック・ケイパビリ
ティ）と呼べるものに苦しむ企業をも受け入れる企業理論を示唆している。私
は，実際，多くの企業が d-非有効的であると断定している。なぜなら，あら
ゆる点で，多くの企業が現在の市場ニーズと完全には適合していない製品ポー
トフォリオを提案しがちだからである。

　明らかに，戦略経営論の研究者たちは，ライベンシュタインとブルームをわ
きに置きつつ，経済学が想定していない次善の経営実務の問題をずっと認識し
てきた。前述したとおり，戦略経営論分野の鍵となる教義とは，企業間には異
質性があるということである。すべての企業がベスト・プラクティスに従うわ
けではない。ましてや他に勝る新しい実践を生み出したり，それに適応したり
するわけでもないのである。

　ここに描かれた経済学の欠点を改善する１つの方法は，ケイパビリティ論す
なわち"ケイパビリティの経済学"を受け入れることである。というのも，そ
れはイノベーションや企業間の異質性を許容する（そしてその説明に役立つ）
からである。また，それは戦略を受け入れることでもある。オーストリー学派
は，企業家に可能性を見出しているが，経営者にはほとんど可能性を見出して
いない。ケイパビリティの経済学には，企業家と経営者が補完し合う場がある。
それゆえ，ケイパビリティ論は，オーストリー経済学をその次の論理的ステッ

プへと連れ出すことになる。

6. 結　論

　グローバル経済の発展によって，国内外における企業家的で機敏な企業能力が重要視されてきた。そして，順次，経営陣が良い戦略を作成し，それに従って，柔軟性，学習，そしてもちろんイノベーションを可能にし，促進するように組織化することが要求されてきた。これが，今日のグローバル経済における生存と成長のためのコストであろう。しかし，経営学ではなく，経済学はこうした新たな現実を認識することに何十年も遅れている。

　ここで展開された命題は，良い戦略，VRIN 資源の所有（あるいはそのアクセス），（必ずしも所有する必要はないが）強いオーディナリー・ケイパビリティへのアクセス，（ある状況でのある種の）規模，そして強いダイナミック・ケイパビリティ，これが企業の長期的成長と生存とを達成するチャンスを高めるということである。言い換えると，先に d-非有効的な企業と呼んだもの——弱いダイナミック・ケイパビリティを持つ企業——は，たとえ X-非効率で苦しまないとしても短命だろうということである。

　われわれは，この論文で企業（ダイナミック・ケイパビリティ）理論のアウトラインを示した。それは，企業がどのようにして生き残り，成長し，そして繁栄するのかに関連するものである。ギボンズ（Gibbons, 2005）が指摘したように，資源／ケイパビリティ・アプローチは，組織の発展に関する数理理論にとって“のどから手が出るほど欲しい潜在的なインプリケーション”を持っている（Gibbons, 2005: 202）。ダイナミック・ケイパビリティ・フレームワークは模倣可能性と専有可能性を考慮し，競争優位を確立し維持する上で，どのようにして資源と戦略がダイナミック・ケイパビリティと結びつき，関係するのかを示す点で，関連するアプローチ——例えば，野中（Nonaka, 1994）の知のスパイラル，オライリーとタッシュマン（O'Reilly and Tushman, 2004, 2007）の両利き，マーチ（March, 1991）の探索と活用，あるいはアージリス（Argyris, 1976）のダブルループ学習——とは区別される。

　ダイナミック・ケイパビリティ・フレームワークによって，われわれが，企業レベルの異質性の起源，事業（enterprise）レベルの価値創造，価値獲得，

そして成長の源泉について，真の根本的理解に少しだけ近づいていると信じたい。他のどのフレームワークも，それに到達しようとするほど野心的ではない。先に述べたように，長期的なキャッシュフロー生成の源泉を理解することは戦略経営論の基本問題であり，ミクロ経済学やファイナンス理論でも最も深い未解決問題である。それは，組織論によって適切に対処されるものではない。その問題は，まさに直接的かつ間接的に経営学や投資決定論を活性化し，企業の生存と成長を理解しようとする探求をモティベイトする問いである。

ティースたち（Teece, Pisano and Shuen, 1997）は，急速な（科学技術の）変化がダイナミック・ケイパビリティを重要なものにしていることを明らかにした。本質的に，急速な変化が要求することは，企業が創造したり共創したりすることであり，次のことを一貫して評価したり再評価したりすることである。つまり，企業が完全に有利さを維持し，顧客が望むものを顧客が望むときに望ましい価格で提供するという技術的機会および市場機会の発展に貢献しているかどうかである。ここ数十年でグローバル化の影響により競争が拡大し，より多くの市場が急速な変化にさらされている。このことが，新しいビジネスモデルを要求し，ダイナミック・ケイパビリティの存在をより重要なものにした。グローバル化は，決して完成されるものではない——事実，セミ・グローバル化（Ghemawat, 2003）がより正確な特徴であるが，自給自足経済への回帰を誘発するグローバル経済の惨事を除いて，グローバル化は逆戻りすることはなさそうである。

ダイナミック・ケイパビリティ・フレームワークでは，最後まで生き残るのは，私がd-有効的な企業と呼ぶものだけである。オーディナリー・ケイパビリティはほとんど目立たず，しばしば外注化されるだろう。効率性だけでは，生存と成長にとって十分ではない。ケイパビリティ論は，企業レベルの永続的な競争力，経済発展，そしてその経済システムの適切な働きについて，より深い理解をもたらすような（戦略的な）経営学を可能にするためのツールを提供するものなのである。

注

1 （訳注）メタ・アナリシスともいわれている。

2 本節のいくつかの要素は，（Teece, 2014a）で参照できる。

3 次世代の競争は，市場構造によって特徴づけられる。それは，流動性の高さ，グローバルに拡散するノウハウとテクノロジーのクラスター，ビジネス・エコシステム間に生じる競争，そして技術の結合に依存するイノベーションである。

4 ウィンターのフレームワーク（例えば，Helfat and Winter, 2011）では，オーディナリー・ケイパビリティは，オペレーショナル（業務的）・ケイパビリティと同一視される。ウィンター（Winter, 2003）は，早い時期に，ゼロ・レベル（オーディナリー）のケイパビリティとは繰り返し同じことをすることであると非常に厳密に定義した。この見方は，新製品開発や小売の新しい支店を開くなど，どのような変化においても，ダイナミック・ケイパビリティが関係していることを意味する。私は，オーディナリー・ケイパビリティのこの定義はあまりにも狭すぎて関連する活動のすべての範囲を包括できないと思う。

5 石油産業において，M型構造は，約15年間にわたって多くの先導的な企業に普及した（Armour and Teece, 1978）。いったんベスト・プラクティスとしてこの組織構造が広く採用されると，米国石油産業ではそのベスト・プラクティスの早期採択と関係していた高い利益が散逸したことが，計量経済学的な研究結果によって示されている。

6 業務活動に関する多くの議論は，私の考えを，ダイナミック・ケイパビリティへと押しやる。一部の学者たちは，ビジネス環境に適応する良い戦略があるように，オペレーション戦略を資源開発やプロセス設定だとみなしている（Van Mieghem, 2008）。例えば，動きの速い食品業界において，オーディナリー・ケイパビリティは，キーとなるパフォーマンス指標の測定基準，トレーニングシステム，動機づけ，モニタリングなどに関係する。ダイナミック・ケイパビリティは，メニューに載せる新製品や，新たな営業時間（例えば，深夜），そして新たな場所（中心か郊外か）を考えることに対応する。

7 野中・竹内（Nonaka and Takeuchi, 2011）は，企業が経済的価値だけでなく社会的価値を生み出さなければ，企業は長期的に生き残ることはないだろうと注意を促している。彼らは，トヨタの社長を務めた豊田英二を引き合いに出し"要求のあるときに正しいことをすることは，天からの使命である"といっている（Nonaka and Takeuchi, 2011: 62）。

8 ダイナミック・ケイパビリティの3つの主要要素群の点からいえば，資産のオーケストレーションは捕捉と変容の基礎として最も関係している。

9 一部の学者は，数理モデル化（formalism）なくして理論はないと主張するかもしれない。しかしながら，この視点は，論理的あるいは歴史的で詳細な調査に耐えることができない。面白い因果構造（それが必ずしも数理的であるというわけではないが）が提示され（例えば，プレートテクトニクスの理論），数理的ではないが，理論に基づく科学としての地位を得た多くの分野がある（例えば，地質学）。数理的言語と一般的言語の両方とも，厳格にあるいは適切に使われうる。数理化行為を基準とすべきではないが，厳格さは基準にできる。

168 第Ⅱ部 ダイナミック・ケイパビリティ論

10 オージエとティース（Augier and Teece, 2008）は，次のように指摘した。ダイナミック・ケイパビリティ・フレームワークは"デザインの進化論"であると。しかしながら，この論文は，ダイナミック・ケイパビリティを"戦略プロセス"としてまとめている。本論文の中では，ケイパビリティと戦略概念の両者を区分して記述している。

11 ピーター・ドラッカー（Peter Drucker）は，次のように述べ，広く引用されている。"もし何か新しいものを得たいなら，古いことをやめなければならない"。しかし，何を修正し，何をそのまま残すのか，複雑な詳細事項を埋めるのは，経営者である。

12 プロセスには，ルーティン的なものとその場かぎりのものと両方ありうる。アップル社の製品開発についてのインタビュー（Burrows, 2004）の中で，CEOのスティーブ・ジョブズは，それを，ルーティン業務と創造的活動の混合として述べている。"アップルは非常に統制された企業であり，優れたプロセスを持っている。だが，それはそういう意味ではない。プロセスは効率性を高める。しかし，イノベーションというものは，新しいアイデアを持っているので，あるいはある問題に関して従来の考え方に穴をあける何かを認識したので，偶然，夜10時30分に通路で会った人々や相互に電話で話し合う人々から生み出されるものである。"

13 ネルソンとパック（Nelson and Pack, 1999）は，開発の蓄積理論と同化理論を区分した。同化アプローチは，企業体の開発と成長のダイナミック・ケイパビリティ理論と同じ立場にある。蓄積アプローチは，企業の資源ベースの観点とより類似している。

14 しかし，ルイス・カーズナー（Lou Gerstner）は，ゾウ（すなわち，大企業）を踊らせることが可能であることをIBM社で証明した（Gersnor, 2002）。

15 "ペンローズ女史は，企業がどのようにしてそのケイパビリティによって決められた方向に成長するのか，そしてこのケイパビリティ自体がどのようにしてゆっくりと拡大したり変化したりするのかに関して優れた説明をしてくれた"（Richardson, 1972: 888）。

16 ペンローズのフレームワークには，"提供されるサービスの中にある企業家の考えの及ぶ範囲"が含まれている（Penrose, 1959: 86）。この点で，おそらくペンローズはあるダイナミック・ケイパビリティについて述べていたのである。

17 強いダイナミック・ケイパビリティを持つ企業はVRIN資源を所有している可能性が高い。中には，ダイナミック・ケイパビリティ自体を長期的なVRIN資源とみなすことを好む研究者もいる。私は，ダイナミック・ケイパビリティのコアとなる資産（資源）のオーケストレーション機能から遠ざけるものとして，この紛らわしさを認識している。

18 （オーストラリアとカナダの支援を受けた）英国は，28隻の戦艦を含む151隻の戦闘船を保有していた。ドイツは，16隻の戦艦を含む99隻の戦闘船を保有していた。英国がドイツ艦隊を滅ぼせず，第2のトラファルガを勝ち取る大きな機会を逃したと一部の批評家は確信している。

19 ペトラフたちは，次の点をまさに適切に指摘した。ライバルが多様なケイパビリティをある程度模倣できるからといって，彼らが"等しく熟達している"（Peteraf,

第5章　企業パフォーマンスの基礎　　169

De Stefano and Verona, 2013: 1403）わけではない，あるいは競争相手が即座に同じ水準までレベルアップするわけではない。

20　強いオーディナリー・ケイパビリティは，淘汰圧の弱い（競争の緩やかな）環境では，少なくとも競争がより激しくなるまでは安定した利益をもたらすことができる。しかし，たとえ企業そのものがほどほどの利益しか生み出せないとしても，多くの雇用が生まれる可能性もある。株主があまりあるいはまったく利益を得られないとしても，国家は弱いダイナミック・ケイパビリティを持つ事業会社に国内経済を支配させることから恩恵を受けるかもしれない。その逆もまた真である。つまり，強いダイナミック・ケイパビリティを持つ企業は，必ずしも多くの雇用を生み出すわけではなく優れた株主利益を生み出す。

21　グーグル（Google）社は，従業員インタビューに基づいて，より効果的なマネジメントにつながる8つの経営"行動"（実践）を識別した。しかし，ガーヴィン（Garvin, 2013: 82）が指摘するように，"8つの行動は…グーグル社に長期的な優位性を与えないかもしれない。その8つの行動は専有されていないため，同様の競争上の特徴を持つ企業はグーグル社のアプローチをまねできるからである"。

22　フロネシスとは，ギリシャ語で実践的な知性や知恵をいう。

23　発展途上経済に投資している多国籍企業は，特例である。先進経済諸国に所在している企業は，"彼らが事業を営むほとんどすべての国で，良い経営慣行を採用しているようにみえる"（Bloom *et al.*, 2012: 14）。しばらくの間，彼らは強いオーディナリー・ケイパビリティで，このように成功を治めるかもしれない。なぜなら，競争が緩やかな環境や"淘汰"圧力が弱い環境では，自国で開発されたオーディナリー・ケイパビリティが一時的に海外では独自のものかもしれないからである。ファストフードのマクドナルド社が海外で成功したのは，そのオーディナリー・ケイパビリティを移行する能力に一部由来しているのである。

24　例えば，ディ・ステファノたち（Di Stefano, Peterof and Verona, 2014）は，行動理論の研究者たちが，競争上のポジションには限定的な関心しか持たずに組織的適応を研究することによって，ある種のダイナミック・ケイパビリティ研究を他の種類のものよりも，どのように好んでいるのかについて述べている。しかしながら，彼らがダイナミック・ケイパビリティを引き合いに出して，そのようなことを述べることは，ダイナミック・ケイパビリティ・フレームワークを弱めることにはならない。その代わりに，適応が生じる範囲内でより幅広い競争や収益性に求められるものを暗に認識することによって，行動理論を強化しているのである。

25　経済学理論の多くは，企業に関する同質性の仮定をいまだに採用している。その主要な例外はゲーム理論であり，そこでは違い（非対称性）が認められている。しかしながら，もしすべてのことを証明してしまうがゆえにゲーム理論は何も証明しないというサットンの主張（Sutton, 1990）がその本質をとらえているならば，ほとんどのゲーム理論モデルは明らかに頑健でない。

26　強いダイナミック・ケイパビリティは，効果的なアウトソーシングの必要条件である。ボーイング社（Boeing）は，以前よりも広範なグローバルのサプライヤーを使い，新型787ドリームライナーという旅客ジェットのサプライチェーンを構築した。不幸なことに，それはモニタリング能力を削ることでもあった。不適切な部

品による問題は，3年以上の遅れにつながった（Kesmodel, 2011）。これは，資産のオーケストレーションの失敗であった。

27　ロビンス（Robbins, 1932）は，おそらくこのように経済問題を言い表した最初の人物だった。それは，目的と手段に関する知識を暗黙のうちに前提とし，経済問題を技能的効率性と最適化問題へと変えるのである。

28　経営者の機能が経済学においていかにあいまいかについてのより完全な記述は，（Teece and Winter, 1984）を参照。

29　経済学の文献から企業特殊な経営実務を仮想的に排除することの顕著な例外については，ブルームとヴァン・リーネン（Bloom and Van Reenen, 2007）を参照。

30　グーグル社は，最近，社内でマネジメントが重要なのかどうかを試そうとした。彼らは，"'マネジメントの質における最小の増強'でさえ，'非常に強力である'"ことに気づいた（Garvin, 2013: 77, ニール・パテル（Neal Pate）――グーグル社の内部研究の共同代表者――から引用）。

31　特に，ダイナミック・ケイパビリティ・フレームワークは，次のことを認めている。(1)すべての企業がベスト・プラクティスの最先端にいるわけではないことと，(2)ベスト・プラクティスを選択した企業でさえ（現在の市場の要求や技術的機会に対して）"誤った"製品を生産しているかもしれず，イノベーションを行うべきだということである。

第Ⅲ部

ダイナミック・ケイパビリティ論
の応用

第6章 多国籍企業におけるダイナミック・ケイパビリティ・ベースの企業家理論

A Dynamic Capabilities-Based Entrepreneurial Theory of the Multinational Enterprise
(*Journal of International Business Studies*, 2014, 45: 8-37)

1. はじめに

　多国籍企業（MNE）とは，時間の経過とともに，利益を求めて，複数の国で所得を生み出すような資産を開発し，それを利用するために戦略を策定し，経営し，そして操業する事業会社である。もしそのような事業会社に関する確固たる理論があるとすれば，それは，グローバルな範囲，ネットワークの特性，そして持続的競争優位（SCA）の基礎を理解させるものでなければならない。したがって，国際ビジネス研究は，国際経営研究から切り離されるべきものではない。そしてまた，多国籍企業論は，より一般的な事業会社の理論の遠戚のようなものであってはならない。しかも，グローバルな統合が不完全で，国ごとに経済や地理的条件は異なるので，いまだ扱われてない特別な問題や考慮すべき事柄が残されている。これらを，多国籍企業論は扱わなければならないのである。

　企業理論は，長い間，なぜ企業が存在するのか，そして何が企業境界を決めるのかといった問題に取り組んできた。より明確に言えば，確固たる企業理論というものは，以下のことも説明できるものでなければならない。

(1) ある企業は国内にとどまるが，ある企業は成長し海外へ進出する理由
(2) 企業活動の地理的アイデンティティと地理的範囲のみならずその製品[1]
(3) 市場に参入するタイミングと方法
(4) 海外直接投資（FDI）の推進力（driver）と子会社の役割の説明

　最も重要なことは，満足のいく多国籍企業論とは，企業がどのようにして持続的競争優位を構築し維持するのかを理解させるものでなければならないという点である[2]。

第6章　多国籍企業におけるダイナミック・ケイパビリティ・ベースの企業家理論　　173

　本論文は，組織的ケイパビリティ[3]，競争戦略，そして企業家精神に関する学問的な知識を用いて，多国籍企業論や競争優位論に欠けているものやその不備を埋めようとする試みである。第1の目的は，"内部化学派(internationalization scholars)"と，私が"国際経営学派（international management scholars)"と呼ぶ研究者たちの間の意見を一致させることによって，国際ビジネス分野により優れた結びつきをもたらすことである。"国際経営学派"とは，バートレット（Bartlett），ゴシャール（Ghoshal），そしてドーズ（Doz）のような，他のアプローチを支持し，内部化理論を避けるようになった研究者たちである。第2の目的は，グローバル企業の持続的競争優位にも関係しているといわれているが，戦略経営論分野とのより優れた結びつきをもたらすことである。第3の目的は，一部の研究者からの挑戦に応じて，国際ビジネスに関する文献に企業家理論とのより良い接点をもたらすことである。かつて，マーク・カソン（Casson, 1986b: 54）は，"企業家の経済理論を用いた国の優位の動学理論"を求めていた[4]。同様に，ジョーンズとワドワーニ（Jones and Wadhwani, 2007: 2）は，"グローバル資本主義の歴史的諸側面に対するわれわれの理解を深めるために，企業家パースペクティブ"を用いる機会とその必要性を認識していた。

　第4の目的は，多国籍企業の本質や持続的競争優位の基礎に光を当てるために，ガバナンス・パースペクティブと企業家精神／ケイパビリティ・パースペクティブの両方がどのように必要とされるのかを論証することによって，企業の経済的，組織的，そして企業家的な諸理論を統合することである[5]。私は，ケイパビリティ・パースペクティブとガバナンス・パースペクティブが"競合的でも補完的でもあるが…前者というよりは後者である"（Williamson, 1999: 1106）というUCバークレーの同僚オリバー・ウィリアムソンの見解に同意する。また，私は，ケイパビリティ・ビューがガバナンス／契約ビューを包含し，ガバナンス／取引コスト最小化という意思決定が行われるフレームワークを提示できるとも考えている[6]。

　これらの4つの目的は，野心的で学際的なアジェンダを構成する。そのアジェンダは，フランク・ナイト（Knight, 1921）やノーベル賞受賞者コース（Coase, 1937）が取り組んだ深い理論的問題に勝るものである[7]。

　本論文の構成は，以下のとおりである。本論文は，多国籍企業論への初期の多くのアプローチのレビューからはじめる。そして，様々な欠点を明らかにし，

それとともにこれらの欠点がどのように改善されうるのかについてのヒントを見出す。その進行方向は，ケイパビリティ論へと向かい，それは本論文が展開されるにつれて美しく形づくられることになる。その後，そのフレームワークは多国籍企業の古典的問題に応用され，その探求的な洞察がレビューされる。本論文は，ケイパビリティを多国籍企業論に持ち込んだ初期の研究（Augier and Teece, 2007, 2008; Pitelis and Teece, 2010; Teece, 2006a）に基づいている。これまで国際ビジネス分野における既存の理論や，いくつかの理論間の隔たりを橋渡しするような多くの研究がなされてきた（例えば，Rugman and Verbeke, 1992, 2003）。それゆえ，ケイパビリティ／企業家精神フレームワークを利用したり，そのフレームワークに統合したりするための優れた学問的な知識はたくさんある。これらによって，より確固たる統合的な多国籍企業理論がつくり出されるとともに，国際ビジネスの文献と国際経営の文献の境界線はあいまいなものになるだろう。

2. 現代の多国籍企業論

内部化というパースペクティブは，この30年間，多国籍企業に関する多くの文献の中心を占めてきた（Dunning and Lundan, 2008）。このパースペクティブは，"市場の失敗"という要件に訴えることによって，国際的に生産する理由や多国籍企業という存在を説明しようとするものである。こうした"失敗"は，なぜ企業が国境を越えて取引を内部化するのかを説明するのに役立つ。しかし，このパースペクティブは，なぜ企業の業績に差があるのかを説明できない[8]。

内部化パースペクティブは，おそらく間違いなくそれ以前のハイマー‐キンドルバーガー・パラダイムよりも強固なものである。前者は，事実上，効率性ベースの海外直接投資や多国籍企業の説明であり，後者は市場支配力に基づく説明である。ハイマー（Hymer, 1968）は，ある論文の中で，内部化する理由として明確にコース的な正当化について言及していた。しかし，彼は標準的な企業理論やメイソン‐ベインの産業組織の構造─行為─成果（SCP）パラダイムに深く固執していた（Dunning and Pitelis, 2008）。ハイマーが，多国籍企業は特別な優位性を持つという結論から，その独占力と独占による優位性の利用

が多国籍企業の存在やその発展の主な理由であり，それゆえそれは政府の統制手段によって規制されるか，そうでなければ制限されるべきものであるという主張に直ちに移行したとき，彼の分析は価値を失ったのである（Teece, 1981a）[9]。

内部化学派は，とりわけ契約に関わる問題に起因する市場の失敗を強調することによって，ハイマーが放置していたことを超えて，多国籍企業の理解を前進させた。これが，効率性ベースの多国籍企業の説明へとつながっていった。内部化には，2つの支流（合理的説明）がある。

(1) 内部化によって取引コスト／ホールドアップ問題が回避される。
(2) 多国籍企業の内部で技術移転されると，資源移転コストが抑制され，学習が促進される。

第1の支流は，バックレイとカソン（Buckley and Casson, 1976），ダニング（Dunning, 1981），ラグマン（Rugman, 1981），ティース（Teece, 1975, 1976a, 1981a），ウィリアムソン（Williamson, 1981）などによって展開された。特に，この内部化"学派"は，契約上の問題とそれに関連する市場の失敗を，内部化の決定的な理由とみなす。この種の論文は，取引コスト・ベース，比較ガバナンス・ベース，あるいは交換ベースの内部化理論を代表するものと考えられる[10]。この流れの初期の貢献（例えば，Casson, 1979）は，明らかに内部化を双方向的なもの（a two-way street）とみなし，取引状況が保証されている（warranted）場合には内部取引は外部化（アウトソーシング）できるとし，これまで一般的に企業が何を統合しようとするのかに焦点が絞られすぎていて，そのことが認識されてこなかったことが指摘された。

バックレイとカソンの研究（Buckley and Casson, 1976）は，このジャンルで最も厳密にコースの論文（Coase, 1937）をグローバルな文脈へと拡張した初期の試みであった。彼らが論証したのは，グローバルな調整（coordination）を通して，ある中間的で，ほとんど無形な資産の公共財的側面とそのような資産の経営的なコントロールから発生する取引コストが多国籍企業によって最小化されるということであった。内部化学派のこの支流派は，様々な参入方法（例えば，輸出，ライセンス供与，海外直接投資）に関して相対的な優位性を

考察したのである。同じ流れにいるヘナート（Hennart, 1982）は，国際的な相互依存性が，独立した当事者間の（arm's length）市場取引よりも，雇用契約を通して取引コスト的に効率的な方法で扱われる諸条件を探究した。ラグマン（Rugman, 1981）も，国際市場における市場の不完全性を克服する多国籍企業の役割を強調した[11]。内部化パラダイムのこのバージョンは広く普及したので，マーク・カソンがまさに1980年代半ばまでにすでに“現代の多国籍企業論は，本質的に国際ビジネスにおける契約関係の一般理論である”（Casson, 1986a: 6）と主張したのは正しかった。

　相対的に無視されてきた内部化の第2の支流派は，内部化の本質をホールドアップの危険を和らげ，それゆえ取引コストを抑制して発生するものとはみなしていない。むしろ，その支流派は統合された企業の共通（組織）文化や，市場での調整と比べて企業内部での調整の容易さを強調する。統合によって，契約上の潜在的な問題が緩和されるだけでなく，多国籍企業内では技術やノウハウの国境を越えた移転を通してノウハウや専門知識が学習され，共有されうるのである。この点で，多国籍企業は国境横断的な人的交流を容易にし，専有可能性を高め，そして営業秘密を強化することになる。したがって，多国籍企業では，技術が第三者に移転されることなく，より強力で意図的にコントロールされる完全所有の事業単位に移転されるため，知的財産に関する懸念も和らぐことになる。

　この内部化理論の第2の支流派では，機会の認識，人的交流，学習，統合，そして技術移転の支援を促進することが非常に重要となるが，それらは取引コスト節約という題目の下では必ずしも扱えないのである。内部化に関するこの支流派の文献では，多国籍企業の本質は，取引コストを抑制することよりも，特異な組織ケイパビリティや技術ケイパビリティの開発，移転，そしてオーケストレーションにおける効果的な企業家的能力にある（Teece, 1981a）。カントウェル（Cantwell, 1989）は，この支流派を異なる形で発展させ，それを“産業ダイナミクス”と技術蓄積パースペクティブと呼んだ。そのパースペクティブは，その焦点を産業構造から産業進化へと移行させるものであった。産業が進化する場合，海外直接投資によって国内外で“新しい技術的優位性”が生み出されるのである。

　この第2の支流派は，多国籍企業への知識ベース・アプローチとして進化し

てきた。いくぶんティース（Teece, 1976a, 1977a, 1981a）の精神に沿って，コグートとザンダー（Kogut and Zander, 1992）は，多国籍企業を暗黙知や形式知を生み出し，それらを守るための手段として，そして国境横断的に技術や産業ノウハウを移転するための手段とみなした。この説明では，企業境界の拡張は知識移転を必要とし，それを容易にするものであった。知識の内部取引が好まれるのは，取引コストが主な理由ではなくて，企業内では市場よりも少ない資源の費消で知識を伝えられるからだという（Tallman, 2003; Teece, 1976a, 1977a）。コグートとザンダーのモデルでは，機会主義は恒常的な要因とはみなされない。というのも，企業は自発的活動を支援するような社会的コミュニティを提供するために存在するとみなされるからである。

　内部化のいずれの支流派も，多国籍企業に対して重要で適切な洞察を提供するものである。カントウェル（Cantwell, 1989）は，契約フレームワークをケイパビリティ開発理論と結びつける必要性を早くから認識していた。このような彼の初期の貢献にもかかわらず，国際ビジネス研究では，ケイパビリティについて十分検討してこなかったため，それが大きなマイナス要素となっている（例えば，Birklnshaw and Hood, 1998; Cantwell, 2009; Langlois, 2007）。第1の支流派には，次の節で説明するような欠点があるため，いままさに第2の支流派（すなわち，ケイパビリティ）を強化し，企業家について考慮することによって第2の支流派を補強し，そして取引コストに基づいた比較ガバナンス・パースペクティブと結びつけられるときなのである[12]。これが達成されれば，第2の支流派は十分に強固なものとなり，取引コスト・パースペクティブを内包できる体系として役立つだろう。

3. 素朴な取引コスト・ベースの多国籍企業論の欠点

　この節では，まず，ある意味で新古典派的な取引コスト比較ガバナンス・パースペクティブの欠点を明らかにし，それを取り除く方法についての手がかりを提示する[13]。次の節では，企業家的な，あるいはケイパビリティ概念に関する複合的なパースペクティブを提示することを目的とする。そのパースペクティブは，その内部に取引コストを含んでいる。

3.1 ケイパビリティと学習の未探究

ハイマー（Hymer, 1976），バックレイとカソン（Buckley and Casson, 1976），そしてウィリアムソン（Williamson, 1981）もある程度そうなのだが，内部化に対する初期の貢献は，程度の差はあるものの，新古典派的な限界分析に依存し，ダイナミクスや，とりわけ学習とケイパビリティの強化の重要性を無視あるいは軽視してきた。そのフレームワークが，さらに別の現象を説明できるように拡張されたときでさえ，ケイパビリティや学習は無視されていた。例えば，多国籍企業の境界を説明する際に，ジョン・ダニング（Dunning, 1995）は，内部化要因と並んで所有と立地の重要性を主張した（彼の OLI［Ownership, Location, Internalization］モデル）。バックレイとカソン（Buckley and Casson, 1998）も，これらの要素を受け入れたようにみえた。さらに，その後の研究で，バックレイとカソンは，ダイナミクス，イノベーション，柔軟性，リアルオプション，国際的な企業家精神，ジョイント・ベンチャー，そして文化的問題に取り組もうとした。しかし，彼らは，ケイパビリティの問題をしっかりと受け入れることはなかった。バックレイは，この印象的な研究を要約し，行動科学的な見方や社会学的な見方が内部化と統合しにくい理由はそれらの見方が合理的選択という公理に従っていないからだと説明した。その目標（理論的統合）は非常に挑戦的なことであるが，達成可能である。ティースの初期の研究（Teece, 1982）では，取引コスト型理論とケイパビリティ型理論が並存しうることが示されている。さらに，ダニングのいう所有要因についての1つの可能な解釈とは，それが（特に初期の OLI モデルでは，静態的なものであるにもかかわらず）ケイパビリティの代理であるというものである[14]。明らかに，すでにケイパビリティ・アプローチへの第一歩が踏み出されていたのである。

しかし，たとえダニングの所有要因が企業特殊な要因やその国の制度（イノベーションシステムや生産システム）を受け入れたものと解釈できたとしても，またその所有要因が企業レベルのケイパビリティの代理として認められたとしても，それらの性質，起源，オーケストレーション，複製可能性／移転可能性，そして模倣可能性に関する理論的な構造や内容はいまだ十分ではない。そのため，取引コストに基づいた内部化理論も OLI も，企業レベルの資産所有やケ

第6章　多国籍企業におけるダイナミック・ケイパビリティ・ベースの企業家理論　179

イパビリティが持つ，競争相手と比べた優位性の源泉をうまく説明できないのである。ケイパビリティは，明らかにその大部分が学習を通して構築されるが，ダニングのO（所有）要因では，そのことがほとんど触れられていない（Pitelis, 2007a）[15]。学習が企業特殊な資産を開発する主要メカニズムである，という認識が重要である[16]。

　より最近の著作で，ダニングとランダン（Dunning and Lundan）は，企業の経路依存的な資源やケイパビリティとその制度的基盤を用いて，ダイナミックな成長を説明し，ケイパビリティというミクロ構造を（制度的）マクロ構造の発展と関連づける必要があることを強調している（Cantwell, Dunning and Lundan, 2010; Dunning and Lundan, 2008）。このような最近の研究は，企業の内部化プロセスのダイナミクスについて，われわれの理解を深めるのに役立ってきた。しかし，それでも大きなギャップがある。カントウェル（1989）が論じた技術蓄積の理論は，いまなお企業が技術ケイパビリティを構築する際の重要なメカニズムである。しかし，技術が以前よりはるかにグローバルに分散していることを考慮すれば，競争優位の唯一の基礎として企業内の研究開発に依存することは，もはや支持できない。顧客から高評価を得る差別化された製品やサービスをタイミングよく提供するには，企業の内部と外部の両方の技術を，効果的にオーケストレートしなければならないのである（Augier and Teece, 2007; Pitelis, 2004）。

3.2　国境横断的な市場の創造や共創の無視

　市場の創造や共創は，いずれも常に多国籍企業の重要な役割でありつづけ，企業家的でダイナミックな概念である。しかし，市場の創造や共創は，一般に内部化に関する文献の第1の（取引コスト的）支流派では無視されてきた。これらの活動は，ここ数十年間，多国籍企業論が非常に重視してきた市場への参入方法の選択に関わる意思決定とはまったく異なるものである（例えば，Brouthers, 2013; Hennart, 2009; Zahra, Ireland and Hitt, 2000）。

　内部化理論への取引コスト・アプローチは，調達／供給契約，ジョイント・ベンチャー，そして完全所有子会社といった［国外市場への］参入方法に焦点を当ててきた。参入方法を説明するために，取引コスト経済学は，市場がすでに存在しているものと暗黙的に仮定している。その市場は，一定の条件の下で

（例えば，資産特殊性や複雑なノウハウの移転が関係している場合）"失敗"し，MNE（多国籍企業）やFDI（海外直接投資）の出現が必要となる。そうでなければ当事者の一方にとって望ましくない形で進展してしまう取引を，MNEやFDIは（経営組織構造の下に）内部化することによって，市場の失敗に対処することになる。しかし，市場の失敗という仮定が単なる分析上の便宜にすぎないことは，以前から認識されてきた。市場は，仮想的な完全市場に比べて失敗するだけであり，そのような完全市場はほとんど存在しないのである。市場の失敗や市場の機能（あるいは機能不全）に夢中になり，まさに市場の存在そのものに関連するもっと重要な問題が無視されてきたのである。市場の創造や共創という機能は，単に（理想的な基準と比べて）ほとんど機能していない市場に対する反応ではない。むしろ，実際には，そのような市場は単に発生するものではなく，一般に事業会社の企業家的経営者によって創造あるいは共創される必要がある（Pitelis and Teece, 2010）ということである[17]。

　言い換えれば，たとえ市場が存在しているとしても，それは非常に薄い，あるいはそうでなければ不完全なものかもしれない。このことは，特により専門化され，異質で，そして不確実な需給条件や不確実な機会に当てはまる[18]。そのため，通常，多国籍企業の企業家的経営者は，単にすべての活動を内部化して取引上の困難を解決することよりも，販売市場や原材料やコンポーネントの調達市場を確保するために，アイデア市場や製品市場を創造したり，サプライヤーのケイパビリティを強化したりするようなことを考えなければならないのである。市場の創造や共創に基づく多国籍企業の見方は，明らかに契約アプローチとはいくぶん異なるものである[19]。

　以上のことから，多国籍企業に対する合理的説明は，技術や中間製品の内部移転によって（ある外部の水準と比較した）効率性を達成するということだけではなく，共特化を生み出して管理したり，必要ならば新たな市場を創造したり，従来の市場を拡大したりするということでもある。実際，本論文の別の箇所では，多国籍企業が存在する最も重要な理由は，その国境を超えた影響力，企業家能力，そして組織的ケイパビリティが，川上にも川下にも，また水平的にも，市場の創造や共創のプロセスにとっても，不可欠なことだということである。

　市場創造の考察は，ある程度，企業家精神に関するカソンの重要な研究の中

で，すでになされている（Casson, 1982, 1997, 2005）。しかし，彼の理論では，市場形成（market-making）は，いくぶん新古典派的で，個々人の行動に集中しすぎており，多国籍企業とはあまり関連がない。特に，カソンのアプローチでは，市場を形成したり，大勢に影響を与えたり，需要を生み出したり，そして新たな市場を存立させるために必要な補完物をまとめたりする場合，企業やその経営者のケイパビリティの重要さが認識されていないように思われる。

　理論に反映すべき現実とは，グローバル企業が操業する新しいエコシステムの構築に，企業家的な多国籍企業が役立ちうるということである。多国籍企業は，新製品をうまく売り出すために，必要な補完物やその他の基盤への投資を促進する。多国籍企業は，補完物への投資によって，特定のビジネス・エコシステムを活性化することができる。したがって，エコシステムは，（グローバル）企業によって通常共創されるように，一部内生的なものである[20]。これは，産業を分析領域とし，市場構造が外生的に決定されるというポーター（Porter, 1980, 1985）や基本的な産業組織論モデルとは対照的である。本論文では，競争分析にとって適切な分析領域として，（産業ではなく）エコシステムの概念を提示する。

3.3 企業家精神の抑制，均衡の仮定，経営者の沈黙，リーダーシップの無視

　コース的な企業観では，内部化の限界コストが市場依存の限界コストと等しくなる無差別な点に達するまで，取引を内部化する経営者によって資源が配分され，意思決定が行われることになる。こうしたパースペクティブは，新古典派のツール（限界分析と均衡概念の両方）を用いて，経営行動や企業の本質を説明するものである。さらに，生産や技術といった要因は所与であり，価格も（暗黙的に）知られている。そこでの経済問題（あるいは，ビジネスモデルの選択）は，市場交換かあるいは（垂直）統合かだけである。国際的な文脈では，後者は海外直接投資を意味している[21]。コース的な企業では，せいぜい経営者には控えめな役割があるだけであり，企業家の入る余地はなく，リーダーも必要ないのである。

　ウィリアムソン（Williamson, 1981, 1985）は，取引コスト・フレームワークの契約上の基礎を深め，コースの主張を拡張した。このとき，ウィリアムソン

は，資産特殊性の役割に注目することによって，企業境界の予測モデルを創り出した。ウィリアムソンの契約図式において，不確実な状況では，限定合理性が無数の潜在的な不測の事態につながり，その結果，完全な条件付き請求権といった契約は不可能になる。それゆえ，契約は必然的に不完備なものになる。そして，このことが再契約の危険につながることになる。こうした危険は，内部化によって，たとえ取り除かれないとしても緩和される。立地の問題は，（それが取引コストに影響する範囲で）間接的に取り扱われるにすぎない[22]。

　端的にいえば，企業理論を構築しようとする際に，コースもウィリアムソンも，国内外を問わず新たな機会を探索したり創り出したりする上で，事業会社が果たす重要な役割に焦点を当てなかったのである。また，彼らは学習やリーダーシップを大きく取り上げることもなかった。むしろ，このようなフレームワークでは，（多国籍企業を含む）企業の発展は，取引コストを最小化したいという経営者の願望，特に機会主義から守りたいという経営者の願望によるものである。他方，機会については，ほとんど完全に無視されているのである。

　また，組織変革も無視されている。そこでの限られた変革——おそらく主要な代表例は，ウィリアムソンの"根本的変容（fundamental transformation）"——は，企業家精神やイノベーションによるものではない。むしろ，それは，"ホールドアップ（お手上げ状態）"される（すなわち，レントが抜き取られる）ような過去の投資から起こるものである。というのも，いったん特異な投資がなされると，交渉上，立場の変化を利用して機会主義的な契約相手が再契約時に法外な要求をしてくるからである。

　言い換えれば，内部化理論は，コースやウィリアムソンに依存している限り，"市場の失敗"につながり，どこにでもあるような契約問題を前提とすることになる。内部化は，主にガバナンス構造を変化させることによって，これらの問題を克服する。彼らの分析では，機会の発見，学習，そして知識創造といった企業家的な機能や経営者的な機能は，ほとんど何の役割も果たさない。企業家精神も，リーダーシップも必要とされないし，注目されることもないのである。

　しかし，実際には，組織的文脈で働く企業家や企業家的経営者は，新たな知識を発見したり創出したりするとともに，国内外で新技術の商品化を促進する。彼らは，新たな機会について学び，ときには必要に応じて機会を創出したり技

第6章　多国籍企業におけるダイナミック・ケイパビリティ・ベースの企業家理論　183

術を移転したりすることを助ける。新たな機会についての情報／知識の市場（Gans and Stern, 2010 ; Teece, 1981b）が十分に発展していないため，企業家や経営者は，知識創造や知識の獲得を助けるために，企業内で組織的ケイパビリティを構築しなければならないのである（Teece, 1986b, 2006b）。実際，こうした企業は，通常，グローバルに展開する必要がある。企業理論において，こうした企業家機能や経営者機能を無視することは深刻な手抜きであると思われる[23]。リーダーの役割，特に組織的変容における経営者の役割を無視することも，等しく由々しきことである。

3.4　(海外) 子会社の所有から生じる"コントロール"：難解な企業間関係

"ガバナンス"ベースのほとんどのFDI（海外直接投資）理論では，戦略的コントロールは親会社に属し，所有を通してなされること，諸目標と経済効率性を整合的に達成するためにインセンティブを正しく与えることが必要十分条件であること，そして子会社がまさにその対象であること，これらが暗黙的に仮定されたり，あるいは明示的に述べられたりする（例えば，Hennart, 2010）。分離しているが，一方的に財務的制約が課される，こういった多国籍企業の見方は，完全所有の子会社を望ましい組織形態とみなす傾向がある。というのも，特殊な資産を再契約の危険から守ることが，多国籍企業の主な目的となるからである[24]。

実際，事業単位の共同所有は，インセンティブ問題を排除できず，必ずしもコントロールできるとはかぎらない。このことは，特に多国籍企業の文脈では正しい。そこでは，受入国の従業員と株主である多国籍企業との結びつきは，完全なものとはいえない。このことは，国際ビジネス研究者たちにはよく知られている。しかし，多国籍企業の内部化理論は，このことを考慮した明快な方法を見つけようと苦心している。ヘルパーと酒向（Helper and Sako, 2012）が示唆しているように，もし資産の所有がインセンティブの調整にとって必要十分条件でないならば，内部化理論は，それが多国籍企業の本質を捉えうるものだとすれば，何らかの形で修正されなければならない。再契約の危険を避けるために，多国籍企業が内部化を選択するという証拠は，どうひいき目に見ても弱いのは確かである[25]。

経営史家アルフレッド・チャンドラー（Alfred Chandler）は，グローバル
に展開する完全統合企業の構造的長所を初めて認識した人物の一人である。彼
のパラダイムでは，（垂直）統合は調整を実現するために必要だったのである
（Chandler, 1977）。しかし，この数十年間で，国境を越えたコミュニケーショ
ン技術が劇的に向上し，ケイパビリティはこれまで以上にグローバルに分散し
ている。その結果，サプライチェーンにおける調整は，以前より内部化に左右
されなくなっているように思われる。内部化理論に対するインプリケーション
は多い。

アップル（Apple）社について考えてみよう。アップル社は，その独創的な
デザインで知られているが，自社の製造工程を一切保有していない。アップル
社は，多くの企業と密接な供給関係をもっている。その一部は，純粋な契約業
者（例えば，台湾に本社を置き，中国に工場を持つフォックスコン社
[Foxconn]）であり，少なくとも1社は競争業者（韓国に本社を置くサムスン
社 [Samsung]）である。アップル社は，一部のサプライヤーを資金面で援助し，
短期間（例えば3年間）の独占的な購入の取り決めを行う。契約上の取り決め
は，アップル社にとって必要な調整を十分可能にする一方で，市場からの圧力
に対応するために必要な柔軟性も維持しているように思える。アップル社のよ
うな，かなりアウトソーシングに頼るパワフルな企業の事例は，内部化に関す
る標準的な契約アプローチが，企業の企業家パラダイム，ケイパビリティ・パ
ラダイム，そして"ネットワーク"パラダイムなどと結合され，それゆえおそ
らくそのアプローチに埋め込まれる必要があるということを，われわれに気づ
かせるのに役に立つ。

こうしたアウトソーシングの取り決めは，"国際的生産ネットワーク"（例え
ば，Ernst and Guerrieri, 1998）や"グローバル・バリューチェーン"（例えば，
Gereffi, Humphrey and Sturgeon, 2005）を含め，様々な名称の下で研究され
てきた。バックレイは，"ブランド所有者が，デザイン，エンジニアリング，
そしてマーケティングをコントロールする一方で，生産の大部分を部品サプラ
イヤーにアウトソーシングし，おそらく最終組み立ても外注する"（Buckley,
2007: 115）ようなネットワークを特徴づけるために，"グローバル・ファクト
リー"という表現を導入した。バックレイは，グローバル・ファクトリー・
ネットワークは"重要な資産と知識や中間財の流れをコントロールすることに

第6章　多国籍企業におけるダイナミック・ケイパビリティ・ベースの企業家理論　185

よって，まとめあげられる"（Buckley, 2009: 230）と主張している。（仮想の）グローバル・ファクトリーという概念は，ダイナミック・ケイパビリティの考えを受け入れるために，バックレイが選んだ仕組みだと思われる。

3.5　競争優位の無視

　ジェフリー・ジョーンズ（Geoffrey Jones）が指摘しているように，"多国籍企業はそれぞれが非常に異質であるという認識は，歴史から得られる最も重要な教訓の1つである"（Jones, 2005: 289）。経済学における多国籍企業論（取引コスト理論も例外ではない）は，この異質性をうまく扱えないために，競争優位，すなわち企業レベルあるいは事業レベルの持続的で優れた（"平均以上の"）財務業績の基礎となるものに関連する問題を取り上げることができない。様々なガバナンス形態は特定の型の取引に適しているとみなされるが，他方でそのフレームワークは，特定の企業に関して，どのように競争優位が構築され維持されるのかについては言及しない。新しい優れたガバナンス形式の考案が一時的に競争優位の源泉となりうることは事実であるが，全般的な問題として，ガバナンスにおけるイノベーションを急速な模倣から保護することは簡単ではない。それゆえ，ガバナンスがもたらす優位性はときにはかなり急速に失われるだろう。

　さらに，取引コスト経済学の発展とその広範な普及の結果，優れたガバナンスというツールに関する知識は，だれでもが利用できるパブリック・ドメイン（公共領域）となっている。当然ながら，企業内の要因によって優れたガバナンス規約を採用することが阻止されるかもしれない。もしそうならば，新しいガバナンス形式は差別化に役立つ可能性がある。しかし，取引コスト分析は，いつどこでそうなるのかに関して重要な理解をもたらさない。したがって，競争優位を理解しようと努力している研究者や実務家たちにとって，取引コスト分析の重要性は限られているのである。

　企業レベルの異質性やその競争優位の詳細について無視することが，おそらく国際ビジネス分野と国際（戦略）経営分野を分離させている主な理由であろう。前者は大抵それを無視し，後者はそれを包含している。この隔たりに橋が架かるまで，国際ビジネスの研究者たちは，経営者に対してほとんど何もいえないだろうし，国際経営の研究者たちは，公共政策や国家競争力の理解にはほ

とんど貢献できないだろう。

4. 多国籍企業のケイパビリティ理論に向けて

4.1 先行研究：資源パースペクティブと初期のケイパビリティ・パースペクティブ

　内部化理論は，多国籍企業に対する重要な理解を提供してきた。このことは，そのアプローチから派生したいずれの流れに関しても事実である。しかし，国際ビジネス分野が成熟し，企業の経済理論が発展してきたため，いくぶん無視されてきた（ケイパビリティ関連の）要因が，今日，より重要になっていると思われる。国際的な技術移転を理解するために，内部化という名の下で取り組んだ私の初期の研究成果（例えば，Teece, 1976a, 1977a）では，取引コストを超えたあるケイパビリティ論の要素を用いている。しかし，こうした初期の扱い方では，ケイパビリティの検討は契約論的な関心によってすぐに圧倒された（Teece, 1985, 1986a）。私自身の研究においても，文献全体でも，再びこの点に取り組む必要がある。

　ケイパビリティとは，状況に対してある業務や活動を実施するために資源を利用する能力である。基本的に，ケイパビリティは資源を巧みに束ねたり，オーケストレーションしたりすることから生み出される。企業が保有する組織的"技術"や経営的"技術"と，その（ルーティンや資源に埋め込まれた）技術を距離や国境を越えて移転する能力は，企業の国内的かつグローバルなケイパビリティとかなり関連している。

　（ダイナミック）ケイパビリティ・フレームワークは，企業内部においても，企業外部のパートナーとのつながりにおいても，（署名つきの）ビジネスプロセスの重要性を強調する企業家的アプローチである。また，決定的に重要な資源や良い戦略の重要性も理解させるものである。そのフレームワークは，取引コストや契約論的関心によって主に有効になるものではなく，むしろ資源ベース・アプローチを基礎としているのである。その焦点は，機会主義よりも機会に，そして企業の様々な組織単位の間での技術の効率的かつ効果的な移転におかれている。

ティースの論文（Teece, 1980, 1982）では，資源の性質，特にその"取引可能性"（あるいは，その欠如）が多角化にどのような影響を与えるのかを評価することによって，ペンローズの資源の代替可能性というアイデアが研究されている。過剰な（すなわち，現在の生産計画や予定された生産計画に必要な量を超える）要素用役を保有している企業は，こうした用役を，市場を通してではなく新たな利用法を通して現金化する方が，利益につながることに気づく可能性がある。この研究は，製品の多角化に焦点を当てる一方，国際的な多角化にも応用された。

（企業家的）マネジメントによって，どのようにして取引できない資産や資源が自由に配置あるいは再配置されうるのか。これは，理論体系的に注目されてこなかった。ワーナーフェルト（Wernerfelt, 1984）とバーニー（Barney, 1991）は，資源をより上手に利用することが企業の成長と発展にとって重要だというペンローズの見方にもとづいて，この隙間を埋める作業をはじめた。ペンローズ自身は，企業家精神を企業の資源の1つとみなし，"［企業家は］企業資源に含まれ，企業家の持つアイデアの範囲は供給される用役に関係する"と述べた（Penrose, 1959: 86）。この点で，おそらくペンローズは少なくともここで言及されている意味でダイナミック・ケイパビリティについて述べていたのである。

ペンローズは，国際的な企業に常に関心を持っていたにもかかわらず，多国籍企業にその理論を応用することに特別な注意を払わなかった（Pitelis, 2007a）。さらに，ペンローズは，企業家精神の重要性を認識していたけれども，ビジネスモデルや組織デザイン（Augier and Teece, 2007）あるいは競争優位の構築における企業家の役割を十分に検討しなかった。むしろ，企業資源と競争優位との関係をはっきりと示したのは，ワーナーフェルト（Wernerfelt, 1984）とバーニー（Barney, 1986, 1991）であった。彼らは，経済レントが生じる主要メカニズムとして，適切な資源の所有に焦点を当てた。気にかけるべき資源は，バーニー（Barney, 1991）によって，価値が高く，希少で，模倣できず，代替できないという基準（VRIN）を満たす資源として定義された。バーニーは，暗に戦略家の焦点を知的資本に向けさせていた（Teece, 2000）。というのも，知的資本はVRIN基準を最も満たしやすい種類の資産だからである。

先に述べたように，すでにティース（Teece, 1976a, 1977a）とカントウェル（Cantwell, 1989）には，発展途上にあった資源アプローチやケイパビリティ・アプローチの特徴があった。このアプローチは，まずティース（Teece, 1981a, 1981b）やコグートとザンダー（Kogut and Zander, 1992, 1995）において知識ベース・アプローチとして現れた。しかし，（知識の生成や移転が，ノウハウ市場における取引コスト問題とともに，統合や海外での所有をどのように規定するのかを重要視する）知識ベース・アプローチは，関連する多くの企業家の特徴やケイパビリティの特徴を捉えられるほど十分に強固なものではない。興味深いことに，最近の国際ビジネス研究は，（中には，取引コストや交換を基礎とするパラダイムの支持者によって生み出されたものもあるが，）すでに企業家的／ケイパビリティ・アプローチに焦点を向けはじめている（例えば，Buckley, 2009 ; Casson, 2000, 2005 ; Dunning and Lundan, 2010[26] ; Pitelis, 2004 ; Pitelis and Teece, 2010 ; Rugman and Verbeke, 2003）。いま，まさに（ダイナミック・ケイパビリティ・ベースの企業家的な）多国籍企業論の包括的な基礎に向けた努力を推し進める時期なのである[27]。

多国籍企業の範囲，境界，そして子会社の役割を説明し，特定の多国籍企業の競争優位を理解させる強固な理論を形成するためには，企業家精神，資源，そしてケイパビリティといった概念を何とかして融合する必要がある。（ダイナミック）ケイパビリティ・アプローチは，戦略経営論分野で発展させられたり，多国籍企業の文脈では，以下のように応用されたりして，これらの概念を融合するように努力している。このアプローチが，本論文の残りのほとんどの部分の主題である。その目的は，どのようにして企業レベルの持続的な（永続的な）競争優位が構築され維持されるのかに光を当てるような，多国籍企業に関するより強固な理論の形成に貢献することである。

（企業境界だけでなく）持続的な競争優位を理解するということ，これは多国籍企業論の内部化学派が一般に受けとめている以上に幅広い要求である。この２重の義務を果たす（すなわち，境界と競争優位を説明する）より良い多国籍企業論を考案するには，次のことが求められる。すなわち，無形資産が重要となる文脈における，あるいは部分的には世界の欲求や要求が（まだ）完全には均質化していないという事実から生じる，変化が急速で，連続性が頻繁に断たれ，非常に複雑な文脈における経営的意思決定や企業組織を理解するための

包括的で学際的なアプローチが求められるということである[28]。労働力は完全に流動的ではないし，多くの制度はいまだ国によって異なっている。世界は，部分的にグローバル化されている（semiglobalized）にすぎないのであって，そのままの状態が続く可能性も高い（Ghemawat, 2003）。ここでの問いを活発化させているのは，（完全競争や寡占のような仮想的な世界ではなく，）こうした企業レベルの異質性と部分的にグローバル化した世界なのである。

　ケイパビリティ・フレームワークは，カントウェルの研究（Cantwell, 1989）とうまく共鳴する[29]。カントウェルは，交換（あるいは取引コスト／ガバナンス）フレームワークを基礎とする多国籍企業論が，マネジメントの何らかの積極的役割を覆い隠していることを正しく認識していた（Cantwell, 1989: 215）。また，カントウェルは所有優位性が内生的であり，それはイノベーションと戦略を通して創り出されると主張し，多国籍企業が世界的ネットワークを用いてどのようにそのケイパビリティや企業全体の潜在的なイノベーション力を拡張するのかを明らかにした。

　ケイパビリティ・パースペクティブは，ネットワーク化された多国籍企業のナレッジマネジメントに関する最近の見解（例えば，Rugman and D'Cruz, 2000 ; Rugman and Verbeke, 2001, 2002, 2003 ; Vahlne and Johanson, 2013）を含め，国際ビジネスの他の文献とも整合的である。すでに述べたように，知識ベースの多国籍企業論の中には，多国籍企業の資源／ケイパビリティ理論の特殊なケースとみなせるものもある。組織／企業にとって不可欠な特徴とは，容易に売買できない知識を生み出し，それを具体化できることにある。場合によっては，知識を利用する唯一の方法は，企業を立ち上げて必要な補完的資産を構築することかもしれない（Teece, 1986b, 2006b）。こうした企業は，機会を十分に利用するために，しばしば初めからグローバルでなければならない。端的にいえば，ケイパビリティは買うことができないため，一般的には構築されなければならないのである。

　以下で展開されるダイナミック・ケイパビリティ・フレームワークでは，これまでの研究で光が当てられてきた知識や技術的要素の範囲を超えて，経営的ケイパビリティや組織的ケイパビリティがもっと明確に競争優位の決定的要素として関係づけられることになる。そのフレームワークは，親会社と子会社の両方での有形・無形の資産の積極的な開発と巧みなオーケストレーションが多

国籍企業に対する合理的説明の核となり，戦略と相まってより長期的な成功を決定づけることになるということ，これを主張するものである[30]。

4.2 定義および中核となる基本要素

ティース，ピサノ，そしてシェーン（Teece, Pisano and Shuen, 1997: 516）による初期の定義では，ダイナミック・ケイパビリティとは，急速に変化する環境に対処するために，内外のコンピテンシーを統合，構築，そして再構成する組織能力およびその経営者能力であった[31]。アイゼンハートとマーチン（Eisenhardt and Martin, 2000）は，この定義を拡張し，私が"環境の形成"と呼ぶものも含めた。

ティースたち（Teece, Pisano and Sheun, 1997）は，ダイナミック・ケイパビリティの中核となる基本要素を，プロセス，ポジション，そしてパスという3つの題目の下で認識した。これが，Teece（2007b）では，感知（センシング），捕捉（シージング），そして変容（トランスフォーミング）を中心に整理され，より実用的な観点から補完された。以下では，これら2つの分類について説明し，どのような戦略が適合するのかを明らかにする。まず，オーディナリー・ケイパビリティとダイナミック・ケイパビリティの重要な違いを明らかにする。その後で，MNE（多国籍企業）に当てはめる。

4.2.1 プロセス［処理］

ティースたち（Teece, Pisano and Sheun, 1997）は，以下の題目の下で，ダイナミック・ケイパビリティに関連する3種類のプロセス／経営機能を区別した。すなわち，調整／統合，管理された学習，再構成／変容である。組織プロセスによって，事業戦略とビジネスモデルは，従業員の日々のルーティンに埋め込まれる。組織ルーティンの有効性は，強力で一貫した組織の価値観によって支えられている。

したがって，ダイナミック・ケイパビリティは，少なくとも部分的には，企業のトップマネジメントの経営スキル，企業家的スキル，そしてリーダーシップ・スキルの中にある。そして，ルーティンを設計，開発，実行，そして修正する経営者能力の中にある。いずれにせよ，優れたダイナミック・ケイパビリティを持つ企業は，学習を通して環境の変化に適応したり，（事業）環境を形

第6章　多国籍企業におけるダイナミック・ケイパビリティ・ベースの企業家理論　191

成したりしているのである。

4.2.2　ポジション（資源）[32]

すでに述べたように，企業資産のポジションは重要である。私は，（設備や備品などの）貸借対照表だけでなく，人的資本や知識資産にも言及している。ティースたちの論文（Teece, Pisano and Sheun, 1997）では，技術的資産，（技術的なものかどうかにかかわらず）補完的資産，金融資産，評判資産，市場構造資産，そして制度的資産は，同じようなものとしてみなされる。明らかに，道路建設会社は重機（例えば，ブルドーザーやダンプ）を利用する必要があり，住宅建築会社は，建設機材，熟練・未熟練労働者，そして建築関連サービスを利用する必要があるだろう。銀行は，金融資産や，融資取り組みや証券引き受けのやり方を構築したり運用したりする有能な人材などを必要とするだろう。

資源によって定義される企業のポジションは，その資源がバーニーの VRIN 基準を満たす場合に高まる。別のところ（Teece, 2000）で述べたように，VRIN 基準を最も満たしやすい種類の資産は，知的資本，特に技術とノウハウである。知的資本は，一般に暗黙的で特異なものであり，あいまいなものであるため，VRIN 基準のほとんどを容易に満たす。その基準は，基本的に競争価格でだれもが利用できるようなどこにでもある資産と，非常に特殊なあるいは特有の資源とを区別する。さらに，VRIN 基準は，ある特有の資産がそれ自体では価値がないことを認めている。資産が企業やそのステークホルダーに価値をもたらすのは，その資産が顧客にアピールしている異質な点をサポートし，さらにその資産が別の資産を持つ他者によって簡単に複製されない場合だけである。

言うまでもなく，速度の速い競争環境では，一般に単独のポジション／資源の持つ価値が束の間のものであることはすぐに明らかになるだろう。（大抵，かたまりや組み合わせで）資産を利用するために必要な方法はダイナミックなものであり，経営者による巧妙な企業家的"オーケストレーション"活動と関係している可能性が高い。ティースたちの論文（Teece, Pisano and Sheun, 1997: 515）で述べているように，

ハイテク産業におけるグローバル競争は…どのように競争優位が達成されるのか

を理解するためのパラダイムを拡張させる必要があることをはっきりと示した。有名企業は…蓄積してきた価値ある技術的資産を基に“資源ベース戦略”に従った。しかし，この戦略はしばしば重要な競争優位をサポートするのに十分ではない。

　明らかに，資産や他の資源を調整し，オーケストレーションする方法は，少なくとも資産それ自体の個性と同じくらい競争上の成功にとって重要である。ここで，資産のオーケストレーションや市場の創造（あるいは市場の共創）が影響力を持つことになる（Pitelis and Teece, 2010）。新古典派経済学や取引コスト経済学では，市場がたとえうまく機能していないとしても，市場は存在するものと仮定される。しかし，ケイパビリティ・アプローチは，そのような仮定をしない。例えば，アフターサービスや製品に関するトレーニング市場はないが，それらを必要とする新製品や新サービスが導入される場合，市場を創り出す必要があるかもしれない。これは，シンガー社（Singer）がミシン市場を世界に発展させるために行ったことである。同様に，ジレット社（Gillette）は，安全かみそり市場をインドで拡大するために，ひげを剃ることのメリットを売り込み続けてきたのである。市場を拡大するために必要なこうした創造的な活動は，取引ベースのアプローチでは想定されず，そのアプローチではほとんどいつも取引する当事者（あるいは顧客）が存在しているのである。そのため，実際には市場の存在や市場の拡大の問題が基本的な問題である場合でも，その問題は契約に関するものに限定されてしまうのである。

　その問題は，部分的には，以前から均衡の仮定と呼ばれるものから生じている。“完全”市場（現物，期間，先物など）の世界では，企業は，競争業者についても，投資決定における協力者（complementors）についても，そして消費者が本当に欲しがっているものについても，完全な情報を持っているとされる。しかし，実際にはこうした情報の多くは私的だったり，暗黙的だったり，あるいは分散していたりするために，利用することはできない。投資の意思決定は，機会と，潜在的な競争者や協力者の反応に対する感知に依存しているのである。これは，新古典派的な完全競争の世界では必要とされないケイパビリティなのである。

　ダイナミック・ケイパビリティ・フレームワークの焦点は，企業が競争上の脅威を統制し，必要な変化を起こすと同時に，自らの資源や特殊な資産をどの

第6章　多国籍企業におけるダイナミック・ケイパビリティ・ベースの企業家理論　193

ように創り出し，拡大し，統合し，修正し，そして配置することができるのか，ということにある[33]。他のアプローチが有形な資産／資源の所有や保護を強調しているのに対して，ダイナミック・ケイパビリティ・パースペクティブは，無形資産や資源の増強，そして資産のオーケストレーションを強調するのである。

　資産のオーケストレーションを多国籍企業論に取り込むことによって，国際ビジネス分野は国際経営の話題に結びつけられることになる。

4. 2. 3　パス（戦略）

　戦略は，プロセス，資源（ポジション），そしてケイパビリティと緊密な関係になければならないという認識が重要である。成功的に展開される戦略は，市場や技術的機会そして企業の歴史的な進化経路によって課されるあらゆる制約を認識しつつ，市場ニーズをサポートし，競争者に対して優位な立場を築くために，企業の希少資産を利用することに関係している。

　言い換えれば，プロセス［処理］を向上させ，ポジション（資源）を活用するための中核となる経営者によるオーケストレーションは，戦略によって統制され，洗練されることになる（その逆も然りである）[34]。戦略というものは，矛盾なく一貫し，イノベーションに関係する必要がある。それは，必然的に過去から受け継がれたものによって形成されるが，将来の経路を形成するものでもある。戦略は，どのような製品を創るのか，どのような顧客を対象とするのか，どのように企業の資源を配置するのか，最適なタイミングはいつか，そしてどのように競争者を阻止するのかを決定することになるだろう。

　戦略とは，"一か八かの挑戦に応じる，一貫した一連の分析，コンセプト，方針，論拠，そして活動"（Rumelt, 2011: 6）と定義できる。良い戦略には，以下のものが含まれる。

(1)　先見性のある原因分析
(2)　指針となる方針
(3)　一貫した行動

　これら3つの機能は，ルメルト（Rumelt, 2011）が"戦略の核心（kernel of

strategy)" と呼ぶものを構成している[35]。良い戦略というものは，しばしば完成したものとして現れず，その代わりに（事業環境が実験を可能にするほど十分に寛容だとすれば）試行錯誤の時期を経て出現するものである。戦略によって規定された行動は，競争者に見えるものであり，自由に模倣できるものかもしれない。しかし，競争者は模倣することが自分の利益になることに手遅れになるまで気づかないかもしれない。というのも，その根底にある原因分析や方針は秘密のままだからである。

　ここで提示したフレームワークでは，ダイナミック・ケイパビリティと戦略経営が，共同で成果を決定することになる[36]。弱いケイパビリティしか持たない企業は，強いケイパビリティを持つ企業とは異なる戦略を必要とするだろう。強いダイナミック・ケイパビリティを持つためには，企業は，適切な戦略と関連した感知（センシング），捕捉（シージング），そして変容（トランスフォーミング）が求められるだろう。さらに，適切な戦略には強力な核がなければならない。

　このフレームワークを操作化するためには，ダイナミック・ケイパビリティを，つまり企業内で実施されるプロセスや企業家的／経営者的なオーケストレーション活動を，以下の3つの群に分けることが有用である（Teece, 2007b）。

(1) 国内外の機会の認識と評価（感知：センシング）
(2) 機会に対処し，価値を獲得するための世界的な資源の結集（捕捉：シージング）
(3) 継続的な刷新（変容：トランスフォーミング）

　もし市場や技術が変化しても企業が自力で持続できるとすれば，これらの活動が企業の経営者に求められるだろう。グローバルな文脈では，多国籍企業の経営者は，企業家的でなければならないだけでなく，国際感覚すなわちパルマッター（Perlmutter, 1969）が"地球志向的（geocentric）"と呼んだものを持っていなければならない。

　ここで提示したフレームワークでは，貧弱な戦略によってダイナミック・ケイパビリティの有効性は失われるとみなされる。この点を強調することは重要

第6章　多国籍企業におけるダイナミック・ケイパビリティ・ベースの企業家理論 195

図表6・1 ダイナミック・ケイパビリティと戦略の相互関係

戦略の核心	原因分析	指針となる方針	一貫した行動
関連するダイナミック・ケイパビリティ	感知（センシング）	捕捉（シージング）／変容（トランスフォーミング）	捕捉（シージング）／変容（トランスフォーミング）
経営者のオーケストレーションの性質	企業家的	管理的	リーダーシップ

である。戦略とダイナミック・ケイパビリティは，実際には相互に関係しているが，明確に区別される概念である（**図表6・1**）。例えば，感知（センシング）は，ダイナミック・ケイパビリティにとって重要であるだけでなく，戦略にとっても重要な原因分析の強力な要素を含んでいる。捕捉（シージング）は，指針となる方針と一貫した行動の両方に結びつけられる必要がある。そして，変容（トランスフォーミング）は価値を保護し増大させるために，指針となる方針と一貫した行動を必要とする。**図表6・1**には，戦略の様々な要素に対する経営者の職務の性質の要点が示されている。企業家的マネジメントは，特に企業の先見性や，（市場や技術に関連した）機会や脅威を感知する能力に関連している。

4.3 複製可能性と模倣可能性：オーディナリー・ケイパビリティとダイナミック・ケイパビリティ

ダイナミック・ケイパビリティ・フレームワークでは，組織のプロセス［処理］とポジション（資源）の複製可能性や模倣可能性が非常に重視される（Teece, Pisano and Shuen, 1997）。持続的な競争優位に関心があるならば，明らかに模倣可能性を考慮する必要がある。企業によって容易に複製できるものは，おそらく世界中に拡散されることになるだろう[37]。しかし，他社が容易に模倣できるようなものは，財務上，明らかに収益向上をサポートできないだろう。それゆえ，競争優位を考察する場合には，（容易に複製できる）"オーディナリー"・ケイパビリティと，まさに本質的に模倣が困難なダイナミック・ケイパビリティとを区別することが重要である。以下で説明するように，オーディナリー・ケイパビリティは技能適合力をサポートするのに対して，ダイナミック・ケイパビリティは進化適合力をサポートするものである。前者は，

"物事を正しく行う"企業に関連し，後者は"正しいことを行う"ことに関連しているのである。

4.3.1 オーディナリー・ケイパビリティ：基礎

ダイナミック・ケイパビリティは，おそらくオーディナリー・ケイパビリティと比較することによって，それがどのような種類のものであるかが理解しやすくなる[38]。オーディナリー・ケイパビリティは，業務的ケイパビリティ，管理的ケイパビリティ，ガバナンス・ケイパビリティに分けられる（Teece, 2014b）。ここで強調したいのは，オーディナリー・ケイパビリティは，定められた（そして静態的な）一連の製品やサービスの製造や販売に関連するものである。オーディナリー・ケイパビリティは，どれだけ獲得されようとも，習熟度がその強さを示すことになる。オーディナリー・ケイパビリティは，通常，実践を通して完全なものになる。

オーディナリー・ケイパビリティは，単に既存の製品やサービスの製造，販売，そして提供を可能にするものにすぎない。それは，競争が緩やかで，破壊的技術がなく，グローバリゼーションが非常に限定的な状況を除いて，必ずしも多国籍企業を成長させるものではないだろう[39]。それにもかかわらず，多国籍企業が操業している地域の地場企業のケイパビリティがその企業が子会社に移転できるケイパビリティに比べて弱い場合，その多国籍企業はオーディナリー・ケイパビリティによって永続的な競争優位を獲得できる可能性がある。

オーディナリー・ケイパビリティとその拡散は，多国籍企業にとって重要である[40]。それは，多国籍企業の技能適合力[41]を補強することになる。技能適合力とは，静態的な効率性をサポートするものである。しかし，もし競争が激しく，そして需要が少なければ[42]，オーディナリー・ケイパビリティが永続的な競争優位をサポートする可能性は低い。このケイパビリティによって，組織は，"同じ製品を，同じ規模で，同じ顧客に対して生産・販売することで長期にわたって生存し"続けられるのである（Winter, 2003: 992）。

オーディナリー・ケイパビリティによって，企業は定型的な業務を遂行することができる。オーディナリー・ケイパビリティは，(1) VRIN でない資源や，(2)プラクティス，ベスト・プラクティスでさえ基礎とする。それゆえ，オーディナリー・ケイパビリティの水準は，特定の業務や基準に対して測定できる

第6章　多国籍企業におけるダイナミック・ケイパビリティ・ベースの企業家理論　197

ものである。"ベスト・プラクティス"は，ある意味で測定をきっちりと行うものである[43]。例えば，ベスト・マネジメント・プラクティスとは，"パフォーマンス情報を継続的に収集・分析し，挑戦的で密接に関係する短期目標と長期目標を設定し，パフォーマンスが高ければ報奨し，低ければ現状維持／解雇する"こととみなされる（Bloom, Genakos, Sadun and Van Reenen, 2012）[44]。しかし，だれでも同様のベンチマークを利用できる世界では，多くのベスト・プラクティスが非常に早く普及することになる。ゼネラル・モーターズ社（GM）の前取締役会副議長ボブ・ルッツ（Bob Lutz, 2011）は，自動車業界においてこの点を，以下のように説明した。

"自動車ビジネスのオペレーション部分は，何十年もかけて徹底的に最適化され，自動車会社間にあまり差はなく，反復的なプロセスに経営の焦点が当てられる。それが自動車ビジネスの『厳しい』部分であり，創造性，ビジョン，あるいは想像力というものはほとんど要求されない。ほとんどすべての自動車会社が，これをうまくやれるので，調達，製造，あるいは卸売りで『はるかにもっと厳しいことを試す』ことで得られる競争優位など，ほとんどあるいはまったくない。"

　この記述は，ベスト・プラクティス，それゆえオーディナリー・ケイパビリティが，少なくともグローバルな自動車業界でどのように広範に広がっているのかを示しているので，示唆に富んでいる[45]。もしそうならば，以下で述べるように，もはやそれは競争優位の基礎にはなりえないのである。

4.3.2　オーディナリー・ケイパビリティ：複製と移転
　オーディナリー・ケイパビリティが，ある特定の多国籍企業の競争優位の基礎として働く力を低下させているのは，今日，こうしたケイパビリティが以前よりもはるかに容易に模倣できるからである。ほんの2，30年前，暗黙的に専有されていた多くのノウハウが，いまでは明示的で公のものになっている（コンサルタント，工業学校，公開文献から入手できる）[46]。明示的な（明文化された）知識は容易に伝達され，インターネットによって低コストで情報にアクセスでき，知識の伝達が促進された。そのインプリケーションは，近年，オーディナリー・ケイパビリティの移転に対する障壁が急速に低くなったというこ

とである。

　実際，多くの基礎的なビジネスサービス（例えば，会計，販売，そして人的資源管理）は，今日，"クラウド"に存在するコンピュータ資源に簡単に外注できる[47]。（インターネットプロトコル，コンピュータの処理能力の全般的な向上，そして"ファット・クライアント"の成長によって可能になった）こうした発展は，事業の立ち上げと運営を大きく促進しているのである。多くのルーティン的な業務的ケイパビリティや管理的ケイパビリティは，独立した供給業者によって間接的に支援されうる。それゆえ，それらのケイパビリティは，もはや競争優位にとって決定的に重要ではない。例えば，多国籍企業に対する"クラウド・コンピューティング"のインプリケーションは深い。端的にいえば，インターネットは，オーディナリー・ケイパビリティの利用を促進する。それは，情報の流れに対して低コストかつ容易なアクセスを可能にするだけでなく，リチャード・ネルソン（Richard Nelson）が強調したように[48]，コンピューティングのソフトウェア資源や，基礎的だが質の高いビジネス機能を支援するために必要なデータストレージへの低コストかつ容易なアクセスを可能にするのである。

　組織内の知識移転は，多くの困難をもたらすものである（Szulanski, 1996）。また，複製できることは，常に模倣できることを意味するとは限らない。知識が，人，業務，そしてツールの間の相互作用に埋め込まれている限り，依然として外部の組織にとって複製は難しいだろう（Argote and Ingram, 2000）。

　特筆すべきは，海外に投資する多国籍企業は，"事業を展開するほぼすべての国で，優れたマネジメントの実践を行うと思われる"ことである（Bloom *et al.*, 2012: 14）。実際，ブルームたちは，海外の多国籍企業が一般に，ホスト国の企業よりも優れたマネジメントを行っていることを発見した。それゆえ，多国籍企業は，しばらくの間は強いオーディナリー・ケイパビリティで成功するだろう。というのも，自国で開発したオーディナリー・ケイパビリティは，海外では一時的に独特なものだからである[49]。

　一部の未発展な経済では，先進国から見ると，平凡な業務とみなされることを行う企業がいまだにその国内では不足している。例えば，中国でのヤム・ブランズ（Yum! Brands）社の成功は，その大部分が，オーディナリー・ケイパビリティを移転し，適応させる能力によるものだと思われる（Starvish, 2011）。

こうした適応力自体は、部分的にはダイナミック・ケイパビリティである。

模倣に対する別の"障壁"は、単純に広く利用できるベスト・プラクティスを実施することに競争業者が失敗することである（Knott, 2003）。ブルームたち（Bloom et al., 2012: 13）は、その研究において、**図表6・2**で示すように優れたマネジメントの実践が、あらゆる国の内部で、そして国境を越えて広く普及していることを発見した。また、彼らは20ケ国の１万を超える組織に対する調査によって、海外の多国籍企業は一般に国内企業よりもマネジメントの面で優れている（すなわち、より優れたケイパビリティを持っている）ことも示した（Bloom et al., 2012: 23）。ブラジルやインドでは、マネジメントが非常にずさんな企業がたくさんあった。

それにもかかわらず、オーディナリー・ケイパビリティによってもたらされるどんな優位性も、競争と模倣によって時とともに失われていく。このことは、ゆっくりと起こる場合もあるが、外部の組織の吸収力が高い状況では急速に起こるだろう。特定のホスト国で強いオーディナリー・ケイパビリティのみに依存する多国籍企業の子会社は、そのオーディナリー・ケイパビリティが（例えば、従業員の転職に伴う知識のスピル・オーバーによって）模倣され、競争業

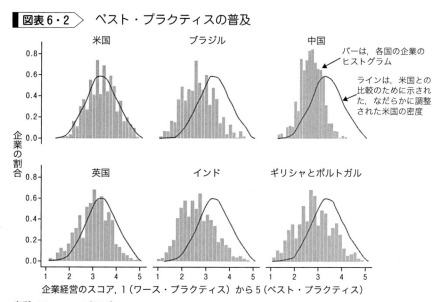

図表6・2 ベスト・プラクティスの普及

出所：Bloom et al.(2012)

者が参入できる場合には，その優位性がじわじわと失われていくことに気づく
だろう。端的にいえば，政府によるあるいは私的に課される参入障壁や，また
はオーディナリー・ケイパビリティが経済全体にすぐに拡散することを妨げる
不十分な物理的・社会的インフラによって競争が抑制されてはじめて，オー
ディナリー・ケイパビリティは長期的な競争優位をサポートすることになるだ
ろう。

5. ダイナミック・ケイパビリティ：評価

　1970年代後半以降，地域的な差別化，グローバルな統合，そしてイノベー
ションが，グローバルに操業している成功的な企業の特徴となった。今日のグ
ローバル経済では，事業会社の競争優位は，無形資産[50]，様々な関係，そして
人的資本の開発と配置に依存しているように思われる。こうした展開によって，
国内外の企業の企業家的能力や鋭敏力が奨励され，そして経営者にあまり権威
を振るわせることなく事業を行わせ，柔軟性，敏感さ，そして学習を許容し，
学習を促進するように組織化することが，順次，要求されている。そのために，
ダイナミック・ケイパビリティが必要となるのである。

　すでに述べたように，ダイナミック・ケイパビリティは，プロセス（ルー
ティン）や資源（ポジション）によってサポートされる。ダイナミック・ケイ
パビリティは，ベスト・プラクティスだけではなく，“署名つきの (signature)”
プラクティスにも依存する。そして，あらゆる資源に依存するだけではなく，
VRIN 資源にも依存する。また，それは，ルメルト（Rumelt, 2011）が“良い
戦略”と呼ぶものを指針とする，経営者の明敏なオーケストレーションを必要
とする。**図表6・3**は，このことをオーディナリー・ケイパビリティと比較し
ながら説明している。

　署名つきのプロセスや署名つきのビジネスモデルは，業界のベスト・プラク
ティス以上のものである。そのようなプロセスは，企業の歴史，経験，文化，
そして創造性を具現化している (Gratton and Ghoshal, 2005)。それは，企業
に深く根ざしているため，その歴史を共有していない他社や，異なる価値観を
持つ他社にとって，それほど簡単に複製できるものではない。こうしたプロセ
スやビジネスモデルは，長い時間をかけて他社がいくぶん模倣できるようにな

第6章 多国籍企業におけるダイナミック・ケイパビリティ・ベースの企業家理論 201

図表6・3 ケイパビリティ・フレームワークの要素

中核となる基本要素	弱いオーディナリー・ケイパビリティ	強いオーディナリー・ケイパビリティ	強いダイナミック・ケイパビリティ
プロセス（ルーティン）	標準以下のプラクティス	ベスト・プラクティス	署名つきのプラクティスとビジネスモデル
ポジション（資源）	わずかなオーディナリー資源	潤沢なオーディナリー資源	VRIN 資源
パス（戦略）	下手に物事を行う	正しく物事を行う	正しいことを行う（良い戦略）

ることもある。グラットンとゴシャール（Gratton and Ghoshal）が指摘するように，このような変容（トランスフォーミング）は，トヨタ社のリーン製造モデルすなわちトヨタ生産方式をめぐって起こった。

　署名つきのプロセスやビジネスモデルが"優れた"ものかどうかが明らかになるには，一定の時間が必要だろう。それは，いつか重要な業績指標に表れてくるはずである。しかし，特に外部者にとっては，リップマンとルメルト（Lippman and Rumelt, 1982）が"不確実な模倣可能性"と呼ぶものによって，あるプロセスやビジネスモデルの複製が難しくなることがよくある。こうした不確実性が，背景知識に含まれる非常に暗黙的な要素とともに，署名つきのプロセスの専有性を効果的に維持させることになるだろう。

　明らかに，学習し，その学習を新たな署名つきのプロセスや署名つきのビジネスモデルに埋め込む機会は，どの事業体にもある。そのため，様々な文脈で競争する多国籍企業は，地理的に異なるところでは，異なる独自のプロセスや独自のモデルを開発する機会を得ることができる。したがって，そのような多国籍企業は，純国内企業に比べて多くの実験を同時に行いやすいため，新製品や独自のプロセスや独自のモデルを開発する場合，優位性を持つだろう。さらに，新たなプロセスの応用や採用は，まったく関係のない企業を通してよりも，多国籍企業内で行う方が簡単だろう。明らかに，トップマネジメントは企業内部でそのような採用を推し進めるだろう。

　VRIN 資源と署名つきのプロセスや署名つきのビジネスモデルは，企業の伝統や過去の経営者の意思決定の産物である。そして，その結果として，ダイナ

ミック・ケイパビリティは構築される傾向があり，それは模倣が困難であり，一般に購入できないものである。例えば，長くアップル社の役員を務めた現CEOのティム・クック（Tim Cook）は，2013年2月に，次のように述べている。"アップル社には，これら3分野すべてでイノベーションを起こし，素晴らしいものを創り出す能力がある。…これは，ただお金を払って手に入れられるものではない。これは，数十年かけて創り上げたものである"（AFP, 2013）。これが，ダイナミック・ケイパビリティの"粘着性（stickness）"の理由である。すなわち，ダイナミック・ケイパビリティは，簡単に動き回るようなものではなく，複雑で，理解することも実行することも難しいものなのである。

　再び，GM社のボブ・ルッツ（Bob Lutz, 2011）は，それを非常に簡潔に述べている。

　突然，自動車会社を成功させてきた実際の仕事が複雑になり，勝者と敗者を分けることになるのは，サイクルの長い製品開発プロセスにおいてだ。こうしたプロセスでは，短期的な日々の測定や結果の集計は無意味なのだ。

　また，ダイナミック・ケイパビリティは，企業がどのように強みを獲得し，その強みを（例えば，新たなビジネスモデルの開発によって）拡張し，ビジネスプロセスとビジネスモデルを事業環境と一致させ，そして事業環境を自分に有利になるように形成するかを明らかにするのに役立つ（Teece, Pisano and Shuen, 1997）。ダイナミック・ケイパビリティは，より高次で，模倣困難なケイパビリティである。資産のオーケストレーションとも関係し，ダイナミック・ケイパビリティは，単に優れた"調整"を達成すること以上に，その企業をサポートするものである。それは，ベスト・プラクティス以上のプラクティスとVRIN基準を満たす資源を基礎としている。

　強いダイナミック・ケイパビリティを持つ企業は，技術や市場に対して俊敏さを示す。こうした俊敏さを得るために，企業はほとんど階層を利用しない。俊敏さは，新たな機会と脅威を感知する能力と一緒になって，進化適合力をサポートする[51]。このような適合のために，必然的に企業は新たな技術，差別化された優れたプロセスを作り出し，そして競争上先行したり，市場に順応したり，必要であれば，市場を形成したりもするような優れたビジネスモデルを絶

第6章　多国籍企業におけるダイナミック・ケイパビリティ・ベースの企業家理論　　203

えず創り出さなければならない[52]。企業は，外部環境の変化と，企業の内部プロセスがもたらす変化を同時に処理できなければならない(Greiner, 1998)[53]。もし企業が十分な資源と有益な情報，才能と資本関係を含む関係資本を持つならば，企業は助けられるだろう。しかし，資源のオーケストレーションに必要な能力や，質の高い戦略を創り出し，それを遂行する能力がなければ，そうした資源はほとんど無価値になるだろう。

　上述のように，強いダイナミック・ケイパビリティを持つ組織は，市場ニーズや技術的な機会と関わりを持ち続けることになるだろう。市場，技術，そしてより一般に事業環境の予想される変化を反映するために，組織はそのケイパビリティを変化させなければならない。しかし，ウィンターが説明するように，変化は反射的なものかもしれない。すなわち，企業は簡単に"消火（fire fighting）"モードに入ることができるのである。このモードを，彼は"満足のゆく代替的な行動を素早く，状況に応じて，機会主義的に，そしておそらく創造的に探し求めること"と述べている。ウィンター（Winter, 2003: 993）は，これを"アド・ホックな問題解決"と呼んだ。これは，ルーティンに方向づけられた問題解決とは対照的なものである。ウィンターの言葉では，後者がケイパビリティである。彼は，綿密に調べれば，問題解決への"消火"アプローチでさえも，まさしくその内部に埋め込まれたミクロのルーティンがあるかもしれないと認識している。確かに，スキルが関係しているのである。

　ダイナミック・ケイパビリティを伴う当該個人や組織のスキルは，独特の問題解決方法や署名つきのプロセスを創り出す傾向がかなり強い。問題解決力は，まさにダイナミック・ケイパビリティなのである[54]。純粋にルーティン化されたものと純粋にアド・ホック（場当たり的）なものとの間には，大きな差がある。その中間領域もまた，（ダイナミック・）ケイパビリティの構成要素である。実際に，ほとんどの発明は完全には指示されたものではない。イノベーション・プロセスというものは，完全にルーティン化されるものでもなければ，完全にアド・ホックなものでもないのである。

　ケイパビリティ・アプローチでは，以下で展開されるように，多国籍企業の活動は，ケイパビリティを活用し，グローバルな規模でイノベーションから価値を創造し獲得する機会によって導かれるものとみなされる。企業家的経営者は，資源を配分するだけでなく，機会を感知したり，形成したり，利用したり

する。こうしたロジックや現象，そしてそれに関連する立地という次元を認めないような（多国籍）企業理論は，多国籍企業の持続的な競争優位を説明することはできないだろう[55]。

　機会をグローバルに創り出し利用するために，企業家的な活動は，資本やその他の補完的資産と結びつけられなければならない。というのも，発見や発明をめぐる所有権が不完全だからである。ある補完的資産を所有し支配することが，継続的投資のサポートに必要な価値の専有に関して多国籍企業を支援するために必要であるように思える（Teece, 1986b, 2006b）。ティース（Teece, 1980, 1982, 1986b）で説明されているように，経営者，企業家，そしてイノベーターは，特殊な資産の確保と新しいものの開発をただ市場に任せることなく，それらを適切な機能を持つグローバルな発明システム，生産システム，そしてマーケティング・システムへと統合するものである。これが，多国籍企業の理論的な存在理由であり，多国籍企業のマネジメントなのである。それらのシステムそれ自体が，市場を適切に機能させる手段となる。たとえコース的な取引コストがゼロだとしても，学習，共創，そしてオーケストレーションといった機能は，依然として実行される必要があるだろう。企業家的に経営される多国籍企業は，そうするために設計された乗り物なのである。

　実際，コース（Coase, 1937: 388）が指摘するように，企業は意識的な権力を持つ島のようなものである。しかし，コースが主張するように，取引コスト最小化という観点から主に経営者の能力を見るだけでは十分ではない。むしろ，マネジメントの機能は，市場からは入手できない（あるいは，たとえ入手できるとしても，流動的な市場ではルーティン通りに値がつかない）VRIN資源や署名つきのプロセスを構築し，確保し，配置することを助けるものという観点から，理解されうるものである。事業会社は，学習，価値創造，ノウハウの移転，価値獲得を促進するために，（非市場的）資源配分をオーケストレーションする島のようなものである。これらの要因が，内部化理論を多国籍企業の企業家／ケイパビリティ理論へと変容させなければならない理由を説明するのに役立つ。そのようなフレームワークの経済論理は，**図表6・4**のように表される。

図表6・4 ダイナミック・ケイパビリティ・パラダイムの論理構造

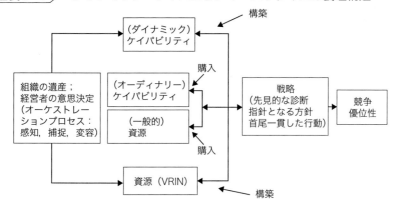

6. ケイパビリティと多国籍企業の業績

　オーディナリー・ケイパビリティは，長期的な生存や成長にとって十分なものではない。一方，ダイナミック・ケイパビリティは急速に変化し，無形資産が競争上の差別化にとって決定的に重要となるような経済において，競争優位を構築し維持するために，より良い機会を企業に提供するものである[56]。しかし，**図表6・4**に示されるように，企業には良い戦略も必要なのである。

　ダイナミック・ケイパビリティは，その開発が難しく，国境横断的な移転も難しい。というのも，それは暗黙的なものであったり，一連の特有の関係や歴史に埋め込まれていることがしばしばあったり，確実に模倣することができなかったりするからである。端的にいえば，ダイナミック・ケイパビリティは，あらゆる多国籍企業の"未来（future）"をもサポートするものなのである。というのも，それは，戦略とともに，動きが早い知識ベース経済において競争優位をサポートするものだからである。それは，しばしば短期的および長期的サイクルの製品開発プロセスの核心にあるものなのである。

　バートレットとゴシャール（Bartlett and Ghoshal, 2002: 14）が述べるように，"主要なグローバル競争企業は，その事業規模や国際的な市場ポジションという点では等しくなるので，知識を連結し活用する能力が，徐々に勝者を生存者や敗者から区別する要因になるのである"。この著者たちは，ダイナミッ

ク・ケイパビリティ・フレームワークがノウハウの連結や活用にも関連しているので，ダイナミック・ケイパビリティ・フレームワークの要素に関心を持っていた。ここで提示されたフレームワークでは，良い戦略，強いオーディナリー・ケイパビリティ，（ある状況での）規模，そして強いダイナミック・ケイパビリティのすべてが，長期的な成長や生存のために必要となるのである。

すでに述べたように，オーディナリー・ケイパビリティがものごとを正しく行うことに関連する一方，ダイナミック・ケイパビリティは，署名つきのプロセス，組織文化，そして事業環境や技術的機会の先見的評価のもとに，正しいことを行うことに関連するものである[57]。正しいこととは，国内外で企業の事業環境や戦略と調和する新製品，プロセス，そしてビジネスモデルへの投資のことである。晩年のスティーブ・ジョブズは，この正しいことに資金を費やすことの重要性に関して，強烈な言葉を残している。

イノベーションは，どのくらい R&D 資金を持っているのか，とはまったく関係がない。アップル社が Mac を創り出したとき，IBM 社は少なくとも100倍以上の資金を R&D に費やしていた。関係があるのは…どのくらいわかっているかということだ。（カークパトリック ［Kirkpatrick, 1998］ より引用）

"わかる（getting it）"ためには，強いダイナミック・ケイパビリティが必要となる。ダイナミック・ケイパビリティ・パースペクティブは，組織的な"適合"を越え[58]，企業の強さに関する財務報告的な視点をも越えて，最も見込みある機会の認識と，企業内外の資源を国内外で創り出したり，応用したり，適合させたりするために必要な経営者のオーケストレーションを強調する。そこには，グローバル経済では一般的であり，国際ビジネス研究では詳細に述べられ分析されている社外とのつながりや提携も含まれるのである。

非常に一般的なレベルでは，ダイナミック・ケイパビリティとは，絶えず変化する市場に対処する（そして市場を形成する）ために，どのように企業が未来を捕捉し，製品，プロセス，そしてビジネスモデルを開発するのかに関するものである。ダイナミック・ケイパビリティは，トップマネジメントの優れたオーケストレーション・スキルによって生み出されるものである。それは，暗黙的な要素が大きいので，部分的に教えることが困難なのである（Teece,

第6章　多国籍企業におけるダイナミック・ケイパビリティ・ベースの企業家理論　207

Pisano and Shuen, 1997)。

　事業環境において多様化が進み，変化の度合が大きいほど，そして（関係資産を含む）無形資産の重要性が増すほど，良い戦略と強いダイナミック・ケイパビリティは，多国籍企業の成長や財務業績にとってより重要になる。競争力を維持するために，多国籍企業は社内でも協力企業との間でも資産の配置を発展・維持しなければならない。多国籍企業とパートナー企業は，多様な環境で顧客ニーズと調和する共同の"解決策"を創り出し，実行しなければならない。明らかに，適切な組織境界を選択することは，適合を実現するための1つの要素であるが，それだけが問題なのではない[59]。強いダイナミック・ケイパビリティには，高水準の感知（センシング），捕捉（シージング），そして変容（トランスフォーミング）を達成するために必要なプロセス，ビジネスモデル，そしてリーダーシップ・スキルが関係する。強いダイナミック・ケイパビリティは，進化適合力を確実なものにするのに役立つ。一方，オーディナリー・ケイパビリティは，技能適合力の要請に対応しやすい[60]。

7. 伝統的な多国籍企業論と　ケイパビリティ・アプローチの比較

　本論文のこれまでの節では，多国籍性をも含む一般的な方法で企業を取り扱ってきた。この節では，既存の国際ビジネス研究の領域内における固有の問題を真正面から探究する。その問題とは，結局，本部と海外拠点との間のシナジーを生み出す相互作用（Cantwell, 2009）の可能性のことである。この問題が，異なる制度的状況や異なるケイパビリティの特徴とともに，企業の一般理論から多国籍企業のケースを区別しているのである。ケイパビリティ・アプローチが，どのようにして内部化パラダイム内の2つの支流派を統合でき，完全に包括的なパースペクティブになるのかを説明してみよう。

7.1　水平的拡大を通じたケイパビリティの活用

　市場への参入戦略を明確化することが，多国籍企業に関する様々な内部化理論あるいはガバナンス理論の重要な特質である。内部化への2つの主要アプローチから得られる洞察の違いを理解する1つの方法は，それらのアプローチ

がどのように多国籍企業の拡大に関する見方に影響を与えるのかを考察することである。

取引コスト・ベースの内部化アプローチの影響は，すでに多国籍企業の研究では明らかである（例えば，Hennart, 2009; Zahra, Ireland and Hitt, 2000）。しかし，この流れの研究は，多国籍企業がどんな市場を創造すべきか，どの市場に参入すべきか，についてほとんど何も教えてくれない。われわれは，おそらく暗黙のうちに内部化という言葉の中に，適切な市場とは企業がもつ特殊な資産を用いたサービスが価値を生み出す市場だということを読み取っている。言い換えれば，取引コスト・ベースの内部化理論は，参入方法を明確にするには有用だが，拡大のためのベストな方向やベストなタイミングの明確化には役立たないのである。これらは重要な意思決定であり，多国籍企業に関する確固たる理論は，これらの説明にも役立つべきである。

明らかに，多国籍企業の水平的な市場参入戦略は，適切な契約方式を理解することだけに関連するわけではない。企業が持つ特殊なケイパビリティは，海外での重要性と移転コストの両面で評価される必要があるだろう。ときには修正したり，応用したりすることが求められるかもしれない。知的所有権の問題も分析される必要があるだろう。異なる文脈では，ケイパビリティの複製は難しいかもしれない（Teece, 1976a, 1977a）。出くわす可能性の高い問題は，大抵，契約上の問題ではない。むしろ，それは技術や（ケイパビリティ）の移転コストや市場機会の評価に関係するものである。

こうした移転を成功させるためには，多国籍企業が"外国の不利（liability of foreignness）"（Hymer, 1976; Zaheer, 1995）を最小化すると同時に，自国の有利さを活用することが重要となる。ヘルファットとリーバーマンが述べるように，

既存の企業は，参入する市場に必要な資源に類似する資源やケイパビリティを参入前に持って市場に参入する。そして，地理的観点から市場を選択する場合には，ローカルな市場の知識や暗黙的な技術的スキルを含む専門的資源やケイパビリティによって，非常に強く影響される。（Helfat and Lieberman, 2002: 738）[61]

それゆえ，企業レベルのケイパビリティは，企業の海外市場への参入を制約

第6章　多国籍企業におけるダイナミック・ケイパビリティ・ベースの企業家理論　　209

すると同時に，企業がなすべきことを可能にする。企業のケイパビリティが海外のニーズと整合し，親会社や子会社の経営陣がその方法を維持できる場合，国際的な拡大が促進されることになるだろう。多国籍企業が対処するグローバルビジネスや経済状況における不均一性が，既存のケイパビリティを移転し配置する機会や，新たなケイパビリティを構築する機会を創り出し，それによって企業の国境を越えた巨大化が促進されることになる[62]。

　そのため，多国籍企業の境界は部分的には取引コストによって決定されるかもしれないが，かなりの程度，ケイパビリティや複製や関連技術やケイパビリティ移転の必要性と困難さによって決定されるだろう。こうした主張は，カントウェル（Cantwell, 1989, 1995, 1999）がその輪郭を描いた技術蓄積理論に従うものである。また，この主張は，地理的に分散しているネットワークが時間の経過ともに技術的資産の蓄積を促進することから，多国籍企業が既存のケイパビリティを強化するために海外に投資することも示唆しているのである。

　したがって，多国籍企業の境界は，企業が事業を行うことを選択した各地域で活動する際に必要な特定の特殊資産の集まりを開発したり組み立てたりする企業家的マネジメントの結果とみなすことができる。多国籍企業は，製品やケイパビリティを創造し活用するための場であり，このプロセスからグローバルに価値を獲得するための場でもある[63]。経済学的な用語でいえば，価値は取引コスト最小化によって達成されるだけではなく，（経営者の行動を通して）無形資産の"移転"に関連した暗黙的な指値スプレッド（売付価格と買付価格の差）の活用によっても達成されるのである。

　多国籍企業の出身国は，重要な文脈的要因である。例えば，地域や国のイノベーション制度によって，企業の経験，知識，そしてケイパビリティは形成されることになる。さらに，優れたマネジメントというものは，均一に分布しているわけでもない。企業家的マネジメントは，それ自体が地域に集中した希少資源である。それゆえ，マードックとオセゴウイッシュ（Madhok and Osegowitsch, 2000: 326）が述べているように，"自国の特性が，国内産業の進化と個別企業の国際競争力に大きな影響を与えている"のである。企業というものは，部分的にはその企業が生まれた環境の産物である。グローバルな進出によって，企業は自国以外の地域や国のイノベーション制度を活用することができる。多国籍企業のケイパビリティは，部分的にはその企業が事業を競争的

に営む様々な環境から生まれてくるのである。

　しかし，国が持つ優位性のほとんどは，その特定の受入国への投資を選択するすべての人々に開かれている。例えば，低コストの労働力は，一般に海外からのすべての参入者の間で代替的に利用できる。それゆえ，以下で述べるように，国が持つ特殊な優位性というものは，競争優位への（ダイナミック・）ケイパビリティ・ベースのアプローチでは，それほど切実なものではない。国が持つ特殊な優位性は，参入を説明するのに役立つかもしれないが，せいぜい企業レベルあるいは事業レベルでの競争優位の背後にある要因の1つにすぎない。端的にいえば，多国籍企業の本質は，"それが，制度，文化，市場の異質性を受け入れ，それに適応し，それを利用すること，そして同時にすでに保有している，あるいは現在開発中の一定の資産やプロセスにおけるある種の（拡張可能な）優位性と関連する経済性を獲得しようとする"ことである（Teece, 2006a: 125）。

7.2　いつどのようにして多国籍企業は新たな地域の市場に参入するのか？

　海外市場への参入方法は，内部化理論が最も堅固な基礎を持つと考えられてきた話題である。しかし，上述のように，取引コストやガバナンス問題だけでは，グローバルな拡大方法に関する選択を完全に理解することはできない。少なくとも2つの異なる要因が働いている。第1に，余剰資源を含めた参入前のケイパビリティの存在が非常に重要であること。多国籍企業は，少なくとも強いオーディナリー・ケイパビリティと，内部資源上の制約に達することなく，そうしたケイパビリティを複製できる十分な余剰資源を持たない（あるいは，容易には入手できない）場合，海外市場に（あるいは，身近な国内市場にさえも）参入しようとはしないだろう（し，参入すべきでもない）。問題となる余剰資源は，金銭的なものでさえあるかもしれない。実際，ティース（Teece, 1986b: 296）は，現金を市場参入方法を説明する重要な要因として強調した。マードック（Madhok, 1997）が述べるように，企業の境界問題は，ケイパビリティと大きく関連している。企業が強いオーディナリー・ケイパビリティやダイナミック・ケイパビリティを持つ場合，海外直接投資の追加的なコストは低くなるだろう。

第6章　多国籍企業におけるダイナミック・ケイパビリティ・ベースの企業家理論　211

　反対に，タイミングが非常に重要であり，企業がケイパビリティを持たない
とき，グローバルに進出しようとする企業が好むのは，ジョイント・ベン
チャーである。多国籍企業は，海外市場に参入するときに，国内市場で利用し
ていたケイパビリティ（プロセス，スキルなど）の一部を複製する必要がある
だろう。多国籍企業がある状況で保持するスキルやノウハウは，異なる地理的
状況ではまったく機能しない恐れがあるので，調整が必要となるかもしれない。
これを正しく適合させるために，ダイナミック・ケイパビリティが必要となる
のである。

　技術移転プロセスにおける時間とコストのトレードオフは，これまでに分析
され，経験的にもかなり認識されてきた（Teece, 1977b, 1980, 1986b）。この時
間とコストのトレードオフがあまりに激しい場合には，経営者はそのトレード
オフを和らげるのに役に立つ（ジョイント）ベンチャー・パートナーと連携す
べきである[64]。ジョイント・ベンチャーやコラボレーションは，金銭的な支出
を抑えるだけでなく，現地のケイパビリティにアクセスするための多国籍企業
の能力を高めることもよくある。したがって，参入方法は契約上の要因だけで
なく，だれが必要なケイパビリティを所有し，だれがその移転にかかる時間を
コントロールし，そしてだれが市場参入のタイミングを命令するのかにも依存
するだろう。

　研究者たちは，なぜどのようにして一部の企業は創業まもない時期に国際化
するのかを研究しはじめている（例えば，Rennie, 1993 ; Oviatt and McDougall,
1994）。"ボーン・グローバル（born global）"現象は，ダイナミック・ケイパ
ビリティと矛盾しない。小規模の企業は，強いダイナミック・ケイパビリティ
を持つことができ，その市場参入戦略の実行に必要なオーディナリー・ケイパ
ビリティを海外で入手することができるだろう。小規模の企業家的な企業は，
海外で新たな市場を素早く創造したり，（地場のパートナーとともに）共創し
たりできるのである。

　最近の証拠（Arregle, et al., 2013）が示しているのは，多数の国々から構成
されている地域へのこれまでの投資が，こうした国々への将来の投資意思決定
に影響を与えることになるということである。すなわち，ケイパビリティは地
域間よりも地域内により容易に転用できるということである。こうした発見は，
これまでの国レベルの分析を越えるものであり，地理的に近い場合や，制度や

言語が類似している場合ほど，ケイパビリティの移転が容易になることと一致している。制度が似ているほど契約も容易になることから，この発見は，取引コスト理論や契約理論よりもケイパビリティ論に一致しているのである。もちろん，これら2つのアプローチは，互いに補強し合うものなのだが。

　（感知，捕捉，そして究極的には変容を含む）ダイナミック・ケイパビリティ自体は，ほとんどの場合，時間の経過とともに，そして地理的に異なる市場を超えて順次利用されるものである。企業が，各事業やあらゆる市場で3つのことを同時に行わなければならないとすれば，それを実行することはかなり難しいだろう。しかし，こうした同時性が求められることもある[65]。例えば，ヤム・ブランズ社（Yum! Brands, KFC, タコベル，そしてピザハットというファストフード・ブランドを所有する企業）は，中国での急速な拡大と既存市場の1つであるイギリスでの縮小と変容を同時に取り組んでいるのである。

7.3　ダイナミック・ケイパビリティ論における本社と子会社の役割

　内部化のガバナンス（取引コスト）理論は，本社と海外子会社の役割についてほとんど述べていない[66]。一方，ケイパビリティ・パースペクティブは，本社と海外子会社のそれぞれの役割についての理解を提供する。

　本社の機能とは，あるケイパビリティが存在している場である。M型（事業部制）組織は，地域／国や事業部の管理者の自律性を大幅に認めることで，多国籍企業という構築物の分化を促進するものである。本社は，事業部間での技術移転を容認したり促進したり，補完性の利用を奨励したり支援したりすることによって，企業のケイパビリティを強化することができる[67]。

　ダイナミック・ケイパビリティ・フレームワークによると，本社のトップマネジメントが，最も重要なグローバル資産のオーケストレーション機能を果たすことになる。トップマネジメントは，多国籍企業が国外で市場を創造するために必要な財務的資源を配分し，営業に関わる問題を組織の下層に委ねる。ピーター・バックレイ（Buckley, 2009）が"グローバル・ファクトリー（global factory）"に関する（近年の）著書で述べているように，ネットワーク的な組織構成によって必要とされる経営スタイルは，従来の"指揮統制（command and control）"型のやり方とは大きく異なっている。実際，バック

第6章　多国籍企業におけるダイナミック・ケイパビリティ・ベースの企業家理論　213

レイは，本社を"活動の""統制インテリジェンス（controlling intelligence）"あるいはオーケストレーター"（Bucklay, 2009: 233）と呼んでいる。彼は，本質的に多国籍企業のダイナミック・ケイパビリティ・パースペクティブを発展させているのである。

それにもかかわらず，子会社は企業のダイナミック・ケイパビリティにとって極めて重要な役割を果たす。子会社は，それ自体の歴史から，国内および海外の他の事業単位に移転できるようなノウハウやケイパビリティを生み出すことができる。取引コスト・アプローチでは，このことが無視されたり見過ごされたりする傾向にある。この点に，グローバル経営に関する文献の意義があるのであり，活力ある点なのである（例えば，Birkinshaw, 2000）。

実際，これまで多国籍企業は特に階層というものを必要とせず，すなわちもっとネットワークに似た動きをする必要があるものとして認識されてきた（Bartlett and Ghoshal, 1989）。子会社は，大幅な自律性を持つと同時に，世界規模で営業が統合されることになる。新製品や新プロセスは，親会社や子会社のいずれによっても開発され，グローバルに共有される。こうした分権化されたM型多国籍企業は，現地での知識創造や機会の発見，そしてそれに続くトップマネジメントのオーケストレーション活動を認め，奨励する。取引コスト・アプローチでは，こうした活動の分布はほとんど理解されることはない。しかし，こうした活動の分布は，世界的な現地生産（product mandates）に関するラグマンとベネット（Rugman and Bennett, 1982）の研究や，その後の海外子会社の現地での取り組みがどのようにしてグローバルな舞台で現地のケイパビリティの発生と利用に役立ち，多国籍企業の競争優位を強化するのかに関するバーキンショーとフッド（Birkinshaw and Hood, 1998）の研究と一致する。

多国籍企業がそれ自身のネットワークや学習経路を確立した子会社をいったん設立すれば，その子会社は別のところでも有用な応用方法を見出せる特殊な資産やケイパビリティを蓄積することができる。相当数の文献で述べられているように，子会社は，親会社への"逆"技術移転に携わることもある（例えば，Birkinshaw, 1997; Birkinshaw and Pedersen, 2008; Phone and Almeida, 2008; Prahalad and Doz, 1981）。ラグマンとベルベケ（Rugman and Verbeke, 1992, 2001, 2003）もまた，多国籍企業のどこででも企業特殊な資産が生じうるとい

うことを，まさに適切に認識していた。これは，ケイパビリティ・パースペクティブと一致するのである。

　端的に言えば，ケイパビリティ・パースペクティブでは，バーキンショー，フッド，そしてヤング（Birkinshaw, Hood and Young, 2005）を含む多くの研究によって確認されているように，子会社は多国籍企業の競争優位に貢献するものとみなせる点で，子会社の地位が高まるのである。学習や，署名つきのプロセスや VRIN 資源の開発は，子会社に特殊的なものとみなされる。こうした活動の分布は，バートレットとゴシャール（Bartlett and Ghosal, 1989）が"超国家的解決（the transnational solution）"と呼ぶもの，すなわち採用，合理化，そして集権化を賢くブレンドし（その国に特殊な形で）結びつけることを知る機会を提供するのである。

7.4　R&D のグローバルな配置とイノベーティブなエコシステム

　企業の企業家論／経営者論は，資産の増強（すなわち，企業特殊な資産の創造），利用，拡張，そして刷新も説明できなければならない。ダイナミック・ケイパビリティ・フレームワークでは，資産の増強は，基本的に内部かパートナーから（あるいは，パートナーとともに）かにかかわらず，その R&D や学習プロセス（例えば，実行による学習，利用による学習）から生じ，また"技術イノベーションからの収益獲得"パラダイムの論理（Teece, 1986b, 2006b）の応用からも生じる。そして，そのためには，イノベーションにはエコシステム内の一連のパートナーとの協働が必要になるということ，これを知る必要がある。エコシステム内のパートナーとの継続的な関わり合いは，価値創造の場を，企業からビジネス・エコシステムへと移行させるものとみなされる。外部調達や共同は，うまくいけば，その企業内のケイパビリティを強化することになる（Capron and Mitchell, 2009; Chesbrough, 2003）。しかし，パートナーが劣悪で，同意したとおりの貢献をしない場合，企業は内部のケイパビリティを流出させることになるだろう。

　取引コスト・ベースの内部化理論は，R&D の役割を決して無視してはいない。実際，バックレイとカソンの論文（Buckley and Casson, 1976）では，R&D が最も重要なものとなっている。しかし，取引コスト・アプローチでは，内外の結合による，それゆえダイナミック・ケイパビリティによる企業特殊な

第6章　多国籍企業におけるダイナミック・ケイパビリティ・ベースの企業家理論　215

技術的資産の開発はあまり強調されてこなかった[68]。イノベーションを起こす
ケイパビリティは，R&D に費やす資金額だけに依存するのではなく，企業内
で行おうと外部で行おうと，その資金がどのように使われるのか，そしてどれ
ほど適切に管理されるのか，ということに決定的に依存しているのである。繰
り返しになるが，優れたマネジメントには，すでに述べたようなオーケスト
レーション機能に関して卓越したものが求められる。ここでいうオーケスト
レーションとは，企業内外，国内外，そして異なる技術領域における技術に関
するものである。

　アメリカ発の多国籍企業の海外子会社における R&D に関する初期の研究で
は，1970年代には企業は海外の優れた能力を入手するためだけでなく，（主
に）技術や製品を現地市場に応用するために R&D を行っていたことが示され
ている（Mansfield, Romeo and Teece, 1979）。これは，今でもなお当てはまる
が，米国企業は子会社を使って新製品を開発することが間違いなく増えている。
実際，カントウェルとコスモポールー（Cantwell and Kosmopoulou, 2002）は，
現地の状況が R&D による技術の創造に大きく役に立つ場へと移行していると
見ている。立地の決定は，市場へのアクセスや優れた能力の活用に大いに関係
するが，取引コストの問題とはあまり関係ないのである。

　また，"海外"子会社は技術の創造だけでなく，多国籍企業のいたるところ
で生み出されるイノベーションからの価値の獲得においても役割を果たすだろ
う。海外子会社は，共特化された製造資産，流通／マーケティング資産，そし
て技術に投資することができる。こうした資産を所有することが，イノベー
ションから利益を獲得する多国籍企業の能力において重要な役割を果たす。こ
のことは，イノベーションの文献（Teece, 1986b, 2006b）から導かれる非常に
一般的な帰結であり，多国籍企業には特に当てはまると思われる。こうした問
題は，カントウェルとマダンビ（Cantwell and Mudambi, 2005）によって，
詳細に述べられている。本論文の目的にとって重要な点は，R&D のグローバ
ルな配置が，様々な地域におけるケイパビリティの創造をサポートするという
こと，すなわち民間航空機産業の例のように，その後に新製品の生産のために
統合される必要のあるケイパビリティの創造をサポートするような現象とみな
せることである。ガバナンス（取引コスト）理論は，このような現象に対して
限定的な理解しか提供しないのである。戦略とケイパビリティ・パースペク

ティブから得られる理解の方が，より適切だと思われる。

7.5 立地や"国"という要因と多国籍企業論

　ラグマンが構築した多国籍企業論によると，多国籍企業による立地の決定は，その国の特殊な要因とその企業の特殊な要因によって影響されるという認識が必要となる。ラグマンのマトリックス表によれば，例えば多国籍企業の労働集約的な製造活動は，低賃金の環境に引きつけられることになるだろう。

　しかし，ダイナミック・ケイパビリティ・フレームワークによると，国や地域という要因は投資する立地の決定には影響するが，大抵，多国籍企業の競争優位がどのように確立されるのかに関する理解にはほとんど関係ないとされる。その簡単な理由は，国という要因は，しばしば国内企業にとっても多くの多国籍企業にとっても，実質的に利用可能だからである。ある特定の多国籍企業が国家との特別な関係を持っていたり，あるいはその場所でユニークで複製困難な歴史を経ていたりしないかぎり，投資するすべての多国籍企業が国の優位性を利用できるのである。

　したがって，国という要因は，なぜ多国籍企業に関連する経済活動がある特定の海外の場所で行われるのかを説明できるかもしれない。内部化理論は，その活動が最も適切に利用できるのは外部調達を通してなのか，あるいは海外直接投資を通してなのか，を決定するのに役立つだろう。しかし，既存の企業にも新規参入企業にも利用できる国（や地域）という要因は，多国籍企業の特定の事業単位の歴史を説明するのに役立つ場合を除いて，企業レベルの競争優位の説明とはほとんど関係ないだろう。この点が，伝統的な多国籍企業論と競争優位論との分かれ目なのである。

　端的にいえば，国や地域という要因は，ある特定の多国籍企業が他社に模倣できない（あるいは，他社が模倣に失敗する）方法で，現地で優位性を得たり，現地での不利を回避できたりする場合にのみ，その企業の競争優位の基礎となりうる。例えば，受入国の特徴的な環境で起こる学習や別の知識の発展は，全体としてその企業の競争優位に貢献する署名つきのプロセスや VRIN 資源の土台を形成することになるだろう。そして，これらを競争者が複製することは，その後も困難なことだろう。

　ここで提示されたフレームワークでは，多国籍企業の競争優位は，企業に特

殊な要因から生まれることになる。こうした要因には，企業のイノベーション，企業文化，マネジメントだけでなく，その企業特有のグローバルな足跡と関連する立地に固有の歴史や資源も含まれることになる。この点は，各国のイノベーション制度（Nelson, 1993）と関連するものであり，またイノベーションの源泉が以前よりもグローバルに分散していることから，ますます重要になっている。国家システムにあるいはイノベーション・プロセスの結果に特権的にアクセスできるならば，受入国の国家システム（や多国籍企業の歴史）は多国籍企業の競争優位を構築することになるだろう。

8. 国際ビジネスと国際（戦略）経営

これまで国際ビジネス分野は，取引コスト経済学のツールやパースペクティブによって，かなり活性化されてきた。この分野は，企業の構造や範囲，アライアンス契約，そしてより一般的にガバナンスに関して有益な理解を提供してきた。それは，契約デザインに関するベスト・プラクティス（ダイナミック・ケイパビリティではなく，オーディナリー・ケイパビリティ）の概観を明らかにするものであった。

契約上の問題は，政策立案者にとっても経営者にとっても同様に関心のあることである。しかし，グローバルな現地生産や個別企業の業績の理解のように，どうひいき目に見ても取引コスト・アプローチがわずかな理解しか提供してこなかった問題はたくさんある。そのため，国際経営の研究者たちは国際ビジネス学会ではなく，経営学会の中で，彼ら自身のコミュニティを構築したこともあった。その結果，彼らの研究は，国際ビジネスの文献とうまく統合されることはなかった。さらに，国際経営の研究には，良き理論的基礎がないことも多い。アド・ホックな理論化もよく見られる。国際経営には，多くの議論の絶望的な融合に役立つような理論が，どうしても必要なのである。

ガバナンス・ベースあるいは交換ベース・アプローチを好む研究者たちは，企業の一般的な存在理由に訴えることで，特定の企業の利益や競争優位を説明しようとするだろう。それは，無理な話である。企業レベルの異質性を認識しない多国籍企業の一般理論は，特定の企業の将来性や苦境を診断することに関心のある研究者や実務家にとって，ほとんど役に立たないのである。

218 第Ⅲ部 ダイナミック・ケイパビリティ論の応用

新古典派理論や初期の内部化／ガバナンス・アプローチでは，多国籍企業の経営者の仕事はほとんどない。それは，以下のことだけとなる。

(1) 限界収入と限界費用が等しくなるように各市場で生産水準を設定すること，および変換曲線［等量曲線］（transformation curve）の周辺で価格線［等費用線］（price line）を動かして投入物を選択すること。
(2) 企業内部でその活動を行う限界コストが外部調達コストと等しくなるまで，外部調達するように企業境界を決定すること，および取引における資産特殊性に応じて契約構造を適合させること[69]。

内部化／ガバナンス・アプローチでは，発見，学習，調整，そしてその他のケイパビリティの構築の重要性がほとんど認識されていない。明確にされていないメカニズムもまた，何らかの形でどこかで企業特殊な資産をつくり出す。

確固たる多国籍企業理論では，経営者の役割はもっと幅広いものでなければならない。ダイナミック・ケイパビリティ・フレームワークでは，マネジメントに企業家的機能やリーダーシップ機能を吹き込むことによって，これが実現される。

バートレットとゴシャールは，ダイナミックな競争力を持つ成功的企業と似た特徴を持つ企業を，"トランスナショナル企業（transnational corporations）"と呼んだ。彼らのいうトランスナショナル企業は，分散された相互依存的資産やケイパビリティを構築する企業である。すなわち，海外における操業は現地で差別化を行うが，それにもかかわらず世界規模の操業に統合されるのである。こうした企業は，共同開発やグローバルな役割分担を通してイノベーションに取り組むことになる（Bartlett and Ghoshal, 2002: 75）。

"トランスナショナル"アプローチは，他の多くの国際経営の文献（例えば，Doz and Kosonen, 2008, 2010; Wilson and Doz, 2011）と同様に，取引コストあるいはガバナンスの要件よりも，企業特殊なケイパビリティ，学習，そしてネットワークによって大きく活性化される多国籍企業論を，暗黙のうちに応用しているように見える。その核心は，資産のオーケストレーションや，国境を越えた企業家的な市場の創造や市場の共創にある。そこに欠けているのは，基礎や仮定に関する注意深い認識である。本論文は，ロナルド・コースのように

第6章　多国籍企業におけるダイナミック・ケイパビリティ・ベースの企業家理論 ┃ 219

多国籍企業の本質を説明するだけでなく，時間の経過に伴うその競争優位や財務的業績との関係をも説明するような，より広範なケイパビリティ／企業家精神ベースの多国籍企業論の内部に，国際経営論における暗黙的な教義が，どのようにして無理なく収まるのかを示そうとした。ここで提示した（ダイナミック・）ケイパビリティ・フレームワークのもとに，国際ビジネス研究と国際経営研究は調和的に共存できるようになる。

　契約アプローチとは対照的に，ケイパビリティ・アプローチでは，経営者は資産のオーケストレーションだけでなく，新たな製品やサービスの創造にも重要な役割を果たす。このアプローチは，企業の存在だけでなく，企業の異質性や企業レベルの収益性も説明しようとするものである。固有の資源へのアクセス，署名つきのプロセスの開発，共創活動への取り組み，そして良い戦略の実行が，それぞれ役割を果たすことになる。契約／ガバナンス・ベースの理論では，今のところ，こうした概念はせいぜい都合の悪い非常に限られた居場所しか与えられていないのである。

9. 結　語

　本論文の趣旨は，取引コスト・ベースあるいは比較ガバナンス・ベースの多国籍企業論があまりに狭隘なために，多国籍企業やその財務業績にとって決定的に重要な多くのものが捉えられていないということである。（OLI モデルは，内部化とともにケイパビリティを受け入れるように展開したため，そのギャップを埋めることにいくぶん役に立った。）しかし，ガバナンス志向の多国籍企業論は，適切な諸問題に対していまだ十分に応えておらず，多国籍企業における企業間の異質性に関する理論や，企業家，経営者，そしてリーダーの果たす重要な役割を"読み流し（read out）"ている。それにもかかわらず，そのパラダイムはいまだ有効である。

　多国籍企業を独特の存在にしているのは，それがそれぞれ別個の歴史を持ち，また市場，生産要素，企業や技術，そして国や地域のインフラが異なると考えられる区域や地域に広がっているという事実である。もしあるケイパビリティや市場が存在していないならば，それを創り出す必要がある。こうした環境では，親会社と子会社の企業家や経営者は，署名つきのプロセスを構築し，固有

の資源を活用し，そして利益獲得のための優れたビジネスモデルや良い戦略を創り上げることになる。確固たる多国籍企業理論が答えなければならない基本的な問題は，単に生産コストや取引コストを最小化するために，どこに立地するのかだけではない。署名つきのプロセスを構築したりあるいはそれを有効に利用したり，市場へのアクセス権を獲得したりするとともに，知的財産権を保護したり，企業の既存の VRIN 資源を新たなビジネス／市場環境へと活用したりするために，どこに立地するのかといったことも問題なのである。

　多国籍企業を概念的に"興味深く"し，そのモデル化や取扱いを難しくしているのは，それが多様な環境で操業／販売しているからである。その活動は，様々な環境と調和しなければならないのである。また，重要なことに，こうした環境を形成することが必要となることもよくあり，市場の"創造"が必要なこともある。したがって，多国籍企業は，野心もなく純粋に国内だけを見ている企業よりも，ダイナミック・ケイパビリティをより強化したり活用したりしなければならないのである。

　重要なことは，これまで内部化（や多くの国際ビジネス研究）をサポートしてきた取引コスト／市場の失敗というパラダイムが，しばしば決定的に重要な経営問題から注意をそらし，国際経営の研究との緊張関係を人為的に作り出しているということである。ここで展開された多国籍企業論では，経営者の仕事は契約上の困難を克服することだけではない。経営者は，先見の明のある戦略に従いながら，独特の資源，署名つきのプロセス，そして署名つきのビジネスモデルを構築して活用し，企業内外の資産を結びつけなければならないのである。多国籍企業の成長と生存は，市場の失敗への適応に関するものだけではない。それは，競争者に模倣されにくい方法で，うまく市場の需要を満たせる（あるいは，おそらく需要を変化させることさえできる）ような，VRIN 資源，署名つきのプロセス，そして独特のビジネスモデルを創り上げて利用することにも関連する。これにより，多国籍企業は，技術やケイパビリティの移転，そしておそらく協力者やサプライヤーの強化にまでも従事することになるだろう[70]。言い換えれば，ダイナミック・ケイパビリティの構築と活用（拡張）によって，海外直接投資の意思決定が活発になるだろう。対照的に，取引コスト／市場の失敗というパラダイムでは，企業を駆り立てるものは契約上の危険を緩和することである。明らかに，これは多国籍企業の活動の説明としては不十分であり，

第6章　多国籍企業におけるダイナミック・ケイパビリティ・ベースの企業家理論　　221

ましてや多国籍企業の異質性を説明することはできないのである。

　ここ30年間，国際ビジネスに関する文献は，契約／取引コストの色彩が強かった。そして，それはその分野で十分役立ってきた。ケイパビリティというアイデアをいい加減に扱う様々な議論はいつもあったが，国際ビジネス分野は限られた形でしか企業家精神やケイパビリティの問題を受け入れてこなかった。確かに，契約／交換アプローチの一流の研究者の一部は，暗黙的にせよ明示的にせよ，ケイパビリティ・アプローチへと次第に移行してきた。しかし，捨て去られた従来の仮定と採り入れられた新たな仮定を明らかにすることなく，捉えにくく不明確な形で，あるパラダイムから別のパラダイムへ移行するときには，その分野が混乱に陥るリスクがある。そのため，いま起こっている移行について明らかにする必要がある。そうしないと，その進歩は遅れてしまうだろう。本論文の目的のうちの2つは，その緊張関係を明らかにすることと，それを解決しようとすることであった。

　ここで提示された学際的フレームワークは，ガバナンス／契約の問題を無視することなく，ケイパビリティの概念を発展させたものである。国際ビジネスの研究者たちが企業家精神／ケイパビリティ・アプローチをより十分な形で取り入れはじめるとき，修正された内部化学派をサポートするような，より統合された多国籍企業理論が登場することになるだろう。このような理論は，経営学者と実務家との間により生産的な対話を可能にするだろう。そして，戦略論やマネジメントの研究者，さらには（進化）経済学や組織や企業家精神の研究者たちの積極的な交流が，それに続かなければならない。また，より豊かな多国籍企業の内部化理論によって，経営学者も経済学者も，企業レベルの競争優位の源泉や持続性（あるいは欠如），そして優れた財務的業績との関係について有意義な議論ができるようになるだろう。こうした展開とともに，国際ビジネス分野が現在の混乱状態から抜け出し，倹約的で，扱いやすく，妥当な企業と競争優位に関する理論を発展させる道を先導する良いチャンスになる。こうした理論は，様々な分野の探究を横断するような研究，教育，政策，そして処方箋を啓発することになるだろう。

注

1 ロナルド・コース（Coase, 1991）が指摘したように，単に企業境界を説明する
だけでは企業理論として十分ではない。特に，受容可能な企業理論は，企業の"本
質"を説明する必要がある。そのような理論は，国内の文脈でも多国籍企業の文脈
でもいまだ完全には現れていない。また，企業理論は，アウトソーシングの増加，
R&D活動の地理的分散化の進展，そして新たな国際的ベンチャーの増加といった
最近の展開を説明できることが望ましい。

2 これは，ほとんどの経済学者がこれまで自ら設定してきた目標よりも明らかに野
心的である。詳しい議論については，ハート（Hart, 2011）を参照。

3 バレット（Barreto, 2010: 258）は，"ダイナミック・ケイパビリティ・ビューは，
トップ・ジャーナルに論文を掲載している研究者たちから多くの注目を集めてき
た"と述べている。

4 "これらの研究において企業家精神は繰り返しテーマになったが，中心的なテー
マになることはめったになかった。ミラ・ウィルキンス（Mira Wilkins）は，アメ
リカン・ラジエーター社の国際化に関する初期の研究で，まさに比較優位や戦略思
考という点で国際ビジネス論が不十分であると批判し，企業家的意思決定における
進化的な選択や不確実性の重要性を強調した。彼女は，企業成長に際して選択肢と
その結果を作り上げる一連の詳細で経路依存的な企業家的意思決定を理解すること
の重要性を強調した。…（中略）…ウィルキンスもまた，『国境を越えて機会を追
い求める，抜け目ない米国の企業家』について論じていた"（Jones and Wadhwani,
2007: 6）。

5 ポール・ウォーカー（Paul Walker）が述べているように，"知識経済という新
たな現実を含める形で伝統的な企業観を拡張することが，経済学の研究アジェンダ
において喫緊の課題となるだろう"（Walker, 2009: 29）。

6 同様に，ピーター・バックレイ（Peter Buckley）は，"もちろん取引コストは
（今一度）物語の全体ではないが，その物語全体に欠くことのできない部分であ
る"と述べている（Buckley, 2009: 227）。

7 ここでの目的は，コース（Coase, 1937）のように企業の本質とその範囲を説明
することだけではない。利益に対するナイトの関心は主に経済全体レベルのもので
あり，企業レベルの利益への関心はそれほどでもないが，ナイト（Knight, 1921）
のように，利益を説明することもここでの目的である。

8 ウィリアムソン（Williamson, 1999）は，この研究分野において企業業績の差異
の発生に関する問題が取り扱われていないことに同意していると思われる。

9 ハイマーは，競争優位と独占力を混同した。競争優位は，企業が何らかの政策に
関連した市場支配力を持つということ，これを暗示する必要はないし，大抵，それ
を暗示していない。

10 オリバー・ウィリアムソン（Williamson, 1985）は，ときおり取引コスト経済学
を，取引がどのようにして組織化されるのか，あるいは"統治されるのか"を説明
しようとするフレームワークとして，"ガバナンス"アプローチと呼ぶことを好ん
でいる。

11 ティース（Teece, 1976a: 104）も，この第1の支流派すなわちコース的なパラダ

第6章　多国籍企業におけるダイナミック・ケイパビリティ・ベースの企業家理論　223

イムの内部で執筆し、"取引コストに関連して実現される経済性や、企業が所有し利用できる優れたインセンティブやコントロールの仕組みの存在を理由に、多国籍企業の内部では技術移転が促進される"と述べている。

12　ガバナンス構造とは、市場交換における潜在的な問題を緩和するために取引を管理（ガバナンス）する取り決めである。ガバナンス構造には、以下のものが含まれる。すなわち、(1)インセンティブの強度、(2)管理上のコントロール形態、(3)契約法体制である（Williamson, 1991a）。

13　（グローバルな）知識経済への移行が引き起こす多国籍企業に対する変化を捉えた教科書的な企業モデルは、一般的な企業向けであろうと、多国籍企業向けであろうと、まったくない。オリバー・ハートが認識しているように、"企業に関するほとんどの数理モデルは極めて初歩的なもので、世の中で目にするような複雑な組織とはほとんど関係のない仮想的な企業を描くことしかできない"（Hart, 1989: 1751）。

14　ダニングの取扱い方では、所有優位は完全に企業特殊なものではない。しかし、ラグマン（Rugman, 1981）はO優位性を主に企業特殊な優位性（FSA）、すなわち個別企業に特殊なものとみなしている。この点に関して、有益なコメントを提供してくれたカントウェル（Cantwell）に感謝の意を表したい。

15　こうした文献では、所有優位が内生的であるのか外生的であるのかに関して、いまだに論争的である（Cantwell and Narula, 2003）。研究者たちは、外生変数と内生変数のいずれの値の変化も互いに影響を及ぼすと述べてきた。例えば、ダニングは、資産を得るための時点tでの海外直接投資が時点t+1での自国のL優位性に影響を与え、Lの選択が将来のO優位性に影響を与える可能性があること、そしてそのために"伝統的なOLI変数の再構成"が必要となることを説明している（Dunning, 2001: 178）。

16　組織の多様な部分や多様な地域で学習が行われ、補完性も様々であるため、達成される業績水準はそのビジネスによって異なる。学習プロセスの違いによって、個々の企業が異なる経路にとどまり、厳しく非常にグローバルな今日の業界環境で最高点に到達できるようになる。さらに、異質で経路依存的な学習は、経営陣の着手する活動、ルーティンの確立、そして組織的記憶の発展に従うものである。これにより、"厳しい状況（rugged landscapes）"（Levinthal, 1997: 934）が生み出される。その上、国内でも海外でも、その業界環境は純粋にまったく平坦なわけではない。異質性は典型的なものであり、それは経路依存的な学習の存在によって一部説明される。

17　ここで行われている区別は、"数理的な（formal）"理論化と"アプリシエイティブな（appreciative）［質的で観察ベースの］"理論化の一般的な違いの具体例である（Nelson and Winter, 1982）。前者は、抽象的なモデルに基づく厳密なアプローチであり、単純化しながらも現実世界にとって意味のあることを明らかにしようとする。アプリシエイティブな理論化は質的であり、現実世界の観察からはじまるものである。

18　経営者の目下の仕事は、完全所有子会社への直接投資によって取引上の困難を単純化すること以上のものである。コピー機やスキャナーのような革新的な初期のア

イデアは，その潜在的な市場性に関して疑念が持たれたり，過度に悲観的な見積もりが行われたりすることがよくある。このような場合には，こうしたアイデアの正しさを証明することが，その発案者に任される。このために，何らかの組織を構築したり，新たな市場を創造したり，あるいは共創したり（Pitelis and Teece, 2010），そして新たな需要の掘り起こしのために不可欠な構造や戦略を採用したりするのに必要な，共特化資産や補完的資産の蓄積が求められることがしばしばあった。

19　私はかなり初期の研究で，"市場支配力を強調していようと効率性を強調していようと，多国籍企業に関する文献は，共通した欠陥，すなわちダイナミクスに重点が置かれていないことによって苦しんでいる"（Teece, 1986a: 36），そして"チャネル選択のダイナミクスの理解を深めるためには，取引コスト経済学が組織の意思決定論と結びつけられなければならない"（Teece, 1986a: 37）と述べた。市場の創造や共創は，当然ながらダイナミックなプロセスである。上述の引用において，組織の意思決定論というのは，以下で述べられる，今日ではダイナミック・ケイパビリティ理論と呼んでいるものの言葉足らずの代用品であった。

20　グローバル企業の海外活動に注目すれば，われわれの主張と一致している。例えば，コカ・コーラ（Coca-Cola）社のような企業とその中国やインドでの海外活動について考えてみよう。こうした活動は，既存市場の失敗の解決に等しい活動に単に関係しているわけではない。そうではなくて，それらは，販売会社（bottling companies）や流通システムをデザインしたり，構築したり，新たな冷蔵技術を発明したり，消費者の知覚に影響を与えたりすることによって，ケイパビリティの移転や市場の創造を伴うものなのである。

21　様々なコース的な多国籍企業モデルには，不確実性やイノベーションの余地はほとんどない。その延長線上の議論は，学習，ケイパビリティの強化，そしてイノベーションを意味のある形で取り込んだ理論の形成に，これまで成功してこなかった。

22　ウィリアムソンは，クープマンス（Koopmans, 1957）による第1の不確実性と第2の不確実性の区別を認めている。しかし，不確実性は，その契約プロセスに与える影響を通してのみ，取引コスト経済学と関わる。コースと同様にウィリアムソンも，ナイト的なすなわち根本的な不確実性を認めていない。

23　バックレイは，最近になって"（多国籍）企業，企業家精神，そして取引コストとの密接なつながり"（Buckley, 2009: 227）を認めている。しかし，彼の企業家精神の取扱いは，主に契約と関連したものである。

24　モンテベルデとティース（Monteverde and Teece, 1982a）における計量経済学的な結果では，垂直統合を促す要因は資産特殊性だけではないことが示された。"システム効果"や企業の個別効果の方が経験的にははるかに大きな要因であった。特に，契約上の取り決めは様々であり，より企業に近い取り決めもあれば，より市場に近い取り決めもある。

25　垂直統合や（完全所有子会社を通して）多国籍企業の拡大への取引コスト・アプローチは，"ホールドアップ"や再契約の危険をあまりにも強調しすぎる感が少なからずある。例えば，ホールドアップの規範的な例として用いられてきたゼネラルモーターズ社（GM）によるフィッシャー・ボディ社の買収は，より綿密な調査の

第6章　多国籍企業におけるダイナミック・ケイパビリティ・ベースの企業家理論　225

結果，まったく反対のこと（すなわち，GM 社の経営陣はフィッシャー兄弟を信頼しており，それがその会社を買収する理由になったということ）を示していることが明らかになった（Chandler and Salsbury, 1971; Goldberg, 2008）。

26　ダニングは，その OLI アプローチで正しい方向に進んだ。しかし，OLI は主に静学的であるため，ケイパビリティの構築や企業家や学習に関して考慮すべき事項を認識できていない（Pitelis, 2007）。ラグマンとベルベケ（Rugman and Verbeke, 1992, 2001）は，"立地制約（location-bound）" と "非立地制約（non-location-bound）" という概念を用いて，戦略経営思考を内部化理論に組み入れている。

27　興味深いことに，カソンは，企業家的意思決定を企業理論に取り入れるために，企業家精神について相当な洞察力を持って大々的に述べてきた。情報コストの経済学に基づく定義を用いて，カソン（Casson, 2005: 325）は判断に関わる意思決定を，企業家を明確に規定する特性とみなしている。その特性によって，企業家は情報選択や情報処理の最適なスキルを発達させるように求められる。カソンは，企業家を企業理論に取り入れようと試みたが，彼の理論はここで提示されるような多国籍企業の経営者の企業家的機能を完全に捉えたものではないように思われる。その重要な理由は，組織的な知識やケイパビリティが個々人の知識やスキルの合計とは異なるものであるが，カソンのアプローチがその後者により焦点を当てていると思われることにある。また，そうした知識やケイパビリティは，通常，暗黙的であり続けるのである（Polanyi, 1958）。

28　今日のグローバル経済では，製品や一定の製造技術の標準化が進み，以前よりも市場が開かれたものになっている。しかし，業務や技術の均質化はいまだ起こっておらず，すぐにはそうなりそうもない。消費者の好みや購買力の違いもまた依然として存在しており，今後もそれが続いていくだろう。

29　"製造・生産の国際的な拡大それ自体に関していえば，純粋な交換理論は根拠の乏しいものとなる…［技術］は，それが創り出された後の市場の特性からというよりも，むしろその状況で技術が生産において最も容易に生み出され利用されるという理由で，企業内で蓄積されるだろう"（Cantwell, 1989: 216）。

30　ダニングの折衷パラダイムやティース（Teece, 1986b）においては，競争優位は（企業特殊な技術のような）特定の独特の無形資産の所有やある補完的資産の所有から生じるものである。

31　500年前，マキャベリは『君主論』の中でこう述べている。"運に頼りきりの君主は，その運命が変わると戸惑ってしまう…（中略）…時代に合わない行動をする君主は成功を掴めない…（中略）…時代や事情が変わったならば，その行動の方針を変えない君主は没落する"。

32　ここで言及する "ポジショニング" は，ポーター（Poter, 1980）が用いる市場のポジショニングではないことに注意されたい。市場シェアは，強力なネットワーク効果が働く場合を除いて，ここでの分析とほとんど関連がない。しかし，外部のビジネス環境は，さらに広範囲な形で大きく関連している。こうした環境はおそらく業界よりもむしろエコシステムという概念によって適切にまとめられるだろう（Teece, 2012a）。

33　このアプローチは，企業が再契約の危険やその他の機会主義がもたらす結果の範

囲を限定する必要があることを否定しない。むしろ，この理論はさらに先に進み，機会を捉えるために組織し，補完性や共特化から生じる範囲の経済を発見・活用することで利益を獲得することの必要性を認めている。

34 シャルル・ド・ゴールやルイス・ガースナーのような様々な人が言ったとされる考えによれば，"素早く動き，適応しなければならない。さもなければ，戦略は役に立たない"とされる。この言葉を最初に言ったのがだれであろうと，それはある重要な点を突いている。つまり，良い戦略は強いダイナミック・ケイパビリティと結びつけられることで有効なものになるということである。

35 ルメルト（Rumelt, 2011: 7）によると，指針となる方針は，その診断で発見された障害に対処するアプローチを規定するものである。一貫した行動とは，その指針となる方針を実行するために診断された，実現可能で調整された行動のことである。

36 説明という目的上，戦略はダイナミック・ケイパビリティに埋め込まれたものとみなすことができる。それらは，相互依存的なのである。しかし，多くの場合，戦略を（ダイナミック・ケイパビリティと）明確に区分することが有用である。これが，本論文の残りの部分で採用されるアプローチである。

37 マクドナルド社は，多くの地域で資産を複製し，マネジメントする能力を基礎として世界的に成長した恰好の例である。

38 オーディナリーとは，現状を維持する（つまり通常状態から外れない）という意味である（Helfat and Winter, 2011: 1244）。

39 例えば，最も熟練した真空管メーカーは十分なオーディナリー・ケイパビリティを持っていたが，トランジスタの発明と大規模生産によって打ち負かされた。しかし，おそらく政府規制や貿易障壁のせいか，あるいは規模が小さいためか，競争から守られている市場では，オーディナリー・ケイパビリティによって企業は収益を上げ，適度に成長できるだろう。

40 グローバルな規模でオーディナリー・ケイパビリティを移転したり適応したりするには，一般にダイナミック・ケイパビリティが必要となる。しかし，グローバル市場が比較的同質である場合，こうしたケイパビリティの拡大には大幅適応は必要ないだろう。異なる地域への（適応なしの）単なる技術移転は，オーディナリー・ケイパビリティの拡張を表すものであり，ダイナミック・ケイパビリティには一歩足らない。

41 技能適合力は，あるケイパビリティがその機能をどのくらい有効に働かせているのかによって定義され，そのケイパビリティが企業の生存をどれだけ可能にするのかとは関係ない（Teece, 2007b: 1321）。

42 もちろん，広範囲にわたって国家が資源をコントロールしている多くの貧しい国々では，競争圧力が弱く，オーディナリー・ケイパビリティを持つ企業はそのケイパビリティが希少であれば生存し繁栄できる。

43 ベンチマークを設定する人は，特定の機能に関する"最も質の高い（best of breed）"あるいは抜きん出た実施者（例えば，出荷部門はフェデラルエクスプレス社から何を学べるか）を研究することが多い。

44 ブルームら（Bloom et al., 2012）は，18の経営実践領域を明示した。以下で述べるように，これらは特定のオーディナリー・ケイパビリティを示しているように思

第6章　多国籍企業におけるダイナミック・ケイパビリティ・ベースの企業家理論　227

われる。

45　ファストフード業界は，ケイパビリティがまだグローバルな基準で完全なものにはなっていないが，そのもう1つの例である。

46　ネルソンは，この発展が1970年代半ばからはじまったものと推定している。

47　クラウド・コンピューティングは，"適合性のあるコンピューティング資源（例えば，ネットワーク，サーバー，ストレージ，アプリケーション，そしてサービス）の共有されたプールへの，どこにあっても便利なオン・デマンドのネットワーク・アクセス"（Mell and Grance, 2011）を可能にする。"こうしたコンピュータ資源は，最小限の経営努力やサービス・プロバイダーによる協力で，素早く提供されたり取り去られたりする"（Mell and Grance, 2011）。これらの資源は，小規模な企業へ提供されることもあれば，大規模な多国籍企業に提供されることもある。

48　2011年6月26日に，日本の名古屋で開催された国際ビジネス学会（the Academy of International Business）での未発表のコメントによる。

49　ブルームとヴァン・リーネン（Bloom and Van Reenen, 2010）は，途上国ではオーディナリー・ケイパビリティがそれほど広まらない理由を探究した。彼らの複数の国を対象とした大規模調査の結果は，情報ギャップがおそらく最も大きな要因であり，経営者は一般に自身の経営実践とベスト・プラクティスの比較方法について十分な情報を持っていないということを示唆していた。途上国における劣った経営実践につながる特殊な条件としては，製品市場の緩やかな競争，国家による所有，家族経営，そしてビジネス教育の不十分さもある。

50　一般に知的資本は，特に開発，移転，そして模倣が難しい（Teece, 2000）。

51　進化適合力とは，そのケイパビリティがどのくらい企業を生存させられるかということである（Teece, 2009:7）。ダイナミック・ケイパビリティは，進化適合力をサポートする方向に組織を変化させることができる。それは，新たな製品やサービスがどのように開発され売り込まれるのか，また新たなビジネスモデルがどのように創り出されるのか，そしてオーディナリー・ケイパビリティがどのように改善されるのかを決定する。

52　例えば，医薬品の開発における重要な機能の1つは，規制機関の承認を得ることである。現在では，多くの主要な製薬会社には（その承認プロセスを管理する）非常に発展したプロセスがある。しかし，やがてこうしたプロセスは標準化され，ビジネスサービス提供者に利用できるようになるだろう。これが起こると，製薬業界におけるより高次のケイパビリティはより低次の（オーディナリー・）ケイパビリティになるだろう。

53　環境を所与とすれば，企業が生存するために利用できるニッチはたくさんあるだろう。企業は，高度な環境の複雑性に対処できるほど，その長期的なパフォーマンスは優れたものになる。

54　ウィンター（Winter, 2003）のアプローチでは，ダイナミック・ケイパビリティはより高次の変革ルーティンに根差すものとみなされる。あるケイパビリティの核となるのは，比較的特殊な目的を志向するパターン化された活動である（Winter, 2003: 992）。彼は，ダイナミック・ケイパビリティとアド・ホックな問題解決を区別したうえで，ダイナミック・ケイパビリティを維持されなければならないスキル

228 第Ⅲ部 ダイナミック・ケイパビリティ論の応用

あるいはルーティンとみなしている（Winter, 2003: 994）。

55 地域間の要素価格の違いを発見して利用することは，多国籍企業の企業家的機能の１つの要素である。

56 ドルネヴィッチとクリアウシウナス（Drnevich and Kriauciunas, 2011: 275）は，安定した環境ではオーディナリー・ケイパビリティを多く利用し，ダイナミックな環境ではダイナミック・ケイパビリティを多く利用する企業ほど相対的に高い業績を上げる可能性があることを明らかにした。

57 オペレーション戦略をめぐる多くの議論は，知らず知らずのうちに私がダイナミック・ケイパビリティとみなすものに向かっている。中には，ビジネス環境との優れた戦略的適合のために資源を開発し，プロセスを設計することをオペレーション戦略とみなす研究者もいる（Van Mieghem, 2008: 18）。例えば，ファストフード業界では，オーディナリー・ケイパビリティは，重要業績評価指標の測定，教育訓練制度，動機づけ，そして監督などに関係している。ダイナミック・ケイパビリティは，新商品のメニューへの掲載，新たな営業時間（例えば，深夜），そして新たな立地（中心地か郊外か）といった問題の解決に対処するものである。これらの意思決定は，多国籍企業の文脈では，決定的に重要である。

58 サイモン（Simon, 1969）は，環境に対して３つの対処法を明示した。すなわち，受動的な隔離（passive insulation），反応的な負のフィードバック（reactive negative feedback），そして予測的適合（predictive adaption）である。また，マイルズとスノー（Miles and Snow, 1978）は，どのようにして企業が適合できるのかに関して企業の分類を提示した。

59 ダイナミック・ケイパビリティを保有し，それを適切に発揮する組織を構築するのは，決して簡単なことではない。それは，単なる標準化，合理化，集権化に関連したものではない。これらは，ダイナミック・ケイパビリティよりもオーディナリー・ケイパビリティとの関係が深い。グローバルな文脈では，ダイナミック・ケイパビリティには，地場市場やその国のイノベーション制度に対して敏感であること，そしてその一方で，その市場規模が許し，またその市場規模が必要とする場合，市場統合を実現することが含まれる。

60 適合は，組織デザインを文脈に合うように調整するという点で，コンティンジェンシー理論（Burns and Stalker, 1961）といくぶん似ている。

61 この点は，修正されたヘナート（Hennart, 2009）の見解とある程度一致している。

62 ラグマンとベルベケ（Rugman and Verbeke, 1993: 74-75）が述べているように，"大規模な多国籍企業が次第に個々の国から独立するようになっており，国のダイヤモンドのうちの一部分を選択して利用することでグローバルな優位性を得ていることを示唆する文献は数多くある。こうしたそれぞれの議論において，多国籍企業のコア・コンピタンスは，業界や地域に関連した非常に多様な立地優位性の結果として世界中に分散されている諸活動の調整能力やコントロール能力とみなすことができる"。

63 もちろん，複雑な調整を企業内で行うことの優位性は，多くの企業理論で大きく取り上げられている（例えば，Barnard, 1938; Hennart, 1977, 1982）。しかし，ここで述べている種類の"調整"は，共特化された補完製品や知的財をオーケストレー

第6章　多国籍企業におけるダイナミック・ケイパビリティ・ベースの企業家理論　229

ションすることに関係しており，これまで取り上げられてきたものとはかなり異なっている。

64　ディエリックスとクール（Dierickx and Cool, 1989）は，時間とコストのトレードオフという言葉ではなく，"時間圧縮の不経済"（Dierickx and Cool, 1989: 1504）という言葉を用いている。彼らは，同じ見解を述べているように思われる。

65　オライリー，ハレルド，そしてタッシュマン（O'Reilly, Harreld and Tushman, 2009）が述べているように，このことは求められるだけではなく，ときには達成されるものである。

66　このことは，取引コスト思考の先駆者の一人であるオリバー・ウィリアムソンがM型組織について多くのことを述べている（例えば，Williamson, 1975）という事実にもかかわらず，そうである。

67　本社の経営陣は，組織学習，共特化された技術移転，そしてケイパビリティの蓄積を促進したり保護したりすることによって，一連の重要な機能を果たすことができる。企業家的なリーダーシップは，親会社からも子会社からも出てくるものである。

68　チェスブローとティース（Chesbrough and Teece, 1996）は，この例外である。しかし，そこでの取扱いでは，ケイパビリティに十分に重きを置いていなかった。

69　この定式化は，コース（Coase, 1937）に基づいている。ウィリアムソン（1985）の枠組みでは，境界選択の問題は，彼のいう"ガバナンス"コストと"生産"コストの合計を最小化するという問題の1つと考えられている。ガバナンス・コストは，目下の仕事が特異（取引特殊）な資産への投資を必要とするかどうかに大きく依存する。

70　ボーイング787ドリームライナーの事例は，この反証事例として重要である。新しい旅客機である787ドリームライナーのサプライ・チェーンをデザインする際に，ボーイング社は，部品やコンポーネント・システムを開発するために，これまで以上に世界中の多数のサプライヤーに依存することを決めた。残念ながら，ボーイング社はすべてのサプライヤーが設計や生産に必要なケイパビリティを持つことを初めに確かめることなく，モニタリング・ケイパビリティを縮小してしまった。不適格なコンポーネントがもたらした問題によって，3年以上の遅れが生じた（Kesmodel, 2011）。その問題の根幹には，契約に関するものはない。つまり，その問題の原因は，機会主義よりもケイパビリティの不十分さだったのである。

参考文献 (アルファベット順・年代順)

【A】

Abernathy, W. J. and Utterback, J. M. (1978). Patterns of Industral Innovation. *Technology Review*, 80(7): 40-47.

Adner, R. and Helfat, C. E. (2003). Corporate Effects and Dynamic Managerial Capabilities. *Strategic Management Journal*, 24(10): 1011-1025.

AFP. (2013, February 12). Apple Still Has "Magic," Innovation, Says CEO Cook. AFP. *com*. Retrieved From http://www.globalpost.com/dispatch/news/afp/130212/apple-still-has-magic-innovation-says-ceo-cook-0

AFP. (2013). Apple Reiterates Its Ability to "Create Magic". *Taipei Times*, 14 February. http://www.taipeitimes.com/news/biz/archives/2013/02/14/2003554839, Accessed 15 February 2013.

Alchian A. A. and Demsetz, H. (1972). Production, Information Costs, and Economic Organization. *American Economic Review*, 62: 777-795.

Ambrosini, V., Bowman, C. and Collier, N. (2009). Dynamic Capabilities: An Exploration of How Firms Renew Their Resource Base. *British Journal of Management*, 20(S1). S9-S24.

Amit, R. and Schoemaker, P. J. H. (1993). Strategic Assets and Organization Rent. *Strategic Management Journal*, 14(1): 33-46.

Anderson, E. and Schmittlein, D. C. (1984). Integration of the Sales Force: An Empirical Examination. *Rand Journal of Economics*, 15(3): 385-395.

Arend, R. and Bromiley, P. (2009). Assessing the Dynamic Capabilities View: Spare Change, Everyone? *Strategic Organization*, 7(1): 75-90.

Argote, L. and Ingram, P. (2000). Knowledge Transfer: A Basis for Competitive Advantage in Firms. *Organizational Behavior and Human Decision Processes*, 82(1): 150-169.

Argote, L. and Ren, Y. (2012). Transactive Memory Systems: A Micro Foundation of Dynamic Capabilities. *Journal of Management Studies*, 49: 1375-1382.

Argyris, C. (1976). Single-Loop and Double-Loop Models in Research on Decision Making. *Administrative Science Quarterly*: 363-375.

Armour, H. O. and Teece, D. J. (1978). Organizational Structure and Economic Performance: A Test of the Multidivisional Hypothesis. *The Bell Journal of Economics*, 9/1: 106-122.

Arregle, J. -L., Miller, T. L., Hitt, M. A. and Beamish, P. W. (2013). Do Regions Matter? An Integrated Institutional and Semiglobalization Perspective on the Internationalization of MNEs. *Strategic Management Journal*, 34(8): 910-934.

Arthur D. Little. (2010). *New Business Models for the International Oil Company*, Prism.

Audretsch, D. B. (1995). Innovation, growth, and survival. *International Journal of Industrial Organization*, 13(4): 441-457.

Augier, M. and Teece, D. J. (2007). Dynamic Capabilities and Multinational Enterprise: Penrosean Insights and Omissions. *Management International Review*, 47(2): 175-192.

Augier, M. and Teece, D. J. (2008). Strategy as Evolution with Design: The Foundations of Dynamic Capabilities and the Role of the Managers in the Economic System. *Organizational Studies*, 29(8-9): 1187-1208.

Augier, M. and Teece, D. J. (2009). Dynamic Capabilities and the Role of Managers in Business Strategy and Economic Performance. *Organization Science*, 20(2): 410-421.

[B]

Babbage, C. (1835). *On the Economy of Machinery and Manufactures* (4th edn). London: Charles Knight.

Bakewell, S. (2012). U.K. Government Lifts Ban on Shale Gas Fracking, *Bloomberg News*. http://www.bloomberg.com/news/2012-12-13/u-k-government-lifts-ban-on-shale-gas-fracking.html

Baranskaya, A. and Teece, D. J. (Forthcoming). Business Model Dashboards and Design Algorithms: Lessons from Apple's iPod, iPhone, and iPad.

Bardolet, D., Lovallo, D. and Teece, D. J. (2014). *Firm Level Dynamic Capabilities and Resource Allocation: The Empirical Foundations of Financial Agility*. Manuscript Submitted for Publication.

Barnard, C. I. (1938). *The Functions of the Executive*. Cambridge, Ma: Harvard University Press. (山本安次郎・田杉競・飯野春樹訳『新訳 経営者の役割』ダイヤモンド社, 1968年)

Barney, J. B. (1986). Organizational Culture: Can It Be a Source of Sustained Competitive Advantage? *Academy of Management Review*, 11(3): 656-665.

Barney, J. B. (1991). Firm Resources and Sustained Competitive Advantage. *Journal of Management*, 17(1): 99-120.

Barney, J. B. (2001). Is the Resource-Based "View" a Useful Perspective for Strategic Management Research? Yes. *Academy of Management Review*, 26(1): 41-56.

Barney, J. B. and Clark, D. N. (2007). *Resource-Based Theory: Creating and Sustaining Competitive Advantage*. Oxford, UK: Oxford University Press.

Barney, J. B. and Hesterly, W. (1996). Organizational Economics: Understanding the Relationship Between Organizations and Economic Analysis. In: S. R. Clegg, C. Hardy and W.R. Nord(Eds.), *Handbook of Organization Studies*. London: Sage Publications.

Barreto, I. (2010). Dynamic Capabilities: A Review of Past Research and an Agenda for the Future. *Journal of Management*, 36(1): 256-280.

Bartlett, C. A. and Ghoshal, S. (1989). *Managing Across Borders: The Transnational Solution*. Boston, Ma: Harvard Business School Press. (吉原英樹監訳『地球市場時代の企業戦略──トランスナショナル・マネジメントの構築』日本経済新聞社, 1990年)

Bartlett, C. A. and Ghoshal, S. (1993). Beyond the M-form: Toward a Managerial Theory of the Enterprise. *Strategic Management Journal*, Winter Special Issue 14: 23-46.

Bartlett, C. A. and Ghoshal, S. (2002). *Managing Across Borders: The Transnational Solution*, 2nd Ed. Cambridge, Ma: Harvard Business School Press.

Bartlett, C. A. and Rangan, U. S. (1986). *Kentucky Fried Chicken (Japan) Limited* (Case No. 9-387-043). Boston: Harvard Business School.

Baumol, W. (2006). Entrepreneur Ship and Invention: Toward Restoration into Microeconomic Value Theory. Working paper, Ringberg Castle Presentation, Germany.

Birkinshaw, J. (1997). Entrepreneurship in Multinational Corporations: The Characteristics of Subsidiary Initiatives. *Strategic Management Journal*, 18(3): 207-229.

参考文献 233

Birkinshaw, J. (2000). *Entrepreneurship in the Global Firm*. London: Sage.

Birkinshaw, J. and Hood, N. (1998). Multinational Subsidiary Evolution: Capability and Charter Change in Foreign-Owned Subsidiary Companies. *Academy of Management Review*, 23(4): 773-795.

Birkinshaw, J., Hood, N. and Young, S. (2005). Subsidiary Entrepreneurship, Internal and External Competitive Forces, and Subsidiary Performance. *International Business Review*, 14(2): 227-248.

Birkinshaw, J. and Pedersen, T. (2008). Strategy and Management in MNE Subsidiaries. In A. M. Rugman (Ed.), *Oxford Handbook of International Business*, 2nd ed., Oxford: Oxford University Press: 367-388..

Bloom, N., Eifert, B., Mahajan, A., Mckenzie, D. and Roberts, J. (2013). Does Management Matter? Evidence from India. *Quarterly Journal of Economics*, 128(1): 1-51.

Bloom, N., Genakos, C., Sadun, R. and Van Reenen, J. (2012). Management Practices across Firms and Countries. *Academy of Management Perspectives*, 20(1): 12-33.

Bloom, N. and Van Reenen, J. (2007). Measuring and Explaining Management Practices across Firms and Countries. *Quarterly Journal of Economics*, 122(4): 1351-1408.

Bloom, N. and Van Reenen, J. (2010). Why Do Management Practices Differ Across Firms and Countries? *Journal of Economic Perspectives*, 24(1): 203-224.

Bottazzi, G., Dosi, G., Jacoby, N., Secchi, A. and Tamagni, F. (2010). Corporate Performances and Market Selection. Some Comparative Evidence, *Industrial and Corporate Change*, 19(6): 1953-1996.

Brandenburger, A. M. and Nalebuff, B. J. (1996). *Co-Opetition*. Boston, MA: Harvard Business School Press.

Branzei, O. and Vertinsky, I. (2006). Pathways to Product Innovation Capabilities in SMEs. *Journal of Business Venturing*, 21(1): 75-105.

Brouthers, K. (2013). A Retrospective on: Institutional, Cultural and Transaction Cost Influences on Entry Mode Choice and Performance. *Journal of International Business Studies*, 44(1): 14-22.

Buckley, P. J. (2007). The Strategy of Multinational Enterprises in the Light of the Rise of China. *Scandinavian Journal of Management*, 23(2): 107-126.

Buckley, P. J. (2009). Internalisation Thinking: From the Multinational Enterprise to the Global Factory. *International Business Review*, 18(3): 224-235.

Buckley, P. J. (2018). Buckley and Casson. In M. Augier and D. J. Teece(Eds.), *Encyclopedia of Strategic Management*. Basing- Stoke: Palgrave Macmillan.

Buckley, P. J. and Casson, M. C. (1976). *The Future of the Multinational Enterprise*. London: Palgrave Macmillan. (清水隆雄訳『多国籍企業の将来』文眞堂, 1993年)

Buckley, P. J. and Casson, M. C. (1998). Analyzing Foreign Market Entry Strategies: Extending the Internalization Approach. *Journal of International Business Studies*, 29(3): 539-561.

Buffa, E. (1982). Research in Operations Management. *Journal of Operations Management*, 1(1): 1-7.

Burns, T. and Stalker, G. M. (1961). *The Management of Innovation*. London: Tavistock.

Buchel. B. (2003). Managing Partner Relations in Joint Ventures. *MIT Sloan Management Review*, 44(4): 91-95.

Burrows, P. (2004). The Seed of Apple's Innovation. *Businessweek.Com.* (12 October). Available at http://www.businessweek.com/print/bwdaily/dnflash/oct2004/nf20041012_4018_db083.htm?chan=gl (Accessed 24 March 2010).

Butler, D. A. (2006). *Distant Victory: The Battle of Jutland and the Allied Triumph on the First World War.* West-Port, Ct: Praeger Security International.

[C]

Cantwell, J. A. (1989). *Technological Innovation and Multinational Corporations.* Oxford: Blackwell.

Cantwell, J. A. (1995). The Globalization of Technology: What Remains of the Product Cycle Model? *Cambridge Journal of Economics,* 19(1): 155-174.

Cantwell, J. A. (1999). From the Early Internalization of Corporate Technology to Global Technology Sourcing. *Transnational Corporations,* 8(2): 71-92.

Cantwell, J. A. (2009). Location and the Multinational Enterprise. *Journal of International Business Studies,* 40(1): 35-41.

Cantwell, J. A., Dunning, J. H. and Lundan, S. M. (2010). An Evolutionary Approach to Understanding International Business Activity: The Co-Evolution of MNEs and The Institutional Environment. *Journal of International Business Studies,* 41(4): 567-586.

Cantwell, J. A. and Kosmopoulou, E. (2002). What Determines the Internationalization of Corporate Technology? In V. Havila, M. Forsgren and H. Hakanson(Eds.), *Critical Perspectives on Internationalization,* Oxford: Pergamon: 305-334.

Cantwell, J. A. and Mudambi, R. (2005). MNE Competence-Creating Subsidiary Mandates. *Strategic Management Journal,* 26(12): 1109-1128.

Cantwell, J. and Narula, R. (2003). Revisiting the Eclectic Paradigm. In J. Cantwell and R. Narula(Eds.), *International Business and the Eclectic Paradigm.* London: Routledge: 1-20.

Capron, L. Dussauge, P. and Mitchell, W. (1998). Resource Rede Ployment Following Horizontal Mergers and Acqui Sitions in Europe and North America, 1988-1992. *Strategic Management Journal,* 19(7): 631-661.

Capron, L. and Mitchell, W. (2009). Selection Capability: How Capability Gaps and Internal Social Frictions Affect Internal and External Strategic Renewal. *Organization Science,* 20(2): 294-312.

Casson, M. C. (1979). *Alternatives to The Multinational Enterprise.* London: Palgrave Macmillan.

Casson, M. C. (1982). *The Entrepreneur: An Economic Theory.* Oxford: Martin Robertson.

Casson, M. C. (1986a). Contractual Arrangements for Technology Transfer: New Evidence from Business History. *Business History,* 28(4): 5-35.

Casson, M. C. (1986b). General Theories of the Multinational Enterprise: Their Relevance to Business History. In P. Hertner and G. Jones(Eds.), *Multinationals: Theory and History.* Alder-Shot: Gower: 42-68.

Casson, M. C. (1997). *Information and Organization: A New Perspective on the Theory of the Firm.* Oxford: Clarendon Press.

Casson, M. C. (2000). *Enterprise and Leadership: Studies on Firms, Networks and Institutions.* Cheltenham: Edward Elgar.

Casson, M. C. (2005). Entrepreneurship and the Theory of the Firm. *Journal of Economic Behavior and Organization*, 58(2): 327-348.

Chandler, A. D. Jr. (1962). *Strategy and Structure: Chapters in the History of Industrial Enterprise*. Cambridge, MA: Harvard University Press.

Chandler, A. D. Jr. (1977). *The Visible Hand*. Cambridge, Ma: Harvard University Press.

Chandler, A. D. Jr. (1990a). *Scale and Scope: The Dynamics of Industrial Capitalism*. Cambridge, MA: Harvard University Press.

Chandler, A. D. Jr. (1990b). The enduring logic of industrial success. *Harvard Business Review*, 68(2): 130-140.

Chandler, A. D. Jr. (1992). Organizational Capabilities and the Economic History of the Industrial Enterprise. *Journal of Economic Perspectives*, 6(3): 79-100.

Chandler, A. D. Jr. and Salsbury, S. (1971). *Pierre S. Du Pont and the Making of the Modern Corporation*. New York: Harper & Row.

Chesbrough, H. (2003). *Open Innovation: The New Imperative for Creating and Profiting from Technology*. Boston, Ma: Harvard Business School Press. (大前恵一朗訳『OPEN INNOVATION——ハーバード流イノベーション戦略のすべて』産業能率大学出版部, 2004年)

Chesbrough, H. and Rosenbloom, R. S. (2002). The Role of the Business Model in Capturing Value from Innovation: Evidence from Xerox Corporation's Technology Spin-Off Companies. *Industrial and Corporate Change*, 11(3): 529-55.

Chesbrough, H. and Teece, D. J. (1996). When Is Virtual Virtuous? Organizing for Innovation. *Harvard Business Review*, 74(1): 65-73.

China Economic Review. (2011, November 1). Original recipe: KFC remains far ahead of McDonald's in China. Retrieved from http://www.chinaeconomicreview. com/content/original-recipe

Coase, R. H. (1937). The Nature of the Firm, *Economica*, 16(4): 386-405. (「企業の本質」宮沢健一・後藤晃・藤垣芳文訳『企業・市場・法』東洋経済新報社, 1992年に所収)

Coase, R. H. (1991). The Nature of the Firm: Influence. In O. Williamson and S. G. Winter (Eds.), *The Nature of The Firm: Origins, Evolution and Development*. Oxford: Oxford University Press: 61-74.

Cohen, M. D., Burkhart, R., Dosi, G., Egidi, M., Marengo, L., Warglien, M. and Winter, S. G. (1996). Routines and Other Recurring Action Patterns of Organizations: Contemporary Research Issues. *Industrial and Corporate Change*, 5(3): 653-698.

Cohen, W. M., Nelson, R. R. and Walsh, J. P. (2000). Protecting Their Intellectual Assets: Appropriability Conditions and Why U.S. Manufacturing Firms Patent (or Not), *NBER Working Paper* No. W7552, Cambridge, Ma: National Bureau of Economic Research.

Collis, D. J. (1994). Research Note: How Valuable Are Organizational Capabilities? *Strategic Management Journal*, 15(S1): 143-152.

Cyert, R. M. and March, J. G. (1963). *A Behavioral Theory of the Firm*. Englewood Cliffs, Nj: Prentice Hall. (松田武彦監訳・井上恒夫訳『企業の行動理論』ダイヤモンド社, 1967年)

【D】

Dahlstrom, R. and Nygaard, A. (1999). An Empirical Investigation of Ex Post Transaction Costs in Franchised Distribution Channels. *Journal of Marketing Research*, 36(2):160-

167.

Danneels, E. (2002). The Dynamics of Product Innovation and Firm Competences. *Strategic Management Journal*, 23(12): 1095-1121.

Danneels, E. (2011). Trying to Become a Different Type of Company: Dynamic Capability at Smith Corona. *Strategic Management Journal*, 32(1): 1-31.

D'Aveni, R. A. (1994). *Hypercompetition: Managing the Dynamics of Strategic Maneuvering*. New York: Free Press.

David, P. (1992). Heroes, Herds and Hysteresis in Technological History: Thomas Edison and the Battle of the System Reconsidered. *Industrial and Corporate Change* 1(1): 129-180.

Davidow, W. and Malone, M. (1992). *The Virtual Corporation*. New York: Harper Business.

De Figueiredo, J. M. and Teece, D. J. (1996). Mitigating Procurement Hazards in the Context of Innovation. *Industrial and Corporate Change*, 5(2): 537-559.

Demsetz, H. (1973), Industry Structure, Market Rivalry, and Public Policy. *Journal of Law and Economics*, 16: 1-9.

Dierickx, I. and Cool, K. (1989). Asset Stock Accumulation and Sustainability of Competitive Advantage. *Management Science*, 35(12): 1504-1511.

Di Stefano, G., Peteraf, M. and Verona, G. (2010). Dynamic Capabilities Deconstructed: A Bibliographic Investigation into the Origins, Development, and Future Directions of the Research. *Industrial and Corporate Change*, 19(4): 1187-1204.

Di Stefano, G., Peteraf, M. and Verona, G. (2014). The Organizational Drivetrain: A Road to Integration of Dynamic Capabilities Research. *Academy of Management Perspectives*, 28(4): 307-327.

Dixon, D. F. (1964). Gasoline Marketing in the United States—The First Fifty Years. *Journal of Industrial Economics*, 13(1): 23-42.

Donadio, M. *et al.*, (2013). US Oil and Gas Reserves Study 2013. *Ernst and Young*. http://www.ey.com/publication/vwluassets/us_oil_and_gas_reserves_study_2013/$File/us_oil_and_gas_reserves_study_2013_dw0267.pdf

Dosi, G., Faillo, M. and Marengo, L. (2008). Organizational Capabilities, Patterns of Knowledge Accumulation and Governance Structures in Business Firms: An Introduction. *Organization Studies*, 29(8/9): 1165-1185.

Dosi, G., Gambardella, A., Grazzi, M. and Orsenigo, L. (2012). The New Techno-Economic Paradigm and Its Impact on Industrial Structure. In J. M. Wolfgang, E. Drechsler and R. K. Reinert(Eds.), *Techno-Economic Paradigms, Essays in Honor of Carlota Perez*. London: Anthem Press.

Dosi, G., Nelson, R. and Winter, S. G. (Eds.) (2000). *The Nature and Dynamics of Organizational Capabilities*. UK: Oxford University Press.

Doz, Y. and Kosonen, M. (2008). The Dynamics of Strategic Agility: Nokia's Rollercoaster Experience. *California Management Review*, 50(3): 95-118.

Doz, Y. and Kosonen, M. (2010). Embedding Strategic Agility: A Leadership Agenda for Accelerating Business Model Renewal. *Long Range Planning*, 43(2): 370-382.

Drnevich, P. L. and Kriauciunas, A. P. (2011). Clarifying the Conditions and Limits of the Contributions of Ordinary and Dynamic Capabilities to Relative Firm Performance.

Strategic Management Journal, 32(3): 254-279.

Duman, R. J. (2012). Economic Viability of Shale Gas Production in the Marcellus Shale; Indicated by Production Rates, Costs and Current Natural Gas Prices. *Michigan Technological University*. http://services.lib.mtu.edu/etd/thesis/2012/business%26 economics/duman/thesis.pdf

Dunne, T., Roberts, M. J. and Samuelson, L. (1988). Patterns of Enterprise Entry and Exit in U. S. Manufacturing Industries. *Rand Journal of Economics*, 19(4): 495-515.

Dunning, J. H. (1980). Toward an Eclectic Theory of International Production: Some Empirical Tests. *Journal of International Business Studies*, 11(1): 9-31.

Dunning, J. H. (1981). Alternative Channels and Modes of International Resource Transmission. In R. W. Moxon and H. V. Perlmutter (Eds.), *Controlling International Technology Transfer: Issues, Perspectives and Implications*. New York: Pergamon Press: 3-27.

Dunning, J. H. (1995). Reappraising the Eclectic Paradigm in the Age of Alliance Capitalism. *Journal of International Business Studies*, 26(3): 461-493.

Dunning, J. H. (2001). The Eclectic (Oli) Paradigm of International Production: Past, Present and Future. *International Journal of the Economics of Business*, 8(2): 173-190.

Dunning, J. H. and Lundan, S. M. (2008). *Multinational Enterprises and the Global Economy*. Cheltenham: Edward Elgar.

Dunning, J. H. and Lundan, S. M. (2010). The Institutional Origins of Dynamic Capabilities in Multinational Enterprises. *Industrial and Corporate Change*, 19(4): 1225-1246.

Dunning, J. H. and Pitelis, C. N. (2008). Stephen Hymer's Contribution to International Business Scholarship: An Assessment and Extension. *Journal of International Business Studies*, 39(1): 167-176.

Dwyer, F. R. and Oh, S. (1988). A Transaction Cost Perspective on Vertical Contractual Structure and Interchannel Competitive Strategies. *Journal of Marketing*, 52(2): 21-34.

【E】

Easterby-Smith, M. and Prieto, I. M. (2008). Dynamic Capabilities and Knowledge Management: An Integrative Role for Learning? *British Journal of Management*, 19(3): 235-249.

Eaton. C. (2014). New Rigs March Past the Old. *Fuelfix*, Houston Chronicle.

Eisenhardt, K. M. and Martin, J. A. (2000). Dynamic Capabilities: What are They? *Strategic Management Journal*, 21: 1105-1121.

EOG Resources, Inc. (2013). Annual Report, 2013. http://www.eogresources.com/Investors/reports/2013/eogr_2013_Annual_Report.pdf

Ernst, D. and Guerrieri, P. (1998). International Production Networks and Changing Trade Patterns in East Asia: The Case of the Electronics Industry. *Oxford Development Studies*, 26(2): 191-212.

Ettlie, J. E. and Pavlou, P. A. (2006). Technology-Based New Product Development Partnerships. *Decision Sciences*, 37(2): 117-147.

Evans, L., Grimes, A. and Wilkinson, B. with Teece, D. J. (1996). Economic Reform in New Zealand 1984-95: The Pursuit of Efficiency. *Journal of Economic Literature*, 34(4):

1856-1902.

Evans, D. S., Hagiu, A. and Schmalensee, R. (2006). *Invisible Engines: How Software Platforms Drive Innovation and Transform Industries.* Cambridge, MA: MIT Press.

[F]

Feilera, P. and Teece, D. J. (2014). Case Study, Dynamic Capabilities and Upstream Strategy: Supermajor EXP. *Energy Strategy Reviews,* 3 :14-20.

Feldman, M. S. and Pentland, B. T. (2003). Reconceptualizing Organizational Routines as a Source of Flexibility and Change. *Administrative Science Quarterly,* 48: 94-118.

Fine, C. H. (1996). Industry Clockspeed and Competency Chain Design: An Introductory Essay, The International Center for Research on the Management of Technology. *Sloan School of Management working paper* #147-96.

Finkelstein, S. and Hambrick D. (1996). *Strategic Leadership: Top Executives and Their Effects on Organizations.* Minneapolis/St. Paul, Mn: West Publishing.

Freeman, C. (1974). *The Economics of Industrial Innovation.* Penguin: Harmondsworth, U.K

Friedman, T. L. (2007). *The World is Flat: A Brief History of the Twenty-First Century.* New York: Farrar, Straus and Giroux.

[G]

Gans, J. and Stern, S. (2010). Is There a Market for Ideas? *Industrial and Corporate Change,* 19(3): 805-837.

Garvin, D. A. (2013). How Google Sold Its Engineers on Management. *Harvard Business Review,* 91(12): 74-82.

Gereffi, G., Humphrey, J. and Sturgeon, T. (2005). The Governance of Global Value Chains. *Review of International Political Economy,* 12(1): 78-104.

Gerstner, L. V. (2002). *Who Says Elephants Can't Dance? Inside IBM's Historic Turnaround.* New York: Harper- Business.

Ghemawat, P. (1991). *Commitment: The Dynamics of Strategy.* New York: Free Press.

Ghemawat, P. (2003). Semiglobalization and International Business Strategy. *Journal of International Business Studies,* 34(2): 138-152.

Gibbons, R. (2005). Four Formal (izable) Theories of the Firm? *Journal of Economic Behavior and Organization,* 58(2): 200-245.

Gilbert, C. G. (2005). Unbundling the Structure of Inertia: Resource versus Routine Rigidity. *Academy of Management Journal,* 48(5): 741-763.

Goldberg, V. P. (2008). Lawyers Asleep at the Wheel? The GM-Fisher Body Contract. *Industrial and Corporate Change,* 17(5): 1071-1084.

Goncalves. C. (2013). Epic Change and Existential Risk of North American LNG Exports. *LNG Journal.* http://www.brg-expert.com/media/publication/355_goncalves_lngjournal_june2013.pdf

Gonzales, I. and Keane, C. (2011). The Status of the Geoscience Workforce, The American Geological Institute: 97. http://www.agiweb.org/workforce/reports/StatusoftheWorkforce2011overview.pdf

Gottschalg, O. and Zollo, M. (2007). Interest Alignment Rents and Competitive

Advantage. *Academy of Management Review*, 32(2): 418-437.

Grant, R. M. (1996). Toward a Knowledge-Based Theory of the Firm. *Strategic Management Journal*, 17: 109-122.

Gratton, L. and Ghoshal, S. (2005). Beyond Best Practice. *MIT Sloan Management Review*, 46(3): 49-57.

Greiner, L. E. (1998). Evolution and Revolution as Organizations Grow, 1972. *Harvard Business Review*, 76(3): 55-60, 62.

Grindley, P. C. and Teece, D. J. (1997). Managing Intellectual Capital: Licensing and Cross-Licensing in Electronics. *California Management Review*, 39(2): 8-41.

Grove, A. S. (1996). *Only the Paranoid Survive: How to Exploit the Crisis Points That Challenge Every Company and Career*. New York: Currency Doubleday.

Gupta, A. K., Smith, K. G. and Shalley, C. E. (2006). The interplay Between Exploration and Exploitation. *Academy of Management Journal*, 49(4): 693-706.

[H]

Handy, C. (1990). *The Age of Unreason*. Boston, MA: Harvard Business School Press.

Hannan, M. T. and Freeman, J. (1977). The Population Ecology of Organizations. *American Journal of Sociology*, 82(5): 929 -964.

Harreld, J. B., O'Reilly, C. A. and Tushman, M. L. (2007). Dynamic Capabilities at IBM: Driving Strategy into Action. *California Management Review*, 49(4): 21-43.

Hart, O. (1989). An Economist's Perspective on the Theory of the Firm. *Columbia Law Review*, 89(7): 1757-1774.

Hart, O. (2011). Thinking about the Firm: A Review of Daniel Spulber's "The Theory of the Firm". *Journal of Economic Literature*, 49(1): 101-113.

Hayek, F. A. (1945). The Use of Knowledge in Society. *American Economic Review*, 35(4): 519-530. (「社会における知識の利用」田中真晴・田中秀夫編訳『市場・知識・自由：自由主義の経済思想』ミネルヴァ書房，1986年に所収)

Hayek, F. A. (1989). The Pretense of Knowledge. *American Economic Review*, 79(6): 3-7.

Heide, J. B. and John, G. (1992). Do Norms Matter in Marketing Relationships? *Journal of Marketing*, 56(2): 32-44.

Helfat, C. E. (1997). Know-How and Asset Complementarity and Dynamic Capability Accumulation: The Case of R&D. *Strategic Management Journal*, 18(5): 339-360.

Helfat, C. E. and Eisenhardt, K. M. (2004). Inter-Temporal Economies of Scope, Organizational Modularity, and the Dynamics of Diversification. *Strategic Management Journal*, 25(13): 1217-1232.

Helfat, C. E., Finkelstein, S., Mitchell, W., Peteraf, M. A., Singh, H., Teece, D. J. and Winter, S. G. (2007). *Dynamic Capabilities: Understanding Strategic Change in Organizations*. Oxford, UK: Blackwell. (谷口和弘・蜂巣旭・川西章弘訳『ダイナミック・ケイパビリティ——組織の戦略変化』勁草書房，2010年)

Helfat, C. E. and Lieberman, M. B. (2002). The Birth of Capabilities: Market Entry and The Importance of Pre-History. *Industrial and Corporate Change*, 11(4): 725-760.

Helfat, C. E. and Peteraf, M. A. (2003). The Dynamic Resource-Based View: Capability Lifecycles. *Strategic Management Journal*, October Special Issue 24: 997-1010.

Helfat, C. E. and Peteraf, M. A. (2014). Managerial Cognitive Capabilities and the

Microfoundations of Dynamic Capabilities. *Strategic Management Journal*, in Press (2015, 36(6): 831–850), Retrieved from onlinelibrary.wiley.com/enhanced/doi/10.1002/smj2.2247

Helfat, C. E. and Winter, S. G. (2011). Untangling Dynamic and Operational Capabilities: Strategy for the (N) Everchanging World. *Strategic Management Journal*, 32(11): 1243–1250.

Helper, S. and Sako, M. (2012). Management Innovation in Supply Chain: Appreciating Chandler in the Twenty-First Century. In W. Lazonick and D. Teece (Eds.), *Management Innovation: Essays in the Spirit of Alfred D. Chandler, Jr.*. Oxford: Oxford University Press: 147–178.

Henderson, R. M. (1994). Managing Innovation in the Information Age. *Harvard Business Review*, 72: 100–106.

Henderson, R. M. (2006). The Innovation's Dilemma as a Problem of Organizational Competence. *The Journal of Product Innovation Management*, 23: 5–11.

Henderson, R. M. and Clark, K. (1990). Architectural innovation: the reconfiguration of existing product technologies and the failure of established firms. *Administrative Science Quarterly* 35: 9–30.

Henderson, R. M. and Cockburn, I. (1994). Measuring com petence? Exploring firm effects in pharmaceutical research. *Strategic Management Journal*, Winter Special Issue 15: 63–84.

Hennart, J. F. (1977). *A theory of multinational enterprise*. PhD dissertation, University of Maryland, College Park, MD.

Hennart, J. F. (1982). *A Theory of Multinational Enterprise*. Ann Arbor: University of Michigan Press (Doctoral Dissertation, University of Maryland, 1977).

Hennart, J. F. (2009). Down with MNE-Centric Theories! Market Entry and Expansion as the Bundling of MNE and Local Assets. *Journal of International Business Studies*, 40 (9): 1432–1454.

Hennart, J. F. (2010). Transaction Cost Theory and International Business. *Journal of Retailing*, 86(3): 257–269.

Hitt, M. A. and Ireland, R. D. (1985). Corporate Distinctive Competences, Strategy, Industry and Performance. *Strategic Management Journal*, 6(3): 273–293.

Hodgson, G. M. (2012). The Mirage of Microfoundations. *Journal of Management Studies*, 49: 1389–1395.

Hoffman, F. (2004). What We Can Learn from Jackie Fisher. *Naval Institute Proceedings*, 130(4): 68–71.

Hrebiniak, L. G. and Snow, C. G. (1982). Top Management Agreement and Organizational Performance. *Human Relations*, 35(12): 1139–1157.

Hughes, T. P. (1983). *Networks of Power Electrification in Western Society 1880-1930*. Baltimore, MD: Johns Hopkins University Press.

Hymer, S. H. (1968). La Grande "Corporation" Multinationale: Analyse De Certaines Raisons qui Poussent À L'Intégration Inter-National Des Affaires. *Revue Economique*, 14 (6): 949–973.

Hymer, S. H. (1976). *The International Operations of National Firms: A Study of Direct Foreign Investment*. Cambridge, MA: MIT Press, (Doctoral Dissertation, MIT, 1960).

[I]

Iansiti, M. and Clark, K. B. (1994). Integration and Dynamic Capability: Evidence from Product Development in Automobiles and Mainframe Computers. *Industrial and Corporate Change*, 3(3): 557-605.

IEA (2012, May 29). Golden Rules for a Golden Age of Gas. *World Energy Outlook Special Report on Unconventional Gas*: 18-27.

[J]

Jacobides, M. G., Knudsen, T. and Augier, M. (2006). Benefiting from Innovation: Value Creation, Value Appropriation and the Role of Industry Architectures. *Research Policy*, 35(8): 1200-1221.

Jacobides, M. G. and Winter, S. (2005). The Coevolution of Capabilities and Transaction Costs: Explaining the Institutional Structure of Production. *Strategic Management Journal*, 26(5): 395-413.

Jacobides, M. G. and Winter, S. G. (2012). Capabilities: Structure, Agency, and Evolution. *Organization Science*, 23(5): 1365-1381.

Jantunen, A. (2005). New HRM Practices and Knowledge Utilization. In *Proceedings of the 5th International Workshop on Human Resource Management*, Seville, Spain.

Jensen, M. C. (2000). *A Theory of The Firm: Governance, Residual Claims, and Organizational Forms*. Cambridge, MA: Harvard University Press.

Jensen, M. C. and Meckling, W. H. (1976). Theory of the Firm: Managerial Behavior, Agency Costs and Ownership Structure. *Journal of Financial Economics*, 3(4): 305-360.

Jones, G. (2005). *Multinationals and Global Capitalism: From the Nineteenth to the Twenty-First Century*. New York: Oxford University Press.

Jones, G. and Wadhwani, R. D. (2007). Entrepreneurial Theory and the History of Globalization. *Business and Economic History*, 5. http://www.h-net.org/~business/bhcweb/publications/behon-line/2007/joneswad-hwani.pdf, Accessed 1 August 2012.

[K]

Kahney, L. (2008). *Inside Steve's Brain*. New York: Portfolio.

Kahneman, D. and Lovallo, D. (1993). Timid Choices and Bold Forecasts: a Cognitive Perspective on Risk Taking. *Management Science*, 39(1): 17-31.

Kahneman, D. and Tversky, A. (1979). Prospect Theory: an Analysis of Decisions Under Risk. *Econometrica*, 47(2): 263-291.

Kay, N. (2010), Dynamic Capabilities as Context: The Role of Decision, System and Structure. *Industrial and Corporate Change*, 19(4): 1205-1223.

Kesmodel, D. (2011, December 30). Boeing Examines Supply Chain for Weak Links. *The Wall Street Journal*. http://online.wsj.com/article/SB10001424052970204058404577111091095438300.html, Accessed 30 December 2011.

Kirkpatrick, D. (1998, November 9). The Second Coming of Apple: Through a Magical Fusion of Man – Steve Jobs – and Company, Apple is Becoming Itself Again: The Little Anticompany That Could, *Fortune*. http://money.cnn.com/magazines/fortune/fortune_archive/1998/11/09/250834/index.htm, Accessed 8 August 2012.

Kirzner, I. (1973). *Competition and Entrepreneurship*. Chicago, IL: University of Chicago

Press.

Klein, B. (1980). Transaction Cost Determinants of 'Unfair' Contractual Arrangements. *American Economic Review*, 70(2): 356-362.

Kleinbaum, A. M. and Stuart, T. E. (2014). Network Responsiveness: The Social Structural Microfoundations of Dynamic Capabilities. *Academy of Management Perspectives*, 28(4): 353-367.

Klein, S. (1989). A Transaction Cost Explanation of Vertical Control in International Markets. *Journal of The Academy of Marketing Science*, 17(3): 253-260.

Klepper, S. and Graddy, E. (1990). The evolution of new industries and the determination of market structure. *Rand Journal of Economics*, 21(1): 27-44.

Klepper, S. and Miller, J. (1995). Entry, Exit, and Shakeouts in the United States in New Manufactured Products. *Internal Journal of Industrial Organization*, 13(4): 567-591.

Knight, F. (1921). *Risk, Uncertainty and Profit*. New York: Augustus Kelley. (奥隅栄喜訳『危険・不確実性および利潤』文雅堂, 1959年)

Knott, A. (2003). The Organizational Routines Factor Market Paradox. *Strategic Management Journal*, 24(10): 929-943.

Kogut, B. and Zander, U. (1992). Knowledge of the Firm: Combination, Capabilities, and the Replication of Technology. *Organizational Sciences*, 3(3): 383-397.

Kogut, B. and Zander, U. (1995). Knowledge, Market Failure and the Multinational Enterprise: A Reply. *Journal of International Business Studies*, 26(2): 417-426.

Koopmans, T. C. (1957). *Three Essays on the State of Economic Science*. New York: Mcgraw-Hill.

Kraaijenbrink, J., Spender J. C. and Groen A. (2010). The Resource-Based View: A Review and Assessment of Its Critiques. *Journal of Management*, 36(1): 349-372.

Kumar, R. and Markeset, T. (2007). Development of Performance Based Service Strategies for the Oil and Gas Industry: A Case Study. *Journal of Business and Industrial Marketing*, 22(4): 272-280.

Kusnetz. N. (2011). Who are America's Top Ten Gas Drillers? *Propublica*. http://www.propublica.org/article/who-are-americas-top-10-gas-drillers.

[L]

Lager, T. and Magnussen, T. (2010). The Deepwater Horizon Accident on Well Macondo #1, *Acona Wellpro, Mini Seminar*. http://www.aconawellpro.com/@api/deki/files/251/¼miniseminar_macondo_august_2010.pdf

Lake, L. W., Martin, J., Ramsey, J. D. and Titman, S. (2013). A Primer on the Economics of Shale Gas Production Just How Cheap is Shale Gas? *Journal of Applied Corporate Finance*, 25(4): 87-96.

Lall, S. and Teubal, M. (1998). "Market-Stimulating" Technology Policies in Developing Countries: A Framework with Examples from East Asia. *World Development*, 26(8): 1369-1385.

Langlois, R. N. (1992). Transactions-Cost Economics in Real Time. *Industrial and Corporate Change*, 1(1): 99-127.

Langlois, R. N. (2007). The Entrepreneurial Theory of the Firm and the Theory of the Entrepreneurial Firm. *Journal of Management Studies*, 44(7): 1107-1124.

Lashinsky, A. (2011, August 25). How Apple Works: Inside the World's Biggest Startup, *Fortune.* http://tech.fortune.cnn.com/2011/08/25/how-apple-works-inside-the-worlds-biggest-startup/ (Accessed 24 December 2011).

Lazonick, W. (2005). The innovative firm. In The Oxford Handbook of Innovation, Fagerberg J., Mowery, D. and Nelson, R.R (Eds.), New York; 29–55: Oxford University Press.

Learned, E., Christensen, C., Andrews, K. and Guth, W. (1969). *Business Policy: Text and Cases,* Irwin: *Homewood,* IL.

Ledesma, D. (2009). *The Changing Relationship Between NOCs and IOCs in the LNG Chain,* Oxford Institute for Energy Studies: 1-38. http://www.oxfordenergy.org/wpcms/wp-content/uploads/2010/11/ng32-ThechangingrelationshipbetweennocsandiocsinthelngChain-davidledesma-2009.pdf

Leibenstein, H. (1966). Allocative Efficiency vs. "X-Inefficiency." *American Economic Review,* 56(3): 392–419.

Leonard-Barton, D. (1995). *Wellsprings of Knowledge-Buiding and Sustaining the Sources of Innovation.* Boston, MA: Harvard Business School Press.

Lessard, D. R. (2013). The Shaping of Large Engineering Projects, In H. Priemus and B. Van Dee Wee (Eds.), International Handbook on Mega Projects. *Edward Elgar.* 34-56.

Levin, R. C., Klevorick, A. K., Nelson, R. R., Winter, S. G., Gilbert, R. and Griliches, Z. (1987). Appropriating the Returns from Industrial Research and Development. *Brookings Papers on Economic Activity,* 1987(3): 783–831.

Levinthal, D. A. (1997). Adaptation on Rugged Landscapes. *Management Science,* 43(7): 934–950.

Levitt, B. and March, J. G. (1988). Organizational Learning. *Annual Review of Sociology,* 14: 319–340.

Lidsky, B. and Hirve, M. (2013). *A Record $254 Billion in Oil and Gas M&A Deals In 2012,* PLS, Inc. and Derrick Petroleum Services, Houston: 1.

Linden, G., Kraemer, K. L. and Dedrick, J. (2009). Who Captures Value in a Global Innovation System? The Case of Apple's iPod. *Communications of the ACM.* 52(3): 140–144.

Lippman, S. A. and Rumelt, R. P. (1982). Uncertain Imitability: An Analysis of Inter-Firm Differences in Efficiency under Competition. *Bell Journal of Economics,* 13(2): 418-438.

Lippman, S. A. and Rumelt, R. P. (2003a). A Bargaining Perspective on Resource Advantage. *Strategic Management Journal,* 24(11): 1069–1086.

Lippman, S. A. and Rumelt, R. P. (2003b). The Payments Perspective: Micro-Foundations of Resource Analysis. *Strategic Management Journal,* October Special Issue 24: 903-927.

Loasby, B. J. (2010). Capabilities and Strategy: Problems and Prospects. *Industrial and Corporate Change,* 19(4): 1301-1316.

Lutz, B. (2011, June 11). Life Lessons from the Car Guy. *Wall Street Journal.* http://online.wsj.com/article/SB10001424052702304259304576375790237203556.html, Accessed 15 June 2011.

[M]

Macher, J. T. and Mowery, D. C. (2004). Vertical Specialization and Industry Structure in

High Technology Industries. *Advances in Strategic Management*, 21: 317-356.

Madhok, A. (1997). Cost, Value and Foreign Market Entry Mode: The Transaction and the Firm. *Strategic Management Journal*, 18(1): 39-62.

Madhok, A. and Osegowitsch, T. (2000). The International Biotechnology Industry: A Dynamic Capabilities Perspective. *Journal of International Business Studies*, 31(2): 325-335.

Mahoney, J. T. and Pandian, J. R. (1992). The Resource-Based View Within Conversation of Strategic Management. *Strategic Management Journal*, 13(5): 363-380.

Malerba, F. and Orsenigo, L. (1996). The Dynamics and Evolution of Industries. *Industrial and Corporate Change*, 5(1): 51-87.

Mansfield, E. (1985). How Rapidly Does New Industrial Technology Leak Out? *Journal of Industrial Economics*, 34(2): 217-23.

Mansfield, E., Rapoport, J., Schnee, J. Wagner, S. and Hamburger, M. (1971). *Research and Innovation in the Modern Corporation*. New York: WW Norton.

Mansfield, E., Romeo, A. and Teece, D. J. (1979). Overseas Research and Development by US-Based Firms. *Economica*, 46(182): 187-196.

Mansfield, E., Schwartz, M. and Wagner, S. (1981). Imitation Costs and Patents: An Empirical Study. *Economic Journal*, 91(364): 907-18.

March, J. G. (1991). Exploration and Exploitation in Organizational Learning. *Organization Science*, 2(1): 71-87.

March, J. G. (1996). Continuity and Change in Theories of Organizational Action. *Administrative Science Quarterly*, 41: 278-287.

March, J. G. (2006). Rationality, foolishness, and adaptive intelligence. *Strategic Management Journal*, 27(3): 201-214.

March, J. G. and Simon, H. A. (1958). *Organizations*. New York: Wiley. (土屋守章訳『オーガニゼーションズ』ダイヤモンド社, 1982年)

Masten, S. (1984). The Organization of Production: Evidence from the Aerospace Industry. *Journal of Law and Economics*, 27(2): 403-417.

Matias, J. R. (2010). Of Mice and Men: The Ecological Disasters—Deepwater Horizon and the Dust Bowl. *Poseidon Sciences*. http://poseidonsciences.scienceblog.com/27/of-mice-and-men-the-ecological-disasters-deepwater-horizon-and-the-dust-bowl/

Mayer, D. and Kenney, M. (2004). Economic Action Does Not Take Place in a Vacuum: Understanding Cisco's Acquisition and Development Strategy. *Industry and Innovation*, 11: 299-325.

Mclean, J. G. and Haigh, R. W. (1954). *The Growth of Integrated Oil Companies*. Boston: Graduate School of Business Administration, Harvard University.

Mell, P. and Grance, T. (2011). *The NIST Definition of Cloud Computing*. NIST Special Publication 800-145. Gaithersburg, Md: National Institute of Standards and Technology. http://csrc.nist.gov/publications/nistpubs/800-145/sp800-145.pdf, Accessed 10 November 2012.

Miles, R. E. and Snow, C. C. (1978). *Organizational Strategy, Structure, and Process*. New York: Mcgraw-Hill.

Miles, R. E. and Snow, C. C. (1994). *Fit, Failure, and the Hall of Fame: How Companies Succeed or Fail*. New York: Free Press.

Milgrom, P. and Roberts, J. (1990). The Economics of Modern Manufacturing: Technology, Strategy, and Organization. *American Economic Review*, 80(3): 511-528.

Miller, K. D., Pentland, B. T. and Choi, S. (2012). Dynamics of Performing and Remembering Organizational Routines. *Journal of Management Studies*, 49: 1536-1558.

Mitchell, W. (1991). Dual Clocks: Entry Order Influences on Industry Incumbent and Newcomer Market Share and Survival When Specialized Assets Retain Their Value. *Strategic Management Journal*, 12(2): 85-100.

Monteverde, K. and Teece, D. J. (1982a). Supplier Switching Costs and Vertical Integration in the Automobile Industry. *Bell Journal of Economics*, 13(1): 206-213.

Monteverde, K. and Teece, D. J. (1982b). Appropriable Rents and Quasi-Vertical Integration. *Journal of Law and Economics*, 25(2)1: 321-328.

Montgomery, C. T. and Smith, M. B. (2010). Hydraulic Fracturing: History of an Enduring Technology. *Journal of Petroleum Technology*, 62(12):26-41. Online (Society of Petroleum Engineers).

Mowery, D. C., Oxley, J. E. and Silverman, B. S. (1996). Strategic Alliances and Interfirm Knowledge Transfer. *Strategic Management Journal*, 17(Special Issue): 77-91.

【N】

NaturalGas. Org (2012). Natural Gas and Technology. http://www.naturalgas.org/environment/technology.Asp

Nelsen, A. (2013). Draft EU-Canada Trade Treaty Threatens Europe's Fracking Bans, *Euractiv.com*. http://www.euractiv.com/trade/draft-eu-canada-trade-treaty-thr-news-519595

Nelson, R. R. (Ed.). (1993). *National Systems of Innovation*. New York: Oxford University Press.

Nelson, R. R. (2005). *Technology, Institutions, and Economic Growth*. Cambridge, MA: Harvard University Press.

Nelson, R. R. and Pack, H. (1999). The Asian Miracle and Modern Economic Growth. *Economic Journal*, 109(457): 416-436.

Nelson, R. R. and Winter, S. G. (1982). *An Evolutionary Theory of Economic Change*, Cambridge, MA: Harvard University Press. (後藤晃・角南篤・田中辰雄訳『経済変動の進化理論』慶應義塾大学出版会、2007年)

Nelson, R. R. and Winter, S. G. (2002). Evolutionary Theorizing in Economics. *Journal of Economic Perspectives*, 16(2): 23-46.

Nijoka. D. (2011). Navigating Joint Ventures in the Oil and Gas Industry. *Ernst and Young White Paper*. http://www.ey.com/publication/vwluassets/navigating_joint_ventures_in_oil_and_gas_industry/$file/navigating_joint_ventures_in_oil_and_gas_industry.pdf

Nonaka, I. (1994). A Dynamic Theory of Organizational Knowledge Creation. *Organization Science*, 5(1): 14-37.

Nonaka, I. and Takeuchi, H. (1995). *The Knowledge Creating Company*. New York: Oxford University Press.

Nonaka, I. and Takeuchi, H. (2011). The Wise Leader. *Harvard Business Review*, 89(5): 58-67.

Nonaka, I. and Toyama, R. (2007). Strategic Management as Distributed Practical Wisdom (Phronesis). *Industrial and Corporate Change*, 16(3): 371-394.

[O]

O'Reilly, C. A. and Tushman, M. L. (2004). The Ambidextrous Organization. *Harvard Business Review*, 82(4): 74-81.

O'Reilly, C. A. and Tushman, M. L. (2008). Ambidexterity as A Dynamic Capability: Resolving the Innovator's Dilemma. *Research in Organizational Behavior*, 28: 185-206.

O'Reilly, C. A., Harreld, J. B. and Tushman, M. L. (2009). Organizational Ambidexterity: IBM and Emerging Business Opportunities. *California Management Review*, 51(4): 75-99.

Oviatt, B. M. and Mcdougall, P. P. (1994). Toward a Theory of International New Ventures. *Journal of International Business Studies*, 25(1): 45-64.

[P]

Pacheco-De-Almeida, G., Hawk, A. and Yeung, B. (2015). The Right Speed and Its Value. *Strategic Management Journal*, 36(2): 159-176.

Packard, D. (1995). *The HP Way: How Bill Hewlett and I Built Our Company*. New York: HarperCollins.

Penrose, E. T. (1959). *The Theory of the Growth of the Firm*. New York: John Wiley. (日高千景訳『企業成長の理論』ダイヤモンド社, 2010年)

Pentland, B. T., Feldman, M. S., Becker, M. C. and Liu, P. (2012). Dynamics of Organizational Routines: A Generative Model. *Journal of Management Studie*s, 49: 1484-1508.

Perlmutter, H. V. (1969). The Tortuous Evolution of the Multi-National Corporation. *Columbia Journal of World Business*, 4(1): 9-18.

Peteraf, M. A. (1993). The Cornerstones of Competitive Advantage: A Resource Based View. *Strategic Management Journal*, 14(3): 479-488.

Peteraf, M. A., Di Stefano, G. and Verona, G. (2013). The Elephant in the Room of Dynamic Capabilities: Bringing Two Diverging Conversations Together. *Strategic Management Journal*, 34(12): 1389-1410.

Phillips, A. (1971). *Technology and Market Structure: A Study of the Aircraft Industry*. Lexington, MA: Heath Lexington Books.

Phone, A., and Almeida, P. (2008). Innovation in Multinational Subsidiaries: The Role of Knowledge Assimilation and Subsidiary Capabilities. *Journal of International Business Studies*, 39(5): 901-919.

Pisano, G. P. (1991). The Governance of Innovation: Vertical Integration and Collaborative Arrangements in the Biotechnology Industry. *Research Policy*, 20(3): 237-249.

Pisano, G. P. (2006). *Science Business: The Promise, the Reality, and the Future of Biotech*. Boston, MA: Harvard Business School Press.

Pisano, G. P., Russo, M. V. and Teece, D. J. (1988). Joint Ventures and Collaborative Agreements in the Telecommunications Equipment Industry. In D. Mowery, Ed., *International Collaborative Ventures in US Manufacturing*. Cambridge, MA: Ballinger: 23-70.

Pisano, G. P., Shan, W. and Teece. D. J. (1988). Joint Ventures and Collaboration in the Biotechnology Industry. In D. Mowery, Ed., *International Collaborative Ventures in US Manufacturing.* Cambridge, Ma: Ballinger: 183-222.

Pisano, G. P. and Shuen, A. (1997). Dynamic Capabilities and Strategic Management. *Strategic Management Journal,* 18(7): 509-33.

Pisano G. P. and Teece. D. J. (1989). Collaborative Arrangements and Global Technology Strategy: Some Evidence from the Telecommunications Equipment Industry. In R. A. Burgelman and R. S. Rosenbloom, Eds., *Research on Technological Innovation, Management and Policy.* Volume 4, Greenwich, Ct: Jai Press: 227-256.

Pisano, G. P. and Teece, D. J. (2007). How to Capture Value from Innovation: Shaping Intellectual Property and Industry Architecture. *California Management Review,* 50(1): 278-296.

Pitelis, C. N. (1991). *Market and Non-Market Hierarchies: Theory of Institutional Failure,* Oxford: Blackwell Publishing.

Pitelis, C. N. (2004). Edith Penrose and the Resource-Based View of (International) Business Strategy. *International Business Review,* 13(4): 523-532.

Pitelis, C. N. (2007a). Edith Penrose and A Learning-Based Perspective on the MNE and OLI. *Management International Review,* 47(2): 207-220.

Pitelis, C. N. (2007b). A Behavioral Resource-Based View of the Firm: The Synergy of Cyert and March (1963) and Penrose (1959). *Organization Science,* 18(3): 478-490.

Pitelis, C. N. (2007c). European Industrial and Competition Policy: Perspectives, Trends and a New Approach. *Policy Studies,* 28(4): 365-381.

Pitelis, C. N. (2009). The Co-Evolution of Organizational Value Capture, Value Creation and Sustainable Advantage. *Organization Studies,* 30(10): 1115-1139.

Pitelis, C. N. and Teece, D. J. (2009). The (New) Nature and Essence of the Firm. *European Management Review,* 6: 5-15.

Pitelis, C. N. and Teece, D. J. (2010). Cross-Border Market Co-Creation, Dynamic Capabilities and the Entrepreneurial Theory of the Multinational Enterprise. *Industrial and Corporate Change,* 19(4): 1247-1270.

Polanyi, M. (1958). *Personal Knowledge.* Chicago: University of Chicago Press.

Porter, M. E. (1980). *Competitive Strategy: Techniques for Analyzing Industries and Competitors.* New York: The Free Press. (土岐坤・中辻萬治・服部照夫訳『競争の戦略(新訂)』ダイヤモンド社, 1995年)

Porter, M. E. (1985). *Competitive Advantage: Creating and Sustaining Superior Performance.* New York: The Free Press. (土岐坤・中辻萬治・小野寺武夫訳『競争優位の戦略——いかに高業績を持続させるか』ダイヤモンド社, 1985年)

Porter, M. E. (1991). How Competitive Forces Shape Strategy. In *Strategy: Seeking and Securing Competitive Advantage,* Montgomery, C. and Porter, M. (eds.). Boston, MA; 11-26: Harvard Business School Press.

Porter M. E. (1996). What is strategy? *Harvard Business Review,* 74(6): 61-80.

Prahalad, C. K. and Doz, Y. L. (1981). An Approach to Strategic Control in MNCs. *Sloan Management Review,* 22(4): 5-13.

[R]

Rennie, M. W. (1993). Global Competitiveness: Born Global. *McKinsey Quarterly*, 4: 45-52.

Richardson, G. B. (1972). The Organisation of Industry. *The Economic Journal*, 82(327): 883-896.

Ries, E. (2011). *The Lean Startup: How Today's Entrepreneurs Use Continuous Innovation to Create Radically Successful Businesses*. New York: Crown Business.

Robbins, L. (1932). *An Essay on the Nature and Significance of Economic Science*, London: Macmillan.

Roberts, J. (2004). *The Modern Firm: Organizational Design for Performance and Growth*. New York: Oxford University Press.

Rogner, H. H. and Weijermars, R. (2014). The Uncertainty of Future Commercial Shale Gas Availability, Spe 167710-Ms, In Spe/Eage European Unconventional Conference and Exhibition Held Vienna, Austria: 25-27.

Romme, G., Zollo, M. and Berends, P. (2010). Dynamic Capabilities, Deliberate Learning and Environmental Dynamism: A Simulation Model. *Industrial and Corporate Change*, 19(4): 1271-1299.

Rose, G. (2013). Generation Kill: A Conversation with Stanley McChrystal. *Foreign Affairs*, 92(2): 2-8.

Rosen, S. (1997). Austrian and Neoclassical Economics: Any Gains from Trade? *Journal of Economic Perspectives*, 11(4): 139-152.

Rosenberg , N. (1982). *Inside the Black Box*. New York: Cambridge University Press.

Rosenkopf, L. and Nerkar, A. (2001). Beyond local search: boundary-spanning, exploration and impact in the optical disc industry. *Strategic Management Journal*, 22(4): 287-306.

Rugman, A. M. (1981). *Inside the Multinationals: The Economics of Internal Markets*. New York: Columbia University Press.

Rugman, A. M. and Bennett, J. (1982). Technology-Transfer and World Product Mandating in Canada. *Columbia Journal of World Business*, 17(4): 58-62.

Rugman, A. M. and D'Cruz, J. (2000). *Multinationals as Flagships Firms: Regional Business Networks*. Oxford: Oxford University Press.

Rugman, A. M. and Verbeke, A. (1992). A Note on the Transnational Solution and the Transaction Cost Theory of Multinational Strategic Management. *Journal of International Business Studies*, 23(4): 761-771.

Rugman, A. M. and Verbeke, A. (1993). Foreign Subsidiaries and Multinational Strategic Management: An Extension and Correction of Porter's Single Diamond Framework. *Management International Review*, 33(Special Issue 2): 71-84.

Rugman, A. M. and Verbeke, A. (2001). Subsidiary-Specific Advantages in Multinational Enterprises. *Strategic Management Journal*, 22(3): 237-250.

Rugman, A. M. and Verbeke, A. (2002). Location, Competitiveness and the Multinational Enterprise. In A. M. Rugman and T. L. Brewer(Eds.), *The Oxford Handbook of International Business*. Oxford: Oxford University Press: 150-180.

Rugman, A. M. and Verbeke, A. (2003). Extending the Theory of the Multinational Enterprise: Internalization and Strategic Management Perspectives. *Journal of International Business Studies*, 34(2): 125-137.

Rumelt, R. P. (1984). Towards a Strategic Theory of the Firm. In R.B. Lamb(Ed.),

Competitive Strategic Management. Prentice-Hall, Englewood Cliffs, NJ.

Rumelt, R. P. (1995). Inertia and transformation. In *Resource Based and Evolutionary Theories of the Enterprise*, C. Montgomery (ed.). Boston, MA: Kluwer Academic; 101-132.

Rumelt, R. P. (2011). *Good Strategy/Bad Strategy: The Difference and Why It Matters*. New York: Crown Business. (村井章子訳『良い戦略，悪い戦略』日本経済新聞出版社，2012年)

【S】

Santoro, D. and McGill, J. P. (2005). The Effect of Uncertainty and Asset Cospecialization on Governance in Biotechnology Alliances. *Strategic Management Journal*, 26(13): 1261-1269.

Schilke, O. (2014). Second-Order Dynamic Capabilities: How Do They Matter? *Academy of Management Perspectives*, 28(4): 368-380.

Schumpeter, J. (1934). *The Theory of Economic Development*. Cambridge, MA: Harvard University Press.

Sellers, P. (1993, April 19). Can This Man Save IBM? *Fortune*. Retrieved from http://archive.fortune.com/magazines/fortune/fortune_archive/1993/04/19/77748/index.htm

Selznick, P. (1957). *Leadership in Administration: A Sociological Interpretation*, Row, Peterson: Evanston, III.

Sen, A. K. (1999), *Development as Freedom*. Oxford: Oxford University Press.

Shane, S. (2003). *A General Theory of Entrepreneurship*. Edward Elgar: Northampton, MA.

Shelanski, H. A. and Klein, P. G. (1995). Empirical Research in Transaction Cost Economics: A Review and Assessment. *Journal of Law, Economics, and Organization*, 11(2): 335-361.

Shuen, A. (1994). Technology Sourcing and Learning Strategies in the Semiconductor Industry, Ph.D. Dissertation, University of California, Berkeley.

Sidak, G. and Teece, D. J. (2009). Dynamic Competition in Antitrust Law. *Journal of Competition Law and Economics*, 5: 581-631.

Simon, H. A. (1947). *Administrative Behavior*. New York: Macmillan. (二村敏子・桑田耕太郎・高尾義明・西脇暢子・高柳美香訳『[新版] 経営行動——経営組織における意思決定過程の研究』ダイヤモンド社，2009年)

Simon, H. A. (1969). *The Sciences of the Artificial*, Cambridge, MA: MIT Press.

Simon, H. A. (1993). Altruism and Economics. *American Economic Review*, 83(2): 156-161.

Simon, H. A. (2002). Near Decomposability and the Speed of Evolution. *Industrial and Corporate Change*, 11(3): 587-599.

Sirmon, D. G., Hitt, M. A. and Ireland, D. (2007). Managing Firm Resources in Dynamic Environments to Create Value: Looking Inside the Black Box. *Academy of Management Review*, 32(1): 273-292.

Smith, A. (1776/1904). In E. Cannan(Ed.), *An Inquiry into the Nature and Causes of The Wealth of Nations*. London: Methuen and Co, Ltd. Retrieved from http://www.econlib.org/library/Smith/smWN.html. (山岡洋一訳『国富論——国の豊かさの本質と原因につ

いての研究（上）（下）』日本経済新聞出版社，2007年）

Somaya, D. and Teece, D. J. (2007). Patents, Licensing and Entrepreneurship: Effectuating Innovation in Multi Invention Contexts. In Entrepreneurship, *Innovation, and the Growth Mechanism of the Free-Market Enterprise*, Sheshinski E. Strom, R. J. and Baumol, W. J.(Eds.), Princeton, NJ: Princeton University Press; 185-212.

Stark. C. (2013). The Vitality of the Independents, PB Oil and Gas. http://pbog.zacpubs.com/the-vitality-of-the-independents/

Starvish, M. (2011). KFC'S Explosive Growth in China. *HBS Working Knowledge*. http://hbswk.hbs.edu/item/6704.html, Accessed 5 August 2012.

Stuckey, J. and White, D. (1993). When and When Not to Vertically Integrate. *Sloan Management Review*, 34(3): 71-83.

Sutton, J. (1990). Explaining Everything, Explaining Nothing? Game Theoretic Models in Industrial Economics. *European Economic Review*, 34(2): 505-512.

Szulanski, G. (1996). Exploring Internal Stickiness: Impediments to the Transfer of Best Practice Within the Firm. *Strategic Management Journal*, 17(Winter Special Issue): 27-43.

[T]

Tallman, S. (2003). The Significance of Bruce Kogut's and Undo Zander's Article, "Knowledge of the Firm and the Evolutionary Theory of the Multinational Enterprise". *Journal of International Business Studies*, 34(6): 495-497.

Teece, D. J. (1975). *The Multinational Corporation and the Resource Cost of International Technology Transfer*. Philadelphia: Economic Department, University of Pennsylvania.

Teece, D. J. (1976a). The Multinational Corporation and the Resource Cost of International Technology Transfer. Cambridge, MA: Ballinger Publishing (Dissertation, Economics Department, University of Pennsylvania, 1975).

Teece, D. J. (1976b). *Vertical Integration and Vertical Divestiture in the U.S. Oil Industry: Economic Analysis and Policy Implications*. Stanford, CA: Institute for Energy Studies, Stanford University.

Teece, D. J. (1977a). Technology Transfer by Multinational Firms: The Resource Cost of Transferring Technological Know-How. *The Economic Journal*, 87(346): 242-261.

Teece, D. J. (1977b). Time-Cost Tradeoffs: Elasticity Estimates and Determinants for International Technology Transfer Projects. *Management Science*, 23(8): 830-837.

Teece, D. J. (1978). Vertical Integration in the U.S. Oil Industry, In E. Mitchell Ed., *Vertical Integration in the Oil Industry*. Washington, DC: American Enterprise Institute: 105-189.

Teece, D. J. (1980). Economies of Scope and the Scope of the Enterprise. *Journal of Economic Behavior and Organization*, 1(3): 223-247.

Teece, D. J. (1981a). The Multinational Enterprise: Market Failure and Market Power Considerations. *Sloan Management Review*, 22(3): 3-17.

Teece, D. J. (1981b). The Market for Know-How and the Efficient International Transfer of Technology. *Annals of the American Academy of Political and Social Science*, 458(1): 81-96.

Teece, D. J. (1981c). Internal Organization and Economic Performance: An Empirical

Analysis of The Profitability of Principal Firms. *Journal of Industrial Economics*, 30(2): 173-199.

Teece, D. J. (1982). Towards an Economic Theory of the Multiproduct Firm. *Journal of Economic Behavior and Organization*, 3(1): 39-63.

Teece, D. J. (1985). Multinational Enterprise, Internal Governance, and Industrial Organization. *American Economic Review*, 75(2): 233-238.

Teece, D. J. (1986a). Transaction Cost Economics and the Multi-National Enterprise: An Assessment. *Journal of Economic Behavior and Organization*, 7(1): 21-45.

Teece, D. J. (1986b). Profiting from Technological Innovation: Implications for Integration, Collaboration, Licensing and Public Policy. *Research Policy*, 15(6): 285-305.

Teece, D. J. (1988). Technological Change and the Nature of the Enterprise. In *Technical Change and Economic Theory*, G. Dosi, C. Freeman, R. R. Nelson, G. Silverberg, L. Soete, (Eds.). London: Pinter; 256-281.

Teece, D. J. (1990). Contributions and Impediments of Economic Analysis to the Study of Strategic Management. In *Perspectives on Strategic Management*, J. W. Fredrickson(Ed.). New York: HarperCollins; 39-80.

Teece, D. J. (1992). Competition, Cooperation, and Innovation: Organizational Arrangements for Regimes of Rapid Technological Progress. *Journal of Economic Behavior and Organization*, 18(1): 1-25.

Teece, D. J. (2000). *Managing Intellectual Capital: Organizational, Strategic, and Policy Dimensions*, New York: Oxford University Press.

Teece, D. J. (2003). Expert Talent and the Design of (Professional Services) Firms. *Industrial and Corporate Change*, 12(4): 895-916.

Teece, D. J. (2006a). Reflections on the Hymer Thesis and the Multinational Enterprise. *International Business Review*, 15(2):124-139.

Teece, D. J. (2006b). Reflections on "Profiting from Innovation". *Research Policy*, 35(8): 1131-1146.

Teece, D. J. (2007a). Managers, Markets, and Dynamic Capabilities, In C. Helfat, S. Finkelstein, W. Mitchell, M. Peteraf, D. J. Singh, D. J. Teece and S. G. Winter (Eds.), *Dynamic Capabilities: Understanding Strategic Change in Organizations*. Oxford: Blackwell: 19-29.

Teece, D. J. (2007b). Explicating Dynamic Capabilities: The Nature and Microfoundations of (Sustainable) Enterprise Performance. *Strategic Management Journal*, 28(13): 1319-1350. (「ダイナミック・ケイパビリティの解明」渡部直樹編著・デビッド・J・ティース他『ケイパビリティの組織論・戦略論』中央経済社，2010年に所収)

Teece, D. J. (2009). *Dynamic Capabilities and Strategic Management: Organizing for Innovation and Growth*. New York: Oxford University Press. (谷口和弘・蜂巣旭・川西章弘・ステラ・S・チェン訳『ダイナミック・ケイパビリティ戦略――イノベーションを創発し，成長を加速させる力』ダイヤモンド社，2013年)

Teece, D. J. (2010a). Business Models, Business Strategy and Innovation. *Long Range Planning*, 43(2-3): 172-194.

Teece, D. J. (2010b). Technological Innovation and the Theory of the Firm: The Role of Enterprise-Level Knowledge, Complementarities, and (Dynamic) Capabilities. In N. Rosenberg and B. Hall Eds., *Handbook of the Economics of Innovation*, Vol. 1,

Amsterdam: North-Holland: 679–730.

Teece, D. J. (2011a). Achieving Integration of the Business School Curriculum Using the Dynamic Capabilities Framework. *Journal of Management Development*, 30(5): 499–518.

Teece, D. J. (2011b). Human Capital, Capabilities and the Firm: Literati, Numerati, and Entrepreneurs in the 21st-Century Enterprise. In A. Burton-Jones and J.-C. Spender (Eds.), *The Oxford Handbook of Human Capital*, Oxford, UK: Oxford University Press: 527–562.

Teece, D. J. (2012a). Next-Generation Competition: New Concepts for Understanding How Innovation Shapes Competition and Policy in the Digital Economy. *Journal of Law, Economics, and Policy*, 9(1): 97–118.

Teece, D. J. (2012b). Dynamic Capabilities: Routines versus Entrepreneurial Action. *Journal of Management Studies*, 49(8): 1395–1401.

Teece, D. J. (2014a). A Dynamic Capabilities-Based Entrepreneurial Theory of the Multinational Enterprise. *Journal of International Business Studies*, 45(1): 8–37.

Teece, D. J. (2014b). The Foundations of Enterprise Performance: Dynamic and Ordinary Capabilities in an (Economic) Theory of Firms. *Academy of Management Perspective*, 28 (4): 328–352.

Teece, D. J. and Pisano, G. P. (1994). The Dynamic Capabilities of Firms. *Industrial and Corporate Change*, 3: 537–556.

Teece, D. J., Pisano G. P. and Shuen A. (1990a). Enterprise capabilities, resources and the concept of strategy. Consortium on Competitiveness and Cooperation, Working paper CCC 90-8, Institute of Management, Innovation and Organization, Berkeley, CA: University of California.

Teece, D. J., Pisano, G. P. and Shuen, A. (1990b). Firm Capabilities, Resources, and the Concept of Strategy. Economic Analysis Policy, Working Paper EAP 38. Institute of Management, Innovation and Organization, Berkeley, CA: University of California.

Teece, D. J., Pisano, G. P. and Shuen, A. (1997). Dynamic Capabilities and Strategic Management. *Strategic Management Journal*, 18(7): 509–533.

Teece, D. J., Rumelt, R., Dosi, G. and Winter, S. G. (1994). Understanding Corporate Coherence: Theory and Evidence. *Journal of Economic Behavior and Organization*, 23 (1): 1–30.

Teece, D. J. and Winter, S. G. (1984). The Limits of Neoclassical Theory in Management Education. *American Economic Review*, 74(2): 116–121.

The Economist (2013). Supermajordammerung. http://www.economist.com/node/2 1582522/print

Tichy, N. M. and Devanna, M. A. (1986). The Transformational Leader. *Training and Development Journal*, 40(7): 27–32.

Tripsas, M. and Gavetti, G. (2000). Capabilities, Cognition, and Inertia: Evidence from Digital Imaging. *Strategic Management Journal*, 21(10–11): 1147–1161.

Turner, S. F. and Fern, M. J. (2012). Examining the Stability and Variability of Routine Performances: The Effects of Experience and Context Change. *Journal of Management Studies*, 49: 1407–1434.

Tushman, M. and Anderson, P. (1986). Technological Disconti Nuities and Organizational Environments. *Administration Science Quarterly*, 31: 439–465.

参考文献 253

【U】

Upton, J. (2013). American Company Sues Canada Over Fracking Moratorium, Grist. http://grist.org/news/american-company-sues-canada-over-fracking-moratorium/

Utterback, J. and Suarez, F. (1993). Innovation, Competition, and Market Structure. *Research Policy*, 22(1): 1-21.

【V】

Vahlne, J. E. and Johanson, J. (2013). The Uppsala Model on Evolution of the Multinational Business Enterprise–From Internalization to Coordination of Networks. *International Marketing Review*, 30(3): 189-210.

Van Mieghem, J. A. (2008). *Operations Strategy: Principles and Practices*, Belmont, MA: Dynamic Ideas.

Von Tunzelmann, N. (2009). Regional Capabilities and Industrial Regeneration, In M. Farshchi, O. Janne and P. Mccann(Eds.). *Technological Change and Mature Industrial Regions: Firms, Knowledge and Policy.* Cheltenham: Edward Elgar: 11-28.

【W】

Walker, P. (2009). The (Non) Theory of the Knowledge Firm. *Scottish Journal of Political Economy*, 57(1): 1-32.

Wall, S., Zimmermann, C., Kliengebiel, R. and Lange, D. (2010). *Strategic Reconfigurations: Building Dynamic Capabilities in Rapid Innovation-Based Industries*, Edward Elgar: Cheltenham: UK.

Weijermars, R. (2009a). Competitive Advantage from applying an E&P Clockspeed Accelerator. *First Break*, 27(6): 87-94.

Weijermars, R. (2009b). Accelerating the Three Dimensions of E&P Clockspeed. *Applied Energy*, 86(10): 2222-2243.

Weijermars, R. (2011). Critical Drivers of Exploration and Production Clockspeed. *Exploration and Production. Oil and Gas Review*, 9(1): 12-17.

Weijermars, R. (2014). US Shale Gas Production Outlook Based on Well Roll-Out Rate Scenarios. *Applied Energy*, 124: 283-297.

Wernerfelt, B. (1984). A Resource-Based View of the Firm. *Strategic Management Journal*, 5(2): 171-180.

Whittaker, P. and Young, C. (2013). Enhancing the Value of Non-Operated Oil and Gas Ventures: How to Focus Resources, Reduce Risk and Improve Performance. *Boston Consulting Group White Paper*, 2013. https://www.bcgperspectives.com/content/articles/energy_environment_enhancing_value_in_non_operated_oil_gas_ventures/

Williamson, O. E. (1975). *Markets and Hierarchies: Antitrust Analysis and Implications.* New York: Free Press. (浅沼萬里・岩崎晃訳『市場と企業組織』日本評論社, 1980年).

Williamson, O. E. (1981). The Modern Corporation: Origins, Evolution, Attributes. *Journal of Economic Literature*, 19(4): 1537-1568.

Williamson, O. E. (1985). *The Economic Institutions of Capitalism: Firms, Markets, Relational Contracting.* New York: Free Press.

Williamson. O. E. (1988). Corporate Finance and Corporate Governance. *Journal of*

Finance, 43(3): 567–591.

Williamson. O. E. (1991a). Comparative Economic Organization: The Analysis of Discrete Structural Alternatives. *Administrative Science Quarterly*, 36(2): 269–296.

Williamson, O. E. (1991b). Strategizing, Economizing, and Economic Organization. *Strategic Management Journal*, 12: 75–94.

Williamson, O. E. (1996). *The Mechanisms of Governance*. New York: Oxford University Press.

Williamson, O. E. (1999). Strategy Research: Governance and Competence Perspectives. *Strategic Management Journal*, 20(12): 1087–1108.

Williamson. O. E. (2009). "Alfred D. Chandler," Biographical Memoirs. *Proceedings of the American Philosophical Society*, 153(2): 226–227.

Wilson, K. and Doz, Y. (2011). Agile Innovation: A Footprint Balancing Distance and Immersion. *California Management Review*, 53(2): 6–26.

Winter, S. G. (1988). On Coase, Competence, and the Corporation. *Journal of Law, Economics, and Organization*, 1(4): 163–180.

Winter, S. G. (2003). Understanding Dynamic Capabilities. *Strategic Management Journal*, 24(10): 991–995.

Winter. S. G. (2006). The Logic of Appropriability: From Schumpeter to Arrow to Teece. *Research Policy*, 35(8): 1100–1106.

Womack, J. P., Jones, D. T. and Roos, D. (1990). *The Machine That Changed the World: Based on the Massachusetts Institute of Technology 5-Million-Dollar 5-Year Study on the Future of the Automobile*. New York: Rawson Associates.

[X]

Xu, C. (2013). EIA: US Investments in Shale Plays Highlight Foreign JVs. *Oil and Gas Journal*. http://www.ogj.com/articles/2013/04/eia–us-investments-in-shale-plays-highlight-foreign-jvs.html

[Z]

Zaheer, S. (1995). Overcoming the Liability of Foreignness. *Academy of Management Journal*, 38(2): 341–363.

Zahra, S. A., Ireland, R. D. and Hitt, M. A. (2000). International Expansion by New Venture Firms: International Diversity, Mode of Market Entry, Technological Learning, and Performance. *Academy of Management Journal*, 43(5): 925–950.

Zahra, S. A., Sapienza, H. J. and Davidson, P. (2006). Entrepreneurship and Dynamic Capabilities: A Review, Model and Research Agenda. *Journal of Management Studies*, 43(4): 917–955.

Zollo, M. and Winter, S. G. (2002). Deliberate Learning and the Evolution of Dynamic Capabilities. *Organization Science*, 13(3): 339–351.

Zott, C. (2003). Dynamic Capabilities and the Emergence of Intraindustry Differential Firm Performance: Insights from a Simulation Study. *Strategic Management Journal*, 24(2): 97–125.

索　引

英・数

DEC 社·····62
d- 非有効·····164
EMI 社·····29
GE 社·····141
GM 社·····62, 156, 202
IBM 社·····58, 62, 121, 122, 132, 152
KFC ジャパン社·····146
OLI モデル·····178
VRIN 基準·····148, 155, 187, 191
VRIN 資源·····135, 137, 145, 150, 158, 165, 168, 216
X- 非効率·····163
5 つの競争要因フレームワーク·····66, 91

あ行

アーキテクチャ·····75, 77
アイゼンハート·····15, 116, 144
アップル（Apple）社···42, 119, 120, 132, 135, 147, 168, 184, 202
アドナー·····134
アド・ホック（場当たり的）な問題解決·····58, 116, 142, 203, 227
イノベーション·····33, 60
イノベーションによる利益獲得フレームワーク（PFI）·····39, 49, 52
イノベーター·····52
インテル社·····148
ウィリアムソン···1, 26, 35, 38, 49, 52, 89, 162, 173, 175, 181, 222
ウィンター·····8, 15, 18, 58, 82, 103, 116, 128, 142, 167, 203
ウェルチ·····141
ウォルマート社·····76

か行

"薄い（thin）" 市場·····44, 92, 162
エージェンシー理論·····95, 160
オーケストレーション·····47, 56, 67, 97, 98, 103, 104, 117, 118, 125, 131, 132, 134, 148, 161, 215
オーストリー学派·····8, 19, 158, 163, 164
オーディナリー・ケイパビリティ（通常能力）·····9, 10, 115, 124, 128, 153, 167
オープン・イノベーション·····1, 65, 89, 143
オープン・エコノミー·····107, 109
オペレーショナル（業務的）・ケイパビリティ·····14, 103
オライリー·····12, 142, 229

か行

カーズナー·····61, 159
ガースナー·····152
カーネギー学派·····139
海外直接投資·····180
学習·····179, 182
隔離メカニズム·····97, 101
カソン·····32, 175, 176, 178, 181, 225
カニバリゼーション·····71, 83, 86, 141
ガバナンス·····95, 129, 185
ガバナンス・アプローチ·····218, 222
慣性（inertia）·····121, 140, 155
感知（sensing）····11, 48, 61, 115, 133, 151, 194
カントウェル·····176, 177, 188, 189, 209, 215
機会·····182, 186, 189
機会主義·····5, 40, 182, 186, 229
企業家精神·····61, 63, 118, 119, 143, 149, 151, 162
企業家的経営者·····114, 140, 149, 160, 164, 180, 182
企業家的経営者資本主義·····108, 114, 119

企業境界・・・・・・31, 52, 78, 111, 177, 182
技能適合力・・・・・・13, 59, 107, 155, 195, 196, 207, 226
技能の効率性・・・・・・163, 164
規模の経済・・・・・・43, 44, 79, 107
ギボンズ・・・・・・165
キャッシュフロー・・・・・・71, 73, 74, 125
共創・・・・・・151
共特化・・・・・・11, 80, 90, 92, 93, 110, 112, 115, 180
グーグル（Google）社・・・・・・169, 170
クック・・・・・・135, 202
グローバル経済・・・・・・43
グローバル・ファクトリー・・・・・・212
グローブ・・・・・・147
ケイパビリティ・・・・・・46, 116, 124, 127, 186
ケイパビリティ・アプローチ・・・・・・188, 192, 221
契約フレームワーク・・・・・・29, 35
限定合理性・・・・・・5, 182
構造―行為―成果・・・・・・7
コース・・・・・・52, 162, 173, 181, 204, 222
コーポレート・ガバナンス・・・・・・94, 96, 161
コグート・・・・・・177
国際経営学派・・・・・・173
ゴシャール・・・・・・134, 205, 214, 218
コリス・・・・・・103, 127
コンピテンシー（"資源"）・・・・・・56, 72
根本的変容・・・・・・28, 182

さ行

サイモン・・・・・・90, 139, 228
酒向・・・・・・183
ザンダー・・・・・・177
資源・・・・・・149
資源ベース・アプローチ・・・・・・150
資産特殊性・・・・・・33, 34, 38, 52, 182
市場の失敗・・・・・・174, 180, 182, 220
シスコ社・・・・・・121
持続可能な競争優位・・・・・・144
持続的競争優位・・・・・・172, 188, 195

シュムペーター・・・・・・2, 8, 61, 91
準-分解可能性・・・・・・90
ジョイント・ベンチャー・・・・・・31, 92, 211
ジョーンズ・・・・・・185
ジョブズ・・・・・・119, 121, 131, 132, 147, 168, 206
署名つき・・・・・・200
署名つきのプロセス・・・・・・134, 142, 154
ジレット社・・・・・・192
シンガー社・・・・・・42, 192
進化経済学・・・・・・14
進化適合力・・・・・・13, 59, 155, 195, 207, 227
新古典派経済学・・・・・・157, 192
シンプル・ルール・・・・・・16, 144, 148
垂直統合・・・・・・31, 38, 39, 184
スイッチング・コスト・・・・・・29, 34, 67
スーパーモジュラリティ・・・・・・112
スピル・オーバー・・・・・・199
スミス・・・・・・160
ゼネラル・モーターズ社（GM）・・・・・・130, 197
前方統合・・・・・・40, 41
専有可能性・・・・・・33, 97, 101
戦略・・・・・・151, 152, 193
戦略的適合・・・・・・90
戦略的投資・・・・・・74
戦略の核心・・・・・・193
組織エコロジー学派・・・・・・140
ゾロ・・・・・・128

た行

ダイナミック・ケイパビリティ・・・2, 5, 10, 56, 60, 105, 114, 127, 148, 150, 153, 154, 167, 190, 200
ダイナミック・ケイパビリティ・フレームワーク・・・・・・90, 124, 126, 132, 136, 140, 143, 146, 151, 153, 158, 170, 186
ダイナミック・マネジリアル・ケイパビリティ・・・・・・18
多国籍企業・・・・・・172, 174, 180, 208
多国籍企業の境界・・・・・・209

タッシュマン······················142, 229
ダニング······················175, 178, 179
探索と活用······················100, 101
チェスブロー···················1, 65, 79, 89
知識ベース・アプローチ···········176, 188
知の深化····························13
知の探索····························13
チャンドラー·······42, 46, 74, 89, 161, 184
超国家的解決·····················214
強いオーディナリー・ケイパビリティ···130,
　137, 156, 158, 165, 169
強いケイパビリティ·················137
強いダイナミック・ケイパビリティ·······127,
　131, 133, 136, 137, 138, 139, 141, 147, 151,
　155, 165, 168, 169, 194
ディ・ステファノ·······125, 148, 157, 169
ティース·······1, 78, 175, 177, 178, 187, 188, 204
適応····························140
適合·····························90
テキサス・インスツルメンツ社·········147
デル社·····························76
トヨタ社·······················135, 201
ドラッカー·························168
トランザクティブメモリー··············119
トランスナショナルアプローチ··········218
トランスナショナル企業··············218
取引コスト·······5, 6, 33, 39, 93, 149, 150, 162,
　175, 181, 204, 220
取引コスト・アプローチ········213, 214, 217
取引コスト経済学······28, 32, 33, 159, 179, 185,
　192, 217
取引コスト節約原理····················6

な行

ナイト·························173, 222
内部化·················32, 174, 178, 181, 182
内部化学派···················173, 175, 188
内部化理論···················186, 214, 216
ネオ・カーネギー学派·················18

ネットフリックス社·················141
ネットワーク外部性···················69
ネルソン·······················82, 153, 198
粘着性（stickness）·················202
野中···························133

は行

バートレット·········134, 205, 214, 218
バーニー·············135, 149, 187
バイアス····························82
ハイエク···············138, 159, 161, 162
ハイマー···························174
バックレイ·····32, 175, 178, 184, 212, 222, 224
パブリック・ドメイン················154, 185
バリュー・チェーン···················75
パルミサーノ·························58
バレット···························222
範囲の経済·············32, 43, 44, 79, 107
ビーティ···························153
ビジネス・エコシステム···12, 62, 64, 67, 102,
　181
ビジネスモデル······48, 70, 75, 76, 77, 111, 141
人質·····························41
ヒューリスティック（経験則）··········116
フィッシャー・ボディ社··············224
プラットフォーム··················59, 67, 81
ブルーム·······················163, 199
ブロードコム社························34
ヘイスティングス····················141
ベスト・プラクティス·······58, 105, 107, 129,
　130, 144, 154, 197
ペトラフ·······8, 17, 100, 125, 143, 144, 168
ヘナート···························176
ヘルパー···························183
ヘルファット·······8, 15, 17, 100, 134
ベルベケ···························228
ベローナ···························125
変容（transforming）···11, 115, 133, 139, 151,
　194

ペンローズ·············149, 187
ボーイング社·············33, 102, 169, 229
ポーター·············7, 66, 181
ボーモル·············62
ホールドアップ·············27, 30, 41, 175, 182, 224
ボーン・グローバル·············211
ポジショニング·············78, 84
捕捉（シージング）·············48, 69, 151, 194
捕捉：seizing·············115
捕捉：シージング·············11, 133
ボトルネック資産·············52, 79
ポパー·············19

ま行

マーチ·············100, 139
マーティン·············15, 116, 144
マネジリアル・コグニティブ・ケイパビリティ·············18
ミーゼス·············159

や行

ヤム・ブランズ社·············146, 198, 212
良い戦略·············127, 137, 143, 150, 151, 165, 193, 194, 200
弱いオーディナリー・ケイパビリティ·············164
弱いケイパビリティ·············137

弱いダイナミック・ケイパビリティ·············155, 157, 164, 169

ら行

ライベンシュタイン·············163
ラグマン·············175, 176, 213, 228
ラッツ·············130
ラディカル・イノベーション·············73
ランダン·············179
リーン・スタートアップ·············148
利益獲得フレームワーク·············49
リチャードソン·············149
両利き·············12, 101, 142
ルーティン·············14, 86, 116, 141
ルーティンのルーティン·············18
ルッツ·············156, 197, 202
ルメルト·············135, 151, 193, 200, 226
レオナルド・バートン·············8
レント·············104, 149, 150, 182, 187
ロバーツ·············160
ロビンス·············170

わ行

ワーナーフェルト·············149, 187
悪い戦略·············137, 138

●訳者紹介

菊澤 研宗（きくざわ けんしゅう）

慶應義塾大学商学部・大学院商学研究科教授。

1981年	慶應義塾大学商学部卒
1986年	慶應義塾大学大学院商学研究科博士課程修了
1988年	防衛大学校社会科学教室専任講師・助教授
1993年	ニューヨーク大学スターン経営大学院客員研究員（1年間）
1998年	博士（商学）（慶應義塾大学）
1999年	防衛大学校社会科学教室・総合安全保障研究科教授
2002年	中央大学大学院国際会計研究科（アカウンティングスクール）教授
2006年	慶應義塾大学商学部・大学院商学研究科教授
2012年	カリフォルニア大学バークレー校ハース経営大学院客員研究員（2年間）

元経営哲学学会会長，現在，日本経営学会理事，経営行動研究学会理事，経営哲学学会理事，戦略研究学会理事。

主要著書・論文：
『比較コーポレート・ガバナンス論』（第1回経営学史学会賞，有斐閣，2004年），『業界分析　組織の経済学—新制度派経済学の応用』（共著，中央経済社，2006年），『企業の不条理—「合理的失敗」はなぜ起こるのか』（共著，中央経済社，2010年），『組織の不条理—日本軍の失敗に学ぶ』（中央公論社，2017年），『ダイナミック・ケイパビリティの戦略経営論』（編著，中央経済社，2018年），『成功する日本企業には「共通の本質」がある—ダイナミック・ケイパビリティの経営学』（朝日新聞出版，2019年）その他多数。
e-mail：kikuzawa@fbc.keio.ac.jp

橋本 倫明（はしもと のりあき）

東京都市大学都市生活学部講師。博士（商学）（慶應義塾大学）。
慶應義塾大学商学部卒。同大学大学院商学研究科博士課程単位取得。

主要著書・論文：『企業の不条理—「合理的失敗」はなぜ起こるのか』（共著，中央経済社，2010年），『ダイナミック・ケイパビリティの戦略経営論』（共著，中央経済社，2018年），「企業の競争戦略と垂直境界—取引コスト理論分析」『三田商学研究』第58巻2号（2015年），169-177頁，「コーポレートガバナンス制度としての内部告発制度—内部告発制度をめぐるエージェンシー理論分析」『経営哲学』第12巻1号（2015年），23-36頁，「洗練された競争戦略論—取引コスト理論を組み入れた競争戦略論」『三田商学研究』第55巻3号（2012年），37-57頁。

姜 理恵（かん りえ）

光産業創成大学院大学准教授。博士（経営管理）（青山学院大学）。
名古屋大学経済学部卒。MBA（ファイナンス，中央大学）。事業会社・投資会社等を経て現職。主要著書・論文：『インベスター・リレーションズの現状と課題』（同文舘出版，2017年），「ダイナミック・ケイパビリティ論の産業政策への応用」『ダイナミック・ケイパビリティの戦略経営論』（共著，中央経済社，2018年），「SDGsとイノベーション」『バックキャスト思考とSDGs/ESG投資』（共著，同文舘出版，2019年）など。

●著者紹介

D. J. ティース（David J. Teece）

現在，カリフォルニア大学バークレー校ハース・ビジネススクール教授であり，UCバークレー校のグローバル戦略とガバナンス・センターのディレクターおよびビジネス・イノベーション研究所のディレクターを務めている。これまで30冊以上の著書を出版し，経済学や経営学の一流雑誌に数多くの論文を掲載，今日，ダイナミック・ケイパビリティ論の創始者として世界で最も注目されている研究者の1人である。1995年から2005年にかけて，経営学分野で著書・論文が最も引用された著者の1人であり，2011年には米国で最も有名なAリスト経営学者30人の1人に選ばれている。また，現在，コンサルティング会社であるバークレー・リサーチ・グループの会長でもあり，学術雑誌 *Industrial & Corporate Change*（Oxford University Press）の編集者でもある。

D. J. ティース
ダイナミック・ケイパビリティの企業理論

2019年10月1日　第1版第1刷発行
2025年8月1日　第1版第7刷発行

著　者　Ｄ．Ｊ．ティース
訳　者　菊　澤　研　宗
　　　　橋　本　倫　明
　　　　姜　　　理　恵
発行者　山　本　　　継
発行所　㈱中央経済社
発売元　㈱中央経済グループ
　　　　パブリッシング

〒101-0051　東京都千代田区神田神保町1-35
電　話　03(3293)3371(編集代表)
　　　　03(3293)3381(営業代表)
https://www.chuokeizai.co.jp
製版／東光整版印刷㈱
印刷・製本／㈱デジタルパブリッシングサービス

©2019
Printed in Japan

＊頁の「欠落」や「順序違い」などがありましたらお取り替えいたしますので発売元までご送付ください。（送料小社負担）

ISBN978-4-502-31821-4　C3034

JCOPY〈出版者著作権管理機構委託出版物〉本書を無断で複写複製（コピー）することは，著作権法上の例外を除き，禁じられています。本書をコピーされる場合は事前に出版者著作権管理機構（JCOPY）の許諾を受けてください。
JCOPY〈https://www.jcopy.or.jp　eメール：info@jcopy.or.jp〉

好評既刊

ダイナミック・ケイパビリティ の戦略経営論

菊澤研宗[編著]   A5判・256頁

第1章　戦略経営論史

第2章　ダイナミック・ケイパビリティ論と資源ベース論

第3章　ダイナミック・ケイパビリティ論と取引コスト理論

第4章　ダイナミック・ケイパビリティ論と進化経済学

第5章　ダイナミック・ケイパビリティ論の
　　　　産業政策への応用

第6章　ダイナミック・ケイパビリティ論の
　　　　地方創生問題への応用

第7章　ダイナミック・ケイパビリティ論の
　　　　米ソ軍事技術開発への応用

第8章　ダイナミック・ケイパビリティ論の
　　　　日系多国籍企業への応用

第9章　ダイナミック・ケイパビリティ論の
　　　　ミクロ的基礎としての批判的合理主義

第10章　ダイナミック・ケイパビリティ論のミクロ的基礎としての
　　　　ネオ・カーネギー学派

第11章　ダイナミック・ケイパビリティのミクロ的基礎としての
　　　　リーダーシップ

中央経済社